ADHD, 너를 사랑해

Actually, I Deeply, Happily and Devotedly love you.

이 책의 판매 수익금은 전액 사단법인 별의친구들을 통해
경계선·신경다양성 청소년과 청년을 돕는데 쓰입니다.

Thanks to

항상 '믿음'으로 나의 곁을 지켜준 당신을 사랑합니다.

지은이 **김정현**

공기업에서 운영하는 DMB 라디오 방송국에서 웹 및 앱 디자이너로 근무하던 중 첫아이의 ADHD 진단으로 일을 쉬게 되었다. 2년이면 끝날 줄 알았던 치료가 8년째 이어지면서 직장으로 복귀하지 못하고 전업주부가 되었다. 퇴직후 평생 다닐 수 있는 직장을 그만두게 되었다는 상실감으로 많이 방황했지만, 그동안 아이와 함께 꾸준히 받아온 심리치료 덕분에 일을 하고 싶은 자신의 욕구를 인정하게 되었고, 주어진 상황에서 할 수 있는 일인 글쓰기와 디자인을 하며 스스로 행복해 질 수 있는 길을 찾아가는 중이다.

Actually, **I**

Deeply,

Happily and

Devotedly **love you.**

너를 사랑해

프롤로그

나는 ADHD 증상을 가지고 태어난 두 아이의 엄마다.

승민이 ADHD 진단을 받은 건 2011년 4월, 초등학교 1학년 때였다. 처음 승민을 진료한 의사는 2년만 치료하면 좋아질 거라고 장담했다. 그러나 꾸준히 병원에 다녔음에도 달라진 건 아무것도 없었다. 오히려 없던 강박증과 우울증이 생겼다. 중학교 2학년이 된 승민은 아직도 약을 먹고, 심리상담도 받고 있다.

병원을 옮겨 다시 치료를 시작했을 때, 나는 의사가 완치판정을 내릴 때까지 절대로 중도에 치료를 포기하지 않으리라 마음먹었다. 그러나 승민을 5년간 지켜본 의사는 승민이 성인이 되어서도 약을 먹어야 할지도 모른다고 말했다. 맥이 탁

풀렸다. 그사이 동생인 윤아마저 ADHD 진단을 받았고, 나 역시 3년 전부터 우울증으로 약을 먹기 시작했다. 아침마다 식탁에 네 벌의 수저를 놓으며 그 옆에 각자의 약봉지를 하나씩 놓는다. 감기라도 걸린 날에는 먹어야 하는 약의 양이 두 배로 늘어난다. 이 미칠 노릇에 끝이 없을 수도 있다는 사실이 나를 절망하게 했다. 하지만 무엇보다 나를 힘들게 한 건, 주변 사람들의 편견 그리고 괴로워하는 승민을 곁에서 지켜보아야 하는 것이었다.

승민은 주의력 결핍으로 인한 부주의함과 과잉행동, 충동성까지 모두 동반한 경우로, 어렸을 때부터 많은 상처를 받으며 자랐다. 그로 인해 일반 중학교 진학도 어려웠다. 그에 비해 부주의함만 두드러지는 둘째는 본인 스스로는 힘들지 모르나, 일부러 말을 하지 않으면 아무도 알지 못할 정도로 학교생활이나 교우관계에 전혀 문제가 없다.

ADHD는 사람마다 다양한 스펙트럼을 가지고 있고 그 증상도 무척 다양하다. ADHD 증상을 가지고 있다고 해서 모두 문제가 되는 것은 아니다. 승민의 경우, 타인뿐만 아니라 부모에게까지 질책받는 일이 많았기 때문에 어렸을 때부터 지속적으로 자존감에 상처를 입어왔다. 잦은 질책을 받은 아이는 우울하고 불안한 감정을 반항적인 행동으로 표출했고,

그로 인해 또다시 질책받는 악순환의 고리를 반복하며 점점 더 공격적으로 변해갔다. 그래서 같은 ADHD라고 해도 윤아에 비해 승민이 더 어렵고 힘들다.

승민의 이야기를 책으로 낸다고 했을 때, 의사나 가까운 지인들은 아이가 상처받을 수 있다며 참으라고 말했다. 하지만 그럴수록 나는 글쓰기에 매달렸다. 그리고 끊임없이 자신에게 묻고 또 물었다.

'의사나 지인 모두가 말리는데 나는 왜 이토록 이 일에 집착하는 것일까? 내가 처한 지금의 상황이 너무나 기가 막혀 말하지 않고 가만히 있자니 죽을 거 같아서? 참는 게 전부가 아니라고 생각해서? 숨긴다고 문제가 해결되지 않으니 정면으로 승부하려고?'

물론 나는 부모가 아이의 문제를 숨기고, 부끄럽게 생각하면 아이도 자신을 그렇게 생각하기 때문에, 누군가는 목소리를 내어 자신의 이야기를 해야 한다고 생각했다. 하지만 그것이 내가 책을 내고자 하는 이유의 전부일까? 내가 그토록 정의롭고 사회개혁에 관심이 많은 사람이었던가?
결론은 아니었다. 나는 그저 살고 싶었다.

나는 아이 때문에 어쩔 수 없이 회사를 그만둘 수밖에 없다고 합리화하며 자의 반 타의 반으로 회사를 그만두고 전업주부가 되었다. 그러자 곧 은퇴하고서나 겪을 법한 상실감과 우울함이 한꺼번에 몰려왔다. 나는 스스로 살아 있음을 느끼고 싶었다. '나'라는 존재가 아직도 사회의 일원으로 치열하게 살아가고 있음을 보여주고 싶었다. 아이를 위해 모든 걸 희생하는 엄마가 아닌, 아이와 함께 꿈을 이루어가는 사람이고 되고 싶었다. 아이를 키우는 일도 분명 굉장히 위대하고 중요한 일임에도 불구하고, 만족이나 성취감을 전혀 느낄 수 없었다. 남달리 힘겨운 아이를 키우는 탓일지도 모르겠다. 하지만 정기적으로 병원에 다녀야 하는 상황에서 다시 회사에 나가서 일을 한다는 건 무리였다.

그런 상황에서 내가 할 수 있는 최선책으로 찾은 것이 바로 이것이었다. 나의 이야기가 나를 꿈꾸게 하고, 승민이 다니는 학교에 도움이 되고 또 그로 인해 사회가 변화되고, 아이가 변화되길 바란다. 처음엔 이런 감정을 부정하고 인정하지 않으려고 했지만, 이제는 그냥 그대로의 나를 인정하기로 했다. 그리고 내가 하는 이 일이 나를 살리고, 승민을 살리는 일이라고 생각하고 도전하기로 마음먹었다.

ADHD 증상을 가지고 있다고 해서 잘못된 것은 아니다.

그저 남들과 조금 다르고, 다름으로 인해 조금 불편할 뿐이다. 그 부족함을 메워주고 다른 사람들과 잘 어울려 살 수 있도록 방법을 가르쳐주고 돕는 것이 부모와 사회의 역할이라고 생각한다. 처음 병원에서 승민이 ADHD 진단을 받았을 땐, 나는 승민을 다른 아이들처럼 건강하게 낳아주지 못한 것이 너무나 미안하고 괴로웠다. 하지만 다른 사람들이 아이의 문제 행동을 모두 부모의 잘못된 교육 탓으로 치부할 때는 화가 나고 수치스러웠다. 왜 하필 내 아이가 그런 증상을 가지고 태어나서 나를 이렇게 힘들게 하는 건지 미워하고 원망도 했다.

그러나 이제 와 생각하니 승민이 아니었다면 나는 이만큼 자라지 못했을 것이라는 생각이 든다. 승민을 키우면서 내가 더 성숙한 인간으로 거듭날 수 있었음을 고백한다. 아이와 함께 치료받으면서 자신을 스스로 돌아볼 수 있었고, 그제야 아이의 본래 모습을 볼 수 있는 힘이 생겼다. 승민은 나의 살아있는 스승이다. 나는 승민을 통해 나 자신을 있는 그대로 사랑하는 방법을 배웠다. 승민도 이 이야기를 통해 자신을 있는 그대로 인정하고 사랑하는 방법을 배우기를 바란다. 자신을 사랑해야 남도 깊이 사랑할 수 있고, 이해할 수 있다. 문제를 피하지 말고 정면으로 바라보기, 나는 그것이 승민이 자신의 단점을 극복할 수 있는 최고의 방법이라고 생각했다.

승민의 이야기를 당당히 세상에 내보이는 것도 언젠가는 승민이 자신의 단점을 장점이자 무기로 바꾸어 더 큰 사람이 될 수 있다는 믿음이 있기 때문이다. 부모로서 내가 승민에게 줄 수 있는 최고의 치료제는 아이에 대한 사랑과 믿음이다.

조금만 이해하고 도와주면 모두가 행복할 수 있다. 나는 우리나라가 '다름'을 인정하는 사회가 되길 바란다. 그래야 우리 사회도 좀 더 성숙한 사회로 발전할 수 있을 테니까.

그러나 엄마의 앞서가는 욕심 때문에 아이가 상처받는 것은 나도 두렵다. 승민이 그리고 우리 사회가 그것을 받아들일 준비가 되어 있는지 확신할 수 없었다. 그래서 아이가 태어났을 때 작명소에서 지어주었던 두 가지 이름 중에 버려졌던 이름에 다시 생명을 불어넣어 이야기 속의 인물로 살려냈다.

이 이야기 속 주인공 정연은 아픔을 가진 승민을 키우면서 나약한 한 여자에서 한 아이의 엄마이자, 진정한 삶의 스승으로 거듭나게 된다. 정연이 승민을 통해 삶을 다른 각도로 바라보게 된 것처럼, 승민도 자신을 사랑하는 행복한 사람으로 성장할 것을 믿는다.

2018년 따뜻한 봄날
승민, 윤아의 엄마로부터

차 례

프롤로그

15. 만남, 인연의 시작
29. 내 맘을 몰라주는 네가 싫었어.
45. 초등학교 입학식 전날의 사건
69. ADHD
85. 사실, 외로운 건 바로 나였어.
103. 5월 5일은 어린이의 날
133. 때로는 아이들이 더 잔인하다.
143. 이사, 전학 그리고 새로운 학교와 선생님
161. 또다른 시련, 인생 참 얄궂다.
177. 엄마, 나는 괴물인가요?
199. 6학년 공개수업
223. 미국, 편견이 없는 나라
255. 학교폭력 자치위원회
293. 엄마는 절대로 네 손을 놓지 않을거야!

에필로그

만남, 인연의 시작

 코끝이 아릿하지만 아직은 기분 좋은 바람이 부는 도심의 가을 거리. 하늘은 맑고 경쾌했다. 나는 은행잎이 노랗게 물든 가로수 길을 느릿느릿 걷고 있었다. 잘 익은 은행잎이 살랑이는 바람에도 금빛 파란을 일으키며 비가 되어 내리는 늦은 가을이었다.
 10여 분을 걸어서 도착한 지하철역 근처에는 대형 커피숍들이 경쟁하듯 줄줄이 늘어서 있었다. 나는 사거리가 가장 잘 내다보이는 곳을 골라 들어가 평소 잘 마시지 않는 핫초콜릿 한 잔을 시켰다. 그러곤 창가에 있는 2인용 테이블에 앉았다.
 '하아!' 자리에 앉으니 입에서 짧은 한숨이 터져 나왔다. 나는 주머니에서 휴대전화를 꺼내 시간을 확인하곤 탁자 위에

놓았다. 그리고 다시 의자에 깊숙이 푹 기대어 앉았다.

차를 한 모금 마시자 따뜻하고 기분 좋은 달콤함이 입안 가득 퍼지며 온몸이 녹아내리는 듯했다. 창밖으로 보이는 도심의 거리는 복잡하고 거대했다. 나는 가방에서 이어폰을 꺼내 휴대전화에 꽂은 후 녹음기 앱을 실행했다. 녹음된 파일은 모두 4개. 그중 제일 나중에 녹음된 것은 '2016년 11월 2일 수요일', 어제였다.

어, 1분 21초? 1시간 21분이 아니고?

마지막으로 녹음된 파일을 열어 들어보았다. 피식 싱거운 웃음이 터져 나왔다. 나는 휴대전화와 이어폰을 모두 가방에 집어넣은 후 차를 마저 들이켰다. 그러곤 다시 멍하니 창밖을 바라보다 깊은 상념에 젖어 들었다.

2008년 가을로 접어들기 시작한 9월의 초입. 나는 지완과 함께 아이들을 데리고 놀이터로 산책을 나왔다. 주말이라 부모와 함께 노는 아이들도 많았고, 보호자 없이 혼자 나와 노는 아이들도 많았다.

엄마와 함께 나온 몇몇 아이들은 서로 아는 사이인지 자기들끼리 어울려 모래놀이하거나 미끄럼틀을 타고 있었다. 아이들이 노는 동안 엄마들은 정자에 앉아 두런두런 이야기를 나누고 있었다.

"정연아, 너도 저기 아줌마들한테 가봐!"

지완의 말에 나는 정자에 모여 앉아 있는 엄마들을 바라다 보았다.

"애들도 승민이 또래인 것 같네. 지난 번에 승민이를 유치원에 데려다줄 때 보니까 쟤들도 금성 유치원 다니는 것 같더라. 한번 가서 말 걸어봐!"

지완이 내 어깨를 툭툭 치며 말했다.

"됐어! 난 그런 거 잘 못해. 싫다고! 하고 싶으면 당신이 가서 해! 왜 자꾸 나한테 시키고 그래!"

나는 조금 짜증 섞인 목소리로 지완에게 말했다.

"야, 그걸 내가 어떻게 하냐? 죄다 아줌마들인데. 그럴 거면 외롭다고 투덜대지를 말던가. 그래서 어떻게 친구를 사귀냐? 승민이도 이제 유치원에 다니기 시작했는데, 막말로 엄마 친구가 애들 친구 되는 거야. 자꾸 외롭다, 힘들다고 말만 하지 말고 너도 사귀려고 노력해야지. 노력을! 어이구~"

지완이 내게 핀잔을 줬다.

   저 여자들은 진작부터 알던 사이일까?
   어떻게 친해졌을까?

나는 무엇이 그렇게 재미있는지 깔깔대며 웃고 떠들고 있는 여자들을 바라다보며 생각했다.

"야, 저기 저 아줌마 보이지?"

지완이 모래사장 주변을 가리키며 말했다.

"지난번에 승민이를 유치원 데려다줄 때 마주쳤는데, 저 아줌마 아들이 승민이랑 같은 반인 것 같더라. 저 아줌마는 혼자인 거 같은데 한번 가봐."

지완이 또다시 나를 채근했다.

나는 지완이 말한 곳을 바라다보았다. 그곳에는 모래사장에서 혼자 놀고 있는 남자아이와 그 옆에서 아이에게 과일을 먹이고 있는 한 여자가 보였다. 나도 승민을 유치원에 데려다주면서 몇 번인가 마주쳤던 기억이 났다. 혼자 있는 걸 보니 그 여자도 자신처럼 다른 사람들과 잘 어울리지 못하는 게 아닐까 하는 생각이 들었다.

한번 다가가서 말을 걸어볼까?

하지만 나는 머뭇머뭇 망설이고만 있었다.

"뭐해? 지금이 기회야! 가서 얘기도 하고, 차도 같이 마셔. 윤아는 내가 볼 테니까. 어서 가봐! 어서!"

나는 지완의 말에 용기를 내어 여자에게 다가갔다.

"아, 안녕하세요? 아이가 금성 유치원 다니죠? 지난번에 한 번 뵌 것 같은데……."

나는 일부러 밝은 목소리로 인사를 건넸다.

"아, 네. 안녕하세요. 누구신지?"

애영이 당황하며 말했다.

"죄송해요. 저는 처음 뵙는 것 같은데요."

애영은 나를 알아보지 못한 것을 무척 미안해했다.

"아니에요. 저도 아침에 승민이를 데려다주면서 잠깐 마주쳤던 게 다예요. 저희는 승민이 한 살 때부터 여기 살았는데, 제가 낮에 집에 없어서 그런지 아는 사람이 별로 없네요."

나는 이번엔 아예 애영의 옆에 자리를 잡고 앉았다. 멀리서 그 모습을 지켜보던 지완은 잘하고 있다는 듯 싱긋 웃어 보였다.

"아, 네. 저도 일을 하고 있어서 동네에 아는 사람이 없어요."

"아, 그러시구나! 저희 아이는 차승민이에요. 다섯 살이고요. 금성 유치원 생각 반이에요. 윤아라고 두 살짜리 여동생이 있고요. 혹시 아이 이름이?"

"저희 아이는 정진영이에요. 진영이도 생각 반이에요. 반가워요. 제가 결혼을 늦게 해서 진영이는 혼자예요."

"어머, 그렇게 안 보이는데요. 저는 제 또래인 줄 알았어요.

제가 지금 서른둘인데 결혼을 일찍 한 편이거든요. 실례지만 나이가?"

나는 눈치도 없이 다짜고짜 이것저것 물어댔고, 애영은 속 없는 질문 세례에 조금 난처한 듯했다.

"조금 많아요. 결혼이 많이 늦은 편이라서……."

애영이 머뭇거리며 말끝을 흐렸다. 나는 뒤늦게 실수했다는 걸 알았지만, 애영의 선해 보이는 인상 때문인지 그 정도는 이해해주겠지 하는 생각이 들었다.

한 번 말문이 트이기 시작하니 의외로 자신감이 생겼다. 무슨 이유에서인지 모르겠지만 나는 애영이 편했다. 마치 오래전부터 알고 지낸 사람처럼 느껴졌다.

이런저런 이야기를 나누다 보니 날이 어둑어둑해졌다. 나는 애영을 따라 근처 패스트푸드점으로 자리를 옮겨 이야기하다 다음에 또 만나기로 하고 헤어졌다.

또래인 줄 알았던 애영은 마흔 살이었다. 나보다 무려 여덟 살이나 많았다. 진영은 서른다섯에 결혼해서 이듬해에 낳은 외동아들이었고, 애영은 병원 업무를 봐주며 재택근무를 한다고 했다.

나는 애영이 생각했던 것보다 나이는 많지만, 왠지 마음이 잘 통할 것 같은 생각이 들었다.

며칠 후 애영으로부터 연락이 왔다. 가족이 다 함께 저녁 식사를 하자는 거였다. 이사 온 지 5년 만에 처음으로 이웃을 만나는 자리였다. 나는 애영의 제안에 내심 기쁘고 설레기까지 했다.

내가 가족들과 함께 약속 장소로 나갔을 때 그곳에는 진영과 한 남자가 서 있었다. 진영의 아빠인 정병택이었다. 구청에서 일하는 7급 공무원인 병택은 구수한 전라도 사투리를 썼다. 까무잡잡한 얼굴 때문인지 애영보다 두 살 연하라고 했지만, 훨씬 더 나이 들어 보였다. 승민과 진영은 만나자마자 여기저기 뛰어다니면서 놀기 시작했다.

"안녕하십니까? 저는 차지완 이라고 합니다."

지완이 먼저 인사를 건네며 호탕한 웃음을 지어 보였다. 어색함을 감추려는 그의 오랜 버릇이었다.

"아따, 안녕하셨지라? 저엉 병택이라고 합니다잉. 시방 거시기 오늘 저녁을 같이 먹기로 했담서요? 만나서 허벌나게 반갑소잉."

병택이 말했다. 새로운 만남에 대한 설렘과 두려움으로 잔뜩 긴장하고 있던 차에 난데없이 들려오는 병택의 찰진 사투리를 들은 나는 그만 풋! 하고 웃음을 터뜨리고 말았다.

"어머! 죄송합니다. 말씀을 너무 재미있게 하셔서. 저는 승민이 엄마 김정연이에요. 반갑습니다."

나는 급하게 사과했다.

"아따, 승민 엄니 당가요? 개안허요. 암시랑토 안 허요. 거시기 말씸은 많이 들었습니다잉. 소문대로 겁~나게 이뻐부요. 허허."

병택은 나의 사과를 능글맞게 받아쳤다. 나는 그런 병택의 넉살이 싫지만은 않았다. 셋이 함께 인사를 나누고 있는 사이 애영이 왔다. 애영은 나에게 눈인사하고는 지완에게 인사를 건넸다.

"안녕하세요? 진영이 엄마예요."

"아, 예! 안녕하십니까? 만나서 반갑습니다."

지완이 또다시 의식적으로 활짝 웃으며 인사했다.

"오늘 저녁 모임에 다른 가족도 오기로 했는데 괜찮으시죠?"

애영이 지완에게 말했다.

"응. 어? 그래 언니, 그런데… 누구?"

나는 당황하며 애영에게 물었다.

"나승원이라고 우리 애들하고 같은 반 아이가 있는데, 얼마 전에 그 집하고도 친해졌거든. 그래서 기왕 만나는 김에 다 같이 만나면 좋을 것 같아서 불렀어. 괜찮지, 정연아?"

애영이 말했다.

"아 네! 저희는 괜찮습니다. 같이 만나면 더 좋죠!"

지완은 당황하는 내 손을 재빨리 잡아채며 대답했다. 나는 생각지도 않던 사람들과 같이 식사해야 한다는 생각에 갑자기 안색이 어두워졌다. 지완은 나를 계속 다독이며 괜찮다고 신호를 보냈다.

"거시기 긍께 승원이 어무이가 먼저 가서 자리를 잡고 있다고 허는디, 인자 우덜도 다 모였응께 싸게싸게 가시죠잉."

병택이 말했다.

나는 돌발 상황이 마음에 들지 않았지만, 일단은 병택을 따라 약속 장소로 향했다.

식당은 걸어서 10분 정도 거리에 있는 뼈다귀해장국 집이었다. 식당의 한쪽에는 아이들이 놀 수 있는 작은 놀이방이 갖춰져 있어서 밥을 먼저 먹은 아이들이 놀이방에서 노는 사이 어른들은 반주를 하며 이야기꽃을 피울 수 있었다.

승원의 부모인 나원형과 이희연은 둘 다 지하철공사 직원으로, 같은 해에 입사해서 결혼한 사내 커플이었다. 그리고 승원도 진영처럼 외동아들이었다. 희연은 서른네 살로 나보다 두 살 많았고, 원형은 마흔으로 조애영과 동갑이었다. 지완은 서른여섯 살로 세 가족 부모 중에 지완과 내가 가장 어렸다. 걱정했던 것과는 달리 나는 원형이나 희연과도 편안하게 대화를 나눌 수 있었다.

그렇게 시작한 저녁 모임은 애영의 집으로 자리를 옮겨 자정이 넘도록 이어졌다. 다소 독특한 캐릭터를 가진 아빠들에 비해, 엄마들은 모두 조용하고 낯을 가리는 성격이었다. 그래서 그런지 엄마들보다 오히려 아빠들이 서로 죽이 더 잘 맞는 듯했다.

그날 이후 세 가족은 마치 헤어졌다 다시 만난 이산가족처럼 하루가 멀다고 모임을 했다. 나는 내가 이런 모임의 일원이 된 것이 믿기지 않을 만큼 뿌듯하고 즐거웠다. 그리고 처음으로 사람을 사귀는 재미에 푹 빠지게 되었다.

부모들이 서로 친해지면서 아이들이 모여서 노는 횟수도 많아졌다. 덕분에 승민이 또래 아이들과 같이 노는 모습을 자주 볼 수 있게 되었다. 그러면서 자연스레 다른 아이들과 승민을 비교하기 시작했다.

승민은 아기 때부터 유난히 활동량이 많고 부산했다. 편식도 심해서 좋아하지 않는 음식은 입에도 대지 않았고, 잠도 한 번에 길게 자지 못했다. 한밤중에 자주 깨서 우는 통에 2교대 근무를 하던 나는 항상 잠이 모자라 힘들었다.

승민이 30개월이 되었을 때 넘치는 에너지와 활동성은 내가 감당하기 힘들 정도였다. 한시도 가만히 있지를 못하고 쉽게 흥분했다가 금세 짜증을 냈고, 한 가지 장난감을 오래 가지고 놀지 못했다. 항상 자신의 욕구가 먼저였고, 상대의 마음은 전혀 이해하지 못하는 듯했다. 내가 아무리 타이르고 가르쳐도 승민은 제멋대로 행동할 때가 많았고, 듣는다 해도 어딘지 모르게 과장되고 어색했다.

나는 윤아가 태어나기 전에는 아기들은 으레 그러려니 하고 생각했었다. 하지만 윤아를 낳고 보니 윤아는 승민과는 많은 점이 달랐다. 그래서인지 내 마음속에는 늘 승민에 대해 뭔지 모를 막연한 불안감 같은 것이 자리하고 있었다. 그것이 남자아이와 여자아이의 차이인지 아니면 승민에게 무슨 문제가 있는 것은 아닌지 다른 남자아이들이 노는 모습을 보며 비교해 보고 싶었다.

또래 남자아이들이 노는 모습을 가까이에서 볼 수 있게 되면서 진영과 승원의 행동을 유심히 관찰했다. 그런데 진영과 승원은 같은 남자아이인데도 불구하고 승민과는 또 달랐다. 진영은 아빠를 닮아 유머가 있고 조금은 여성스러운 면이 있었다. 승원은 조용한 성격에 책을 좋아하는 아이로 승민이나 진영보다 성숙해 보였다. 어렸지만 양보할 줄도 알았고, 자기중심적이지만 고집을 부렸다가도 엄마가 좋은 말로 타이르면 듣곤 했다. 둘 다 터무니없는 고집을 부리지는 않았다. 진영과 승원은 정적인 놀이를 좋아하는 데 비해 승민은 동적인 놀이를 좋아했다. 행동의 폭도 넓고, 놀이 방식도 무척 거칠었다.

세 아이의 노는 모습을 비교해 본 나는 내가 기질적으로 힘든 아이를 키우고 있다고 확신했다. 나는 내가 정적인 사람이라고 생각했고, 단지 승민이랑 성격이 맞지 않아서 그동안 승민을 키우기가 힘들었던 것이라고 단정지었다.

승민은 아이들과 같이 놀다가도 놀이가 제 뜻대로 되지 않으면 울고불고 난리를 쳤다. 그래서 아이들이 만나서 같이 놀 때면 승민이 심통을 부려서 놀이의 끝이 싸움으로 끝나거나 울음바다가 되기 일쑤였다. 처음 몇 번은 애영이나 희연도 아이들이니까 그럴 수 있지 하고 그냥 웃어넘겼지만, 그런 상황이 반복되자 아이들은 물론 부모들까지 서로 마음이 상해서 헤어지는 일이 잦았다. 승민 때문에 모임의 끝이 엉망이 될 때마다 나는 승민을 집으로 데리고 와서 심하게 혼냈다.

"아주 너 때문에 짜증 나고 창피해 죽겠어. 너는 왜 그렇게 양보할 줄 모르니? 항상 네 멋대로야! 그렇게 이기적으로 자기 하고 싶은 대로만 하면 누가 너랑 놀아주겠어? 엄마가 늘 말했지, 손해 보듯 남들을 위해서 사는 게 제일 편한 거라고. 너는 왜 그 쉬운 걸 못 하는 거야? 어? 내일 유치원 가면 꼭 먼저 승원이, 진영이한테 사과해! 알았어?"

하지만 아무리 혼을 내도 승민은 자기의 억울함만 호소할 뿐, 전혀 반성하는 기색이 보이지 않았다. 오히려 더욱 분해하며 못되게 굴고 소리를 질러댔다. 나는 그런 승민의 태도가 이기적인 성격에서 비롯된 것으로 보였고, 반드시 고쳐야 하는 나쁜 면으로만 여겨졌다. 그동안 승민을 제대로 혼내지 않고 오냐오냐하며 너무 버릇없이 키워서 그러는 게 아닌가 하는 생각이 들었다. 그런 생각이 들기 시작하니 아이들 간에 싸움이 일어나면 모든 싸움의 원인이 다 승민 탓으로만 보였고, 이기적으로 구는 승민이 점점 더 미워졌다. 잘 가르친다고 노력하고 애도 많이 썼는데, 자꾸 못되게 행동하는 승민을 도저히 이해할 수가 없었다.

　나는 아이들과 잘 섞여서 놀지 못하고 자꾸 모나게 구는 승민이 신경 쓰이면서도 두 집과의 만남을 그만둘 수가 없었다. 아이들 사이에 문제가 있어도 우선 어른들끼리는 마음이 잘 통했고, 만나면 재미있고 즐거웠다.

　부모들이 서로 친해지고 난 후부터는 만나면 보통 새벽 2~3시가 되어서야 헤어지곤 했다. 밤늦도록 이어지는 술자리가 부담스럽기도 했지만, 누군가와 소통하는 즐거움을 놓치고 싶지 않았다. 이 무리에서 소외되면 사회에서 고립될 것만 같은 불안감마저 들었다. 그럴수록 혹시나 승민 때문에 모임을 망치게 될까 봐 전전긍긍하며 승민을 다그치고 나무라는 날들이 점점 더 많아졌다.

내 맘을 몰라주는 네가 싫었어.

 많은 일들이 있었던 2008년 한 해가 가고 2009년이 되었다. 다섯 살 때는 세 아이 모두 같은 반이었는데, 여섯 살 반의 새로운 반 배정 표를 보니 승원과 진영만 파랑새 반이고 승민은 샘물 반이었다. 나는 승민의 유치원 담임 선생님에게 여섯 살 때도 세 아이가 모두 한 반이 될 수 있게 해달라고 미리 부탁해두었었다. 가뜩이나 승민이 두 아이와 성향이 맞지 않아서 걱정인데 혼자 다른 반이 되면 아이들에게 따돌림을 받을까 봐 두려웠다. 그런데 승민만 다른 반으로 배정된 것을 보자 불안함과 배신감에 화가 치밀어 올랐다. 곧바로 유치원 원장에게 전화를 걸었다.

 "제가 그렇게 부탁을 드렸는데 승민이만 다른 반으로 배정하시면 어떻게 해요? 제가 몇 달 전부터 승민이 담임 선생님께 미리 말씀을 드렸어요. 담임 선생님께서도 부모가 미리 부탁하면 반 배정할 때 부모의 요구를 들어준다고 했고요. 그런데 이게 뭔가요?"

나는 상기된 목소리로 말했다.

"어머니, 생각 반 담임 선생님께서 그렇게 말씀하셨나요? 정말 죄송해요. 그런데 아이들이 다른 반으로 배정되었다면, 거기엔 다 그럴 만한 이유가 있을 거예요. 아무런 이유 없이 반을 나누는 게 아니거든요. 어머님께서 이해해주셨으면 좋겠어요. 이미 반 배정이 다 끝난 상태라서 바꾸기가 어려워요."

원장이 대답했다.

"이럴 거였으면 제가 미리 말씀도 안 드렸죠. 아니 그럼 안 된다고 미리 말씀을 해주셨어야죠? 세 아이 모두 다른 반으로 나누어 놓든지 할 것이지, 둘은 붙여놓고, 하나만 따로 떼어 놓으면 어떻게 해요? 이렇게 하시면 제가 정말 서운하죠."

나는 좀 더 격앙된 목소리로 따져 물었다. 원장은 잠시 고민하는 듯했다.

"어머니께서 정 그렇게 원하시면 이번엔 반을 바꿔 드릴게요. 그런데요 어머니, 유치원에서 반을 배정할 때는 아이들의 성향이나 성비 등을 다 고려하거든요. 그러니까 앞으로는 유치원의 운영 방침에 따라주셨으면 해요. 나중에 보면 아시겠지만 왜 반을 그렇게 나눴는지 알게 되실 거예요."

원장이 대답했다.

"나중에 어떻게 되든 간에 그건 제가 다 책임질 테니까 그냥 바꿔주세요."

"네. 알겠습니다. 어머님."

원장은 그렇게 말하고는 전화를 끊었다.

나의 극성맞은 치맛바람으로 여섯 살 때도 승민은 다시 진영, 승원과 같은 반이 되었다. 지난 반년 사이 나에게 애영과 희연은 친자매보다 더 위로가 되는 존재였다. 나는 원래 수줍음이 많고 말수가 적은 편이었지만, 그들을 만날 때면 항상 수다쟁이가 되었다.

애영을 처음 만났을 때 나는 직장생활을 하면서 가사와 육아를 병행하고 있던터라 엄청난 스트레스를 받고 있었다. 그동안 가슴속에만 쌓아왔던 이야기들이 그들 앞에서는 봇물 터지듯 터져 나왔다. 나는 지완에 대한 불만은 물론 시시콜콜한 집안 이야기까지 모두 털어놓았고, 그들은 내 이야기를 귀 기울여 들어주며 진심 어린 조언을 해주었다. 나는 그런 애영과 희연이 너무나 고맙고 소중했다.

하지만 물과 기름처럼 아이들과 어울리지 못하고 겉도는

승민이 계속 마음에 걸렸다. 그래서 그런지 나도 가끔은 애영과 희연 사이에서 소외된 느낌을 받을 때가 종종 있었다. 나는 불안했지만 어떻게 해서든 그들 사이에 끼어 있고 싶었다. 그들과 계속 함께하려면 반드시 승민도 아이들과 친하게 지내야만 했다.

그러나 우격다짐으로 또다시 세 아이가 한 해를 같은 반으로 지내고 나서야, 나는 유치원 원장의 말이 무슨 뜻인지 알게 되었다. 여섯 살이 되니 세 아이의 기질적인 차이는 더욱 극명해졌다. 얌전한 기질의 진영과 승원은 놀이 패턴이 잘 맞아서 두 아이는 하루 종일 같이 있어도 서로 싸우는 일은 극히 드물었다.

하지만 승민은 목소리도 크고, 행동 또한 거칠어서 진영, 승원뿐만 아니라 다른 아이들과도 종종 다툼을 일으켰다. 화가 나면 말보다 행동이 먼저 앞서는 바람에 대응할 틈도 없이 일이 벌어지곤 했다. 승민의 이런 행동은 나아지기는커녕 날이 갈수록 점점 더 심해졌다. 나는 그런 승민이 싫고 밉기만 했다. 아무리 타일러도 보란 듯이 나쁜 행동만 골라서 하는 꼴이 마치 자신을 일부러 욕먹게 하려는 것 같아 창피하고 부끄럽기까지 했다. 겉으로 말은 안 했지만 애영과 희연도 아이들 사이의 불협화음이 꽤 신경 쓰이는 듯했다. 나는 그럴수록 승민의 행동 하나하나에 촉각을 곤두세우게 되었다.

여섯 살 한 해 동안 승민은 진영, 승원과 점점 멀어졌고 다섯 살 때보다 사이가 더 나빠졌다. 그때 〈우리 아이가 달라졌어요!〉라는 TV 프로그램이 한창 인기를 끌고 있었는데, 나는 그 프로그램에 출연하는 아이들을 볼 때마다 승민이 떠올랐다. 그 아이들의 행동이 승민과 많이 닮아 있었기 때문에 혹시나 승민도 무슨 문제가 있는 건 아닌가 하는 불안한 마음이 들었다.

문제가 계속되자 나는 승민을 데리고 가까운 아동심리상담소를 찾아가 보았다. 그곳에서 놀이 검사를 해본 결과 상담사는 승민이 엄마와 '불안정 애착 관계'를 형성한 것 같다고 말했다. 태어나서부터 네 살 때까지 만 3년 동안 나와 떨어져서 살아야 했던 경험과 엄마의 민감하지 못한 양육 태도가 문제라고 했다. 상담사는 지금이라도 늦지 않았으니 승민에게 좀 더 관심을 가지고 애정을 쏟으라고 말했다. 나는 직장에 다녀야 한다는 이유로 승민을 친정엄마의 손에 맡겨 키운 것이 미안했다. 하지만 그때는 그럴 수밖에 없었다. 시간을 되돌릴 수도 없는 노릇이고 앞으로 더 많이 놀아주고, 혼을 덜 내면 승민이 금방 좋아질 것으로 생각했다.

다시 한 해가 지나고 승민이 일곱 살이 되었을 때, 이번엔 역으로 내가 유치원 원장에게 승민이 진영, 승원과 같은 반이 되지 않게 해달라고 부탁해야만 했다. 승민이 두 아이와 다른 반이 되고, 자연스레 서로 만나는 횟수가 줄어드니, 그제야 아이들이 싸우는 일도 줄었다.

한 해 동안 가시방석에 앉은 듯 무슨 일이 터지지나 않을까 안절부절못하고 지내서 그런지, 이제는 애영, 희연과도 너무 가깝게 지내는 것이 피곤하고 불편했다. 나는 그 후로 조금씩 그들과 만나는 횟수를 줄여 나가기 시작했고, 가끔은 집안일을 핑계로 일부러 모임에 나가지 않기도 했다.

그해 여름.

세 가족은 오랜만에 함께 자작도로 1박 2일의 여름휴가를 떠나기로 했다. 병택의 주선으로 가게 된 속초 여행은 즐거웠다. 아이들과 아빠들은 바닷가에서 실컷 물놀이했고, 모래성도 만들었다. 하지만 나는 혹시 승민이 말썽을 부리지나 않을까 내내 걱정스러웠다. 아무리 고치려고 애를 써도 한 번 굳어진 성격은 쉽사리 고쳐지지 않았고, 다른 아이들과 오랫동안 같이 있게 되면 또 싸움이 일어날까 봐 불안했다.

나의 지나친 우려 때문이었는지 저녁이 되어 숙소로 향하는 차 안에서 기어이 승민과 진영이 싸우고 말았다. 화를 참지 못한 승민은 주먹으로 진영의 머리를 세게 내리쳤고, 머리를 얻어맞은 진영은 큰 소리로 울어버렸다.

애영은 진영이 울자 사내자식이 고작 그깟 일로 울면 쓰냐며 진영을 나무랐지만, 뒤에서 모든 상황을 지켜보고 있던 나는 신경질적으로 승민을 나무랐다. 다들 괜찮다고 승민한테 너무 그러지 말라고 했지만, 숙소에 도착해서도 승민을 복도 끝으로 데리고 가서 한참을 나무란 후에야 방으로 데리고 들어갔다. 호되게 혼이 난 승민은 분이 삭혀지지 않았는지 방구석에 처박혀 계속해서 씩씩댔다.

 여행을 다녀온 후 거의 2주가 다 지나도록 애영과 희연은 아무런 연락도 하지 않았다. 그러던 어느 날 저녁 애영에게서 만나자는 연락이 왔다. 나는 갑작스러운 애영의 전화에 이상한 예감이 들었다. 전화를 끊고 난 후 지완에게 말했다.
 "승민 아빠, 속초 여행 다녀오고 나서 언니들한테서 계속 연락이 없었는데, 애영 언니가 갑자기 만나자고 하네. 조금 이상한데……."
 "그냥 바빠서 그랬겠지. 나가봐! 뭐 별일 있겠어?"
 지완은 별일 아니라는 듯 말했다.
 "예감이 별로 안 좋아. 오늘은 정말 나가기 싫은데……."
 나는 작은 목소리로 웅얼거렸다.
 "정연아! 너무 그렇게 부정적으로 생각하지 마. 넌 항상 그게 문제야. 우리가 뭐 잘못한 거라도 있어? 그렇게 기죽을 필요 없어! 괜찮아!"

지완은 괜한 걱정을 사서 한다며 나에게 핀잔을 주었다.

나는 불길한 마음으로 주섬주섬 옷을 챙겨 입고 집을 나섰다. 만나기로 한 술집은 그날따라 어두컴컴했고, 홀에 들어서니 칙칙하고 오래된 기름 냄새가 풍겼다. 그곳엔 애영뿐 아니라 희연도 함께 나와 있었다. 4인용 테이블에 애영과 희연은 나란히 앉아 있었고 나는 그들 맞은편에 앉았다. 둘은 먼저 술을 마시고 있었는지 이미 얼굴이 붉게 상기되어 있었다.

애영은 내가 오고 나서도 한참 동안을 아무 말도 하지 않고 술만 마셨다. 나는 애영이 입을 열 때까지 초조해하며 술잔을 만지작거렸다. 맥주 한 잔을 다 비우고 나서야 애영은 조심스럽게 이야기를 시작했다.

"정연아, 우리 오랜만이네. 여행 다녀오고 한 2주 만인가보다. 그렇지?"

"응. 그러네."

나는 웃는 건지 우는 건지 알 수 없는 표정으로 엷은 미소를 지으며 대답했다. 희연은 아무 말이 없었다.

"오늘 갑자기 정연이 너를 부른 이유는……. 너도 이미 알고 있을지도 모르겠는데……."

애영은 잠시 말을 멈추고, 한숨을 깊게 내쉰 후에 다시 이야기를 이어갔다.

"이번 일도 그렇고 그동안 승민이랑 진영이랑 노는 걸 보면, 아이들이 서로 잘 안 맞는 것 같아서. 우리 진영이는 누구랑 싸우는 애가 아닌데, 어찌 된 일인지 승민이랑은 자꾸 싸우고, 울고, 또 맞기도 하고 그러니까 솔직한 이야기로 걱정도 많이 되고 별로 기분도 좋지 않더라고."

애영은 이야기를 마치고 다시 술잔을 집어 들었다.

"나도 알고 있었어. 그래서 언니한테 항상 미안했고. 우리 승민이가 워낙 성격이 급하고 다혈질이라 그런지 자꾸 애들하고 싸우고 그래서 나도 무척 힘이 드네. 미안해!"

나는 맥주를 한 잔 더 시켜서 단번에 반 이상 들이켰다.

"그래. 나도 알아. 그동안 우리가 정연이 너를 쭉 봐왔고, 승민이 아빠랑 정연이 네가 얼마나 좋은 사람인지도 잘 알고 있어. 승민이한테 어떻게 하는지도 잘 알고. 그래서 나도 이런 말 하기가 참 쉽지 않았어."

애영이 말했다.

"나는 내가 승민이를 잘 가르치면 될 거라고 생각했는데……."

내가 울먹이며 말하자 애영의 눈가에도 눈물이 고이기 시작했다.

"우리 그동안 3년 가까이 친하게 지냈잖아. 너희 부부 둘다 좋은 사람인 거 우리가 아니까 다 같이 친하게 지내고 싶은 그런 마음이 없었으면 아마 이러지도 않았을 거야. 근데 너도 알다시피 우리 진영이, 늦게 결혼해서 어렵게 얻은 아들이야. 진영이 아빠도 아이가 하나뿐이라 얼마나 애지중지하는지 몰라. 그때 말은 안 했지만, 진영 아빠가 나보다 훨씬 더 속상해했어."

애영이 계속해서 말했다.

"나도 너무 속이 상해서 친한 친구한테 전화해서 물어보기도 했어. 동네에 진영이 친구가 있는데 자꾸 싸움이 일어나고 진영이 힘들어하는데 어떻게 해야 하냐고, 그랬더니 그 친구가 어떻게 그런 친구를 계속 만나냐고 더 이상 만나지 말라고 하더라고. 아이 정서에도 안 좋고 그런 애는 만나지 않는 게 좋다고. 자기 같았으면 진작 안 만났다고······."

애영은 울먹이며 계속 말을 이었다.

"그런데 내가 이런 이야기까지 하는 이유는 정연이 네가 좋은 사람인 거 아니까, 정연이 너를 진짜 친동생처럼 생각해서 이러는 거야. 그렇지 않았으면 그냥 안 만나고 말았을 거야."

"응. 알고 있어. 고맙고 미안해. 그런데 정말 애가 내 뜻대로 안 되네. 나는 한다고 하는데······."

나는 고개를 떨구고 흘러나오는 눈물을 닦으며 또다시 술을 들이켰다. 도저히 맨정신으로는 그 자리에 계속 앉아 있을 수 없었다. 이번엔 그동안 듣고만 있던 희연이 입을 열었다.

"나도 애영 언니 마음 충분히 이해하고, 정연이 네 마음도 이해해. 네가 일부러 그런 게 아닌 것도 알고, 승민이 때문에 힘들어하는 것도 잘 알아. 그런데 지난번에 승민이가 우리 승원이 따귀를 때렸을 때는……. 나도 정말 화가 나더라고."

나는 말없이 흐느끼며 또 술 한 잔을 시켰다. 눈앞이 빙글빙글 돌기 시작했다.

> 승민이 이 자식은 정말! 왜 날 이렇게 비참하게 만드는 거야! 내가 왜 이런 거지 같은 자리에 불려 나와서 이따위 소리를 듣고 있어야 하는 건데…….

나는 애영 앞에서 고개도 제대로 들지 못한 채 죄인처럼 머리를 조아리고 있는 내가 너무나 한심하고 수치스러웠다. 그리고 이런 자리에 나와 앉아 있게 만든 승민이 너무나 미웠다. 그런 나를 바라보고 있는 애영과 희연도 마음이 편해 보이진 않았다. 애영은 흘러나오는 눈물을 간신히 참으며 말했다.

"우리 당분간은 어른들이 모일 때 애들을 데리고 만나지 않는 게 좋겠어. 어차피 유치원에 가면 만나서 놀 텐데 어른들이 일부러 자리를 만들어주는 건 서로에게 좋지 않을 것 같다. 우리도 이 일 때문에 너희를 안 보고 싶지는 않아. 정말 어렵게 이런 이야기하는 거야. 이해하지?"

"어, 그래. 알았어……. 그렇게 할게."
그렇게 대답했지만, 가슴은 답답했다.
"나 먼저 일어날게. 아무래도 집에 가봐야겠어."
나는 눈물로 얼룩져 벌게진 얼굴로 비틀거리며 자리에서 일어났다.

> 차라리 연락하지 말지. 실컷 미워하게 차갑게 등을 돌리지. 도대체 이게 뭐 하자는 거야? 애들 때문에 만나기 시작했는데, 애들을 빼고 보자니! 이게 말이 되는 소리냐고! 너무하네. 진짜!

집으로 터덜터덜 걸어오면서도 자꾸만 솟구쳐 오르는 짜증 때문에 내내 신경질이 났다. 밤새 이불 속에서 쏟아지는 눈물을 닦아내고 또 닦아내야 했다. 너무 야속했지만, 애영의 마음을 모르는 게 아니었다. 나 역시 그런 승민이 너무 미웠고 이해할 수 없었다.

그날 이후 애영과 희연은 또다시 한동안 연락이 없었다. 그럴수록 나는 점점 더 예민해졌고, 갑자기 버럭 하고 화를 내는 일도 잦아졌다. 아침마다 아이들에게 심하게 짜증을 내고, 전쟁 같은 아침을 보내고 회사로 향하는 지하철 안에서는 깊은 한숨이 절로 쉬어졌다. 내가 극도로 예민해지기 시작하면서 아이들도 덩달아 짜증이 늘었고, 지완 역시 마찬가지였다. 집 안 분위기는 갈수록 험악해져 갔다.

나는 이제 승민뿐만 아니라 윤아까지 마음에 들지 않았다. 집안을 마구 어지르고, 방안에 쓰레기를 버리지 않고 숨겨놓는 윤아의 행동이 너무나 못마땅했다. 그 때문에 윤아도 나에게 자주 혼이 났다. 그런데 내가 혼을 내면 윤아는 나를 더 못살게 굴었다. 나와 한시도 떨어지지 않으려 했고, 자신이 모아놓은 잡동사니를 내가 하나라도 버리는 날에는 울고불고 난리가 났다.

나는 정말 이 상황이 미칠 것만 같았다. 아무것도 모르고 자꾸만 나를 괴롭히는 아이들도, 내 마음을 이해해주지 않고 나보다 더 화를 내는 지완도 전부 다 버리고 도망가버리고 싶은 마음이 굴뚝같았다.

애영으로부터 다시 연락이 온 건 한 달쯤 후였다. 오랜만에 온 연락에 나는 반가운 마음과 서운한 마음이 교차했다. 승민을 생각하면 만나지 않는 게 맞겠지만, 너무나 외로웠기 때문에 애영이 만나자고 말했을 때 거절할 수 없었다.

반면 지완은 승민과 아이들이 싸운 것이 별일 아니라고 생각했다. 그리고 다시 만남을 이어가는 것도 나처럼 힘들어하지 않았다. 아이들 사이에서는 늘 그런 일이 있을 수 있는데 요즘 엄마들이 너무 호들갑을 떤다고 생각했다.

약속 시간은 밤 10시 반이었고, 아이들이 모두 잠들어 있을 시간이었다. 오랜만에 초대되어 간 애영의 집에는 내가 모르는 부부가 와 있었다. 그들은 나와 소원하게 지내는 동안 새로운 사람을 사귀었다. 나는 처음엔 서운한 생각이 들었다. 나의 빈자리를 누군가 대신하고 있다는 것이 못마땅했다. 그리고 아무렇지도 않게 잘 지내는 애영의 모습이 얄밉기도 했다. 하지만 그것은 나를 위한 애영의 배려였다. 애영은 모임을 지속하기에는 셋보다는 넷이 둘씩 짝도 맞고, 하나가 소외될 일도 없어서 좋으리라 생각했다.

새로 만나게 된 가족은 윤석태와 양은정 부부로 그들에게는 승민과 동갑인 재영과 두 살 형인 찬영, 이렇게 아들 둘이 있었다. 재영은 나도 유치원에서 몇 번 본 적이 있는 아이였다. 손해보험사에 다니는 석태는 지완보다 한 살 어렸고, 각종 스포츠에 능했으며, 자기 관리가 철저한 사람이었다. 아침에는 새벽 운동을 하고, 퇴근 후에는 전화 영어 수업을 하거나 CPA 시험 준비를 위해 학원에 다니는 등 매사에 열정이 넘쳤다. 석태의 아내 은정은 나보다 한 살 많았고, 국내 최대 번역 회사의 팀장이었다. 시원시원한 성격에 패션 감각이 남달랐다. 자신의 의견 개진에 거침이 없고, 여장부다운 면모가 지완과 많이 닮아 있었다. 나는 처음엔 조금 어색했지만 은정과 석태가 처음 만남인데도 불구하고 넉살 좋게 분위기를 잘 이끌어가서 그런지 이내 예전과 같은 기분을 느꼈다.

그날 이후 나는 다시 모임에 합류하게 되었다. 물론 늦은 밤에 아이들을 재우고 난 후였다. 그러나 시간이 지나다 보니 자연스레 저녁도 같이 먹게 되었고, 예전처럼 승민과 아이들도 차츰 다시 어울리게 되면서 아이들을 못 만나게 하자는 약속은 어느새 흐지부지되었다. 승민이 다시 아이들과 놀게 된 것은 좋았지만, 나는 항상 불안했고, 승민의 행동이나 목소리가 커질 때마다 민감하게 반응했다. 그럴 때면 은정은 내 마음을 알아채고는 아이들 사이에 일이 커지지 않도록 미리 떼어놓는 등의 조처를 해주었다. 나는 은정의 분명하면서도 유쾌한 성격이 무척 부러웠다. 주관이 뚜렷하고 어디에도 치우치지 않는 냉철한 모습은 나에게는 없는 것이었다.

은정이 모임에 합류하고 난 후 나는 좀 더 안정된 느낌이 들었다. 은정은 무심한 듯하지만 세심하게 나를 챙겼고, 나는 그런 은정이 고마웠다. 그렇다고 은정은 누구의 편을 들어 편을 가르지도 않았다. 누군가 그런 역할을 해주니 오히려 마음이 편했다. 네 가족과 함께했던 2010년이 지나고 2011년 3

월 아이들은 유치원을 졸업하고 초등학교에 입학하게 되었다. 반 배정 표를 보니 진영과 승원은 같은 반이 되었고, 승민과 재영은 각각 다른 반으로 배정받았다.

초등학교 입학식 전날의 사건

 입학식 전날 네 가족은 다 같이 모여 저녁을 먹기로 했다. 하지만 지완과 병택은 회사업무 때문에 참석하지 못했고, 은정과 석태는 식사만 하고 헤어졌다. 다들 내일이면 아이들이 초등학교에 입학하게 된다는 생각에 조금은 설레고 들뜬 마음이었다.

 "우리 남은 사람들끼리 간단하게 맥주나 한잔하고 헤어질까요?"

 이대로 헤어지는 것이 아쉬웠던 원형이 말했다.

 "그러면 아이들도 있고 하니, 저희 집으로 가서 딱 한 잔씩만 해요. 애들도 내일 일찍 일어나서 학교 갈 준비를 해야 하니까요."

나와 애영, 희연 그리고 원형은 근처 편의점에서 맥주와 안주를 산 후, 아이들과 함께 집으로 향했다. 집에 도착하자, 승민은 진영 그리고 승원과 안방에 들어가서 놀았고, 어른들은 거실 탁자에 둘러앉았다. 윤아는 오빠들이 놀이에 끼워주지 않았기 때문에 거실에서 장난감을 가지고 혼자 놀고 있었다. 애영은 입학식 날에 입히려고 진영의 바바리코트를 샀다며 자랑했다. 나는 내일 입히려고 준비한 청바지와 남방을 가져와 보여주며 기대 반, 설렘 반으로 두런두런 이야기하고 있었다. 그런데 갑자기 방 안에서 진영의 울음소리가 들렸다. 연달아 승민이 악을 쓰며 소리를 지르기 시작했다. 놀란 애영과 내가 안방으로 뛰어 들어가 보니, 진영이 볼을 부여잡고 울고 있었다.

"시끄러워! 조용히 하라고!"

승민은 진영 옆에 서서 주먹을 불끈 쥐고는 버럭버럭 소리를 지르며 씩씩거리고 있었다. 진영의 오른쪽 볼에는 손톱으로 꼬집힌 듯한 상처가 생겨 있었다. 상처를 발견한 애영의 얼굴이 순식간에 굳어졌고, 나는 순간 얼어붙고 말았다.

"승민이 너! 또! 너 정말!"

나는 승민에게 화가 난 마음과 애영에게 미안한 마음 때문에 어쩔 줄 몰라 하며 서 있기만 했다. 그때 원형이 방으로 들어왔다. 원형은 승민만 남겨둔 채 진영과 승원을 방 밖으로 내

보냈다. 나는 말없이 원형과 애영의 뒤에 서서 방문을 닫았다.

"내가 안 그랬다고요! 정진영! 네가 먼저 그랬잖아!"

승민이 악을 썼다.

원형은 흥분하며 소리치는 승민의 양쪽 팔을 꽉 붙잡고 말했다.

"너 왜 그랬어? 응?"

"내가 먼저 안 했다고요! 저 새끼가 먼저 그랬다고요!"

승민이 또다시 악을 썼다.

원형은 자신의 손아귀에서 벗어나려고 몸부림치는 승민의 팔을 더욱더 세게 움켜쥐었다. 애영은 분노에 찬 눈으로 원형 옆에 서서 승민을 노려보고 있었다.

"너 이 새끼! 바른대로 얘기해! 어떻게 된 거야? 그렇다고 친구 얼굴에 손을 대면 되겠어?"

원형이 승민을 꾸짖었다.

"내가 먼저 안 그랬다고요! 진짜예요! 저 새끼가 먼저 그랬단 말이에요! 이거 놔요!"

승민은 흐느껴 울면서 나를 바라보았다. 순간 나는 승민의 눈을 외면해버렸다. 미안함과 수치스러움, 짜증과 분노가 밀려왔다. 마치 원형이 내 팔을 쥐고 흔드는 것만 같아 얼른 그 자리를 피하고만 싶었다.

한바탕 소동을 치르고 난 후, 썰물이 빠져나가듯 모두 황망히 각자의 집으로 돌아가 버렸다. 떠들썩했던 집 안은 갑자기 쥐 죽은 듯 조용해졌다. 승민은 안방에 혼자 앉아 있었고, 윤아는 여전히 거실에 있었다. 나는 온몸에서 기운이 쫙 빠져나가는 느낌이 들었다. 터덜터덜 무거운 발을 옮겨 승민의 방으로 건너가 침대에 벌렁 드러누웠다.

왜 하필 이런 순간마다
승민 아빠는 내 곁에 없는 거야!
도대체 왜!

서러움이 복받쳐 뜨거운 눈물이 흐르기 시작했다. 그때 윤아가 방으로 들어왔다.
"엄마, 엄마 울어? 엄마? 울지 마!"
윤아는 조그만 손으로 내 얼굴에 흐르는 눈물을 연신 닦아 내며 같이 흐느끼기 시작했다.
"엄마 울지 말라고!"
"윤아야! 지금은 엄마가 힘드니까 나가 있어, 응?"
나는 윤아에게도 신경질적으로 말했다. 그럴수록 윤아는 나에게 매달리며 더 큰 소리로 울기 시작했다. 이내 승민이 방으로 들어왔다.
"나가라고! 엄마가 나가라고 하잖아!"

승민은 윤아에게 버럭 소리를 질렀다.

"싫어! 안 나갈 거야! 엄마랑 같이 있을 거야!"

윤아가 맞받아쳤다.

"둘 다 나가! 엄마 지금은 혼자 있고 싶다고. 조금 있다가 나갈 거니까 둘 다 나가라고! 제발!"

나는 간신히 슬픔을 억누르며 이를 악물고 말했다.

밸브가 고장 난 수도꼭지처럼 눈물은 멈추지 않고 계속해서 줄줄 흘러나왔다.

엄마의 감정이 갈수록 격해지는데도 아이들은 아랑곳하지 않고 더 큰 소리로 싸워댔다. 그럴수록 내 귀에는 오로지 또 악을 쓰며 소리를 지르는 승민의 목소리만 점점 더 크게 들려왔다. 그때, 나는 갑자기 침대에서 벌떡 일어나 승민의 멱살을 부여잡고 거칠게 방 밖으로 끌어냈다. 그리고 광기에 어린 눈으로 승민의 양쪽 어깨를 마구 흔들어대기 시작했다.

"도대체 왜 그랬어! 어? 왜 너는 맨날 그 모양이야! 도대체 왜! 네가 지금 뭘 잘했다고 또 동생을 때리려고 해? 어? 뭐가 불만이야! 도대체 뭐가 불만이냐고!!"

나는 끓어오르는 분노를 참지 못하고 승민의 등을 마구 때리기 시작했다.

"우리 같이 죽자! 죽어! 이렇게 살아서 뭐 해! 따라와 너랑 나랑 오늘 같이 죽으면 돼! 죽어!"

어느새 나는 승민의 멱살을 부여잡고 베란다로 질질 끌고 있었다.

"엄마 잘못했어요. 살려주세요! 나 살고 싶어요! 엄마!"

승민은 도살장에 끌려온 돼지처럼 악다구니를 쓰며 바짓가랑이를 잡고 울며 매달렸다. 나는 절망에 빠져 제정신이 아니었다.

내가 낳았으니, 내가 데리고 가면 되잖아!

걷잡을 수 없는 분노에 휩싸인 나는 울며 매달리는 승민을 마구잡이로 두들겨 팼다.

"엄마! 살려주세요. 엄마! 엄마! 안 그럴게요. 이제 진짜 안 그럴게요!"

승민은 필사적으로 저항하며 애원했다. 한참 실랑이를 벌이다 그 자리에 털썩 주저앉은 나는 승민을 끌어안고 통곡하기 시작했다.

"승민아! 제발! 제발! 좀. 그러지 말자. 응?"

"엄마 잘못했어요. 엄마 살려주세요. 엄마 나 살고 싶어요."

승민은 내 품에 안겨서도 울며 '잘못했어요. 살려주세요.'를 반복했다. 나와 승민과 그러고 있는 동안, 윤아는 거실 구석에 서서 그 끔찍한 광경을 꼼짝 안고 지켜보고 있었다.

나는 눈물로 범벅이 된 아이들을 모두 깨끗이 씻기고, 승민은 자기 방에, 윤아는 안방에 재웠다. 윤아가 잠이 들자 나는 승민의 방으로 건너갔다. 승민은 고단했는지 깊이 잠들어 있었다. 나는 승민의 볼을 천천히 쓰다듬었다. 눈물의 열기로 볼은 아직 뜨끈하고 붉게 달아올라 있었다. 승민이 뒤척이며 뒤돌아 눕자 나는 웃옷을 살며시 들어 올려 보았다. 등 전체에 울긋불긋하고 시퍼런 피멍이 들어 있었다. 나는 두 눈 가득 눈물을 머금고 승민의 등을 한번 어루만지고는 부엌으로 나가 냉장고에서 달걀을 꺼내왔다. 그리고 차가운 달걀을 승민의 등에 대고 문지르기 시작했다. 승민은 달걀의 차가운 냉기와 등에서 피어오르는 상처의 열기 때문인지 이리저리 뒤척거렸다. 속절없이 밀려오는 미안함과 속상함에 나는 소리 없이 눈물만 뚝뚝 흘렸다.

미안해! 승민아, 정말 미안해!

그날 밤, 지완은 열두 시가 넘어서야 집에 돌아왔다. 나는 인기척을 느꼈지만 나가보지 않고 잠들어 있는 승민이 곁에 조용히 누워만 있었다. 그리고 밤새도록 승민의 등을 문지르고 또 문질렀다.

다음날 입학식에는 승민의 할아버지와 할머니도 오셨다. 승민과 윤아는 언제 그랬냐는 듯 밝은 표정이었다. 나는 지완에게 전날 승민이 진영의 얼굴에 손톱자국을 내서 서로 감정이 안 좋게 헤어졌고, 그래서 승민을 많이 혼냈다고만 얘기했다. 시퍼렇게 멍이 든 승민의 등은 입학 기념으로 새로 산 깨끗한 윗옷 속에 완벽히 가려졌다. 입학식에서 애영과 희연의 가족들을 보았지만, 먼발치에서 눈인사만 했을 뿐 아무 말도 하지 않았다. 입학식 이후 그들은 또다시 한동안 아무런 연락도 없었다.

승민이 초등학교 1학년이 되고 나서도 한 달이 지난 4월 초. 애영으로부터 연락이 왔다. 애영은 이번엔 나와 지완을 함께 만나고 싶다고 했다. 이번엔 지완도 사태의 심각성을 알아차렸는지 선뜻 나를 따라나섰다. 나는 착잡한 심경으로 지완과 함께 늦은 밤 약속 장소로 향했다.

애영은 1층 홀 안쪽에 자리한 4인용 테이블에 혼자 앉아 있었다. 우리는 서로 어색한 인사를 나누고 자리에 앉았다. 맥주를 시킨 후 애영이 조심스럽게 이야기를 시작했다. 애영의 눈가에는 벌써 눈물이 고여 있었다.

"지난번에 그런 일이 있었는데도 애들은 아무렇지도 않게 잘 어울려 놀고 그러더라고요. 그런데… 엄마인 저는 그게 잘 안되네요. 요즘은 진영이 학교 갔다 집에 오면, 학교에서 승민이 때문에 힘들다는 말을 많이 해요."

애영은 울먹이며 잠시 말을 잇지 못했다.

"'엄마 내가 잘못한 거야? 내가 나쁜 사람이야?'하고 물어보는데……. 제가 그럴 때마다 그럼 승민이를 피해 다니라고 말했어요. 그런데 같은 반이 아니어도 복도에서 자주 마주치니까 진영이가 너무 힘든가 봐요."

"죄송합니다. 애가 마음은 착한데 말보다 행동이 먼저 앞서다 보니 그게 항상 문제네요. 승민이한테 앞으로는 그러지 말라고 할게요. 아이들이 크다 보면 싸울 수도 있고 그런 거 아니겠어요? 너그럽게 이해해주세요."

지완은 어색한 얼굴을 감추려고 크고 밝은 목소리로 웃으며 말했다.

"그건 아는데요. 아무리 생각해도 이건 아닌 것 같아서요. 승민이가 조금 남다른 면이 있는 건 승민 아빠도 알고 계시죠? 같이 아이를 키우는 처지에서 함부로 이런 말씀 드리는 게 실례가 될지 모르겠지만 승민이를 병원에 한 번 데려가 보시는 게 좋을 것 같아서 말씀드리는 거예요."

애영이 작정한 듯 결연한 목소리로 말했다. 지완은 애영의 말에 놀란 듯 갑자기 표정이 심각하게 굳어졌다. 나는 고개를 푹 숙인 채 탁자 위에 있는 맥주잔을 바라보며 말했다.

"언니… 승민이 여섯 살 때 심리상담 받아봤었어. 진영이가 승민이 때문에 계속 힘들어했다면 정말 미안해. 그런데 우리가 몰라서 그냥 있었던 건 아니야. 우리도 승민이를 잘 키우려고 무척 노력하고 있어. 그런데 그게 우리 뜻대로 잘 안되는 것뿐이야."

눈에는 눈물이 고이기 시작했다. 벌써 두 번째. 이번에 지완까지 불려 나와 애영에게 승민이 문제로 훈계를 듣는 것이 너무나 수치스러웠다.

"그랬구나! 그런데 혹시 또 모르는 거잖아? 아이가 왜 이렇게 힘들게 하는지 다시 한번 점검해볼 필요도 있지 않을까? 내 친구도 큰아이가 초등학교 들어가더니 자꾸 이상한 행동을 하고 친구들하고 잘 어울리지 못하고 해서 병원에 데려갔는데, 조금 문제가 있긴 했더라고. 그래서 너한테도 말해주는 거야."

애영이 나를 보며 애원하듯 말했다. 내가 말없이 듣고만 있자, 애영이 또다시 말했다.

"나도 정말 안타까워서 하는 소리야. 나도 너랑 잘 지내고 싶고 계속 만나고 싶어. 그런데 이대로는 아닌 것 같아."

"응, 나도 잘 알아. 내가 언니 입장이었어도 분명히 그렇게 했을 거야. 그러잖아도 나도 생각은 하고 있었어."

나는 승민을 문제가 있는 아이로 취급하는 애영이 못내 야속했지만, 그렇다고 애영의 말이 모두 틀렸다고 부정할 수도 없었기 때문에 무작정 미워할 수도 없었다. 애영이 먼저 집으로 돌아가고 난 후 나와 지완은 한동안 아무 말이 없었다. 그러다 지완이 한숨을 푹 내쉬며 먼저 입을 열었다.

"정연아, 승민이 병원에 데려가 보자……."

"……."

나는 아무런 말도 할 수 없었다. 아이를 키운다는 것이 너무나 힘들고 버겁게 느껴졌다.

일주일 후 나는 승민을 데리고 집에서 버스로 30분 거리에 있는 소아정신과 병원을 찾아갔다. 병원은 새로 지어진 건물 2층에 있었고, 로비가 매우 비좁고 답답했다. 안으로 들어가 보니 진료실 외에 여러 개의 작은 방들이 대기실을 사이에 두고 다닥다닥 붙어 있었다. 작은 방에는 방마다 낮은 책장이 하나씩 있었고, 책장 안에는 작은 장난감, 공룡 모형, 마론 인형, 자동차 그리고 다양한 종류의 보드게임 등이 가득했다. 바닥에는 가구나 침실, 부엌 등 집 안의 구조를 다 들여다볼 수 있도록 만들어진 반쪽짜리 모형 집, 장난감 농구공, 헝겊 인형 등이 있었다.

대기실은 토요일 오전이라 그런지 아이들과 엄마들로 북적이고 있었다. 눈에 띄게 머리를 끊임없이 흔들어대는 아이와 쉴 새 없이 이상한 말을 지껄이는 아이 두 명을 제외하고는 다들 겉으로 보기에는 아무 문제가 없어 보였다. 하지만 승민은 그 두 아이의 모습에 충격을 받은 듯했다. 나 역시 그런 아이들과 승민이 같은 공간에 있다는 것만으로도 왠지 짜증이 나서 빨리 집으로 돌아가고 싶었다. 대기 시간을 절약하기 위해 한 주 전에 미리 받아 집에서 작성해온 다면적 인성검사지(MMPI)와 문장완성 검사지를 제출하고 나서도 거의 한 시간 이상을 기다려야 했다.

승민은 의사의 문진과 진찰이 끝난 후 2시간에 걸쳐 뇌파 검사, 아이큐 검사, 주의력 검사, 각종 종합심리 검사 등의 검사를 받았다. 검사 후 집으로 돌아왔을 때는 이미 늦은 오후였고 둘 다 녹초가 되어 있었다.

2주 후 검사 결과가 나왔다.

승민은 'ADHD Combined Type 및 불안정 애착 장애'라 진단받았다. 의사는 ADHD는 아이의 기질적 문제일 수 있지만, 불안정 애착은 엄마가 아이에게 충분한 정을 주지 못했거나, 아이가 보내는 신호를 민감하게 알아채지 못한 경우 종종 발생한다고 말했다.

나는 의사가 마치 나를 자격이 부족한 엄마라고 나무라는 것만 같아 얼굴이 화끈 달아올랐다. 그리고 나름 좋은 엄마가 되려고 무척이나 노력하며 살았는데 매번 이런 결과가 나오는 것에 대해 도대체 더 이상 뭘 어떻게 하라는 건지 괜한 짜증도 났다.

"ADHD라고요? 그게 뭔데요?"

의사에게 물었다.

"우리말로 하면 '주의력결핍 및 과잉행동장애'인데 요즘 특히 초등 저학년 남자아이들한테서 많이 나타나는 질환이에요. 보통 여자아이들의 경우에는 주의력결핍만 문제되는 경우가 많은데, 승민이는 주의력결핍과 과잉행동이 함께 있는 경우에 해당해요. 검사결과를 보니까 승민이는 아이큐도 괜찮고 인지기능도 문제가 없는데, 뇌가 매우 불균형하게 발달해 있어요."

의사가 대답했다. 의사는 나에게 보라는 듯 컴퓨터 모니터 화면을 가리키며 다시 말했다.

"바로 여기가 전두엽인데요. 기능이 많이 떨어져 있는 게 보이실 거예요. 이게 일반 아이들의 뇌파 사진이고요. 이 사진이 승민이의 뇌파예요. 이 부분이 다른 아이들은 초록색인데 비해 승민이는 노란빛에 가깝죠? 색깔이 붉은빛에 가까울수록 그만큼 전두엽의 활성도가 떨어진 거예요. 그리고 다른 결과들도 살펴보면, 승민이는 특히 시각적 자극에 대한 민감도가 유의미하게 떨어지네요. 그것 때문에 일반적인 상황 해석에 오류가 있을 가능성이 높아요. 달리 말하자면 그만큼 사회성이 떨어질 수 있다는 거죠. 하지만 그리 큰 문제가 있는 건 아니니까 2년 정도 약물치료하고, 심리치료를 병행하면 많이 좋아질 거예요."

"약을 2년이나 먹어야 한다는 말인가요? 매일요? 약은 가루약이겠죠? 승민이는 아직 알약은 못 먹는데……."

나는 걱정 가득한 목소리로 물었다.

"아이고 어쩌나! 알약인데. 이제부터 약 먹는 습관을 들여야겠네요. 우선 처음이니까 용량을 조금 적게 줄 거예요. 2주간 경과를 보고, 그다음부터는 4주 단위로 처방될 거예요."

의사는 흔한 일이라는 듯 가볍게 대답했다.

"먹어야 하는 약이 무슨 약인데요? 머리에 작용하는 약인가요?"

다시 의사에게 물었다.

"콘서타라고 전두엽을 활성화하는 약물이에요. 우선 처음이니까 18mg만 드릴거예요. 약이 수면장애를 유발할 수 있으니 매일 아침 식후에 바로 먹이는 게 좋아요. 그리고 검증된 약이니까 중독이나 부작용은 걱정하지 않으셔도 돼요. 그럼 2주 후에 경과를 보도록 합시다."

의사가 대답했다.

"약을 먹으면 애가 바로 좋아지나요?"

나는 진료를 마치려는 의사에게 계속해서 질문을 해댔다.

"네. 꾸준히 잘 먹고, 상담도 받으면 많이 좋아질 거예요. 너무 걱정하지 마세요. 혹시 부모 상담도 같이 진행하실 건가요?"

의사가 물었다.

"아니요. 그건 좀 더 두고 생각해볼게요."

심장이 터질 것만 같았다. 난생처음 들어보는 병명, 그것도 뇌에 문제가 있는 병이라니! 넋이 나간 표정으로 진료실을 나오는 데 불안해하며 나를 바라보는 승민이 보였다. 나는 애써 승민의 눈길을 피했다. 약국에서 약을 짓는 동안에도 승민은 안절부절못하며 나의 안색을 살폈다.

주말 오전 4월의 봄날. 햇볕은 따뜻했고 주변은 온통 푸른 잎과 봄꽃들 천지였다. 나는 약 봉투를 가방에 구겨 넣고는 승민의 손을 잡았다. 그리고 아무 말 없이 근처 지하철역으로 향했다.

"엄마 어디가? 집에 안 가?"

승민이 불안해하며 물었지만 나는 대답하지 않았다.

"어디가? 엄마? 어디 가냐고?"

내가 계속 대답이 없자 승민이 울먹이기 시작했다.

"승민아, 오늘은 엄마랑 하루 종일 놀자!"

"진짜? 윤아랑 아빠는?"
"오늘은 우리 둘만 데이트하는 거야. 어때?"
"응. 좋아!"

단둘이 놀자는 나의 말에 승민은 안도하며 기뻐했다. 2년 전 아동심리상담소에서 '불안정 애착' 진단을 받은 날도 나는 승민을 데리고 놀이공원에 갔었다. 승민은 지금도 그때를 가장 즐거운 추억으로 기억하고 있었다.

광화문역에 내린 나는 승민과 역 주변 이곳저곳을 돌아다녔다. 오랜만에 나온 엄마와의 데이트로 승민은 좀 전의 불안함도 잊은 채 해맑게 웃고 있었다. 그런 승민을 바라보면서 나는 끝없이 밀려드는 자책감으로 괴로워했다. 그리고 그럴 때마다 문득문득 승민의 손을 어루만지고 어깨를 끌어안았다.

왜지? 왜 하필이면 승민이한테 이런 병이 온거지?
내가 승민이를 가졌을 때 스트레스를 많이 받아서?
입덧한다고 음식을 가려서 먹어서?
도대체 왜 승민이가 이런 병에 걸리게 된 거냐구!

하늘이 무너져 내리는 것 같았고 세상이 원망스러웠다. 모든 것이 내 탓인 것만 같았고, 그동안 아이를 질책하고 미워했던 내가 너무나도 미웠다.

승민과 나는 날이 어둑어둑해져서야 집으로 돌아왔다. 아이들이 모두 잠든 후 나는 지완과 식탁에 마주 앉았다. 지완은 승민의 검사 결과가 궁금해 안달이 나 있었다. 하지만 나는 쉽사리 말을 꺼내지 못했고, 맥주 한 캔을 다 비우고 나서야 천천히 입을 열었다.

"승민이 ADHD래. 주의력결핍 및 과잉행동 장애. 그리고 불안정 애착도 있다고 하고. 2년 동안 매일 아침 약을 먹어야 하고 놀이치료도 받아야 한대. 부모 상담도 해야 한다고 했는데 내가 그건 안 한다고 했어."

나는 지완에게 병원에서 받아온 결과지를 내밀었다. 결과지를 다 읽고 난 지완은 깊은 한숨을 내쉬었다. 그리고 심각한 표정으로 팔짱을 끼며 골똘히 생각에 잠긴 듯했다. 잠시 후 지완이 말했다.

"이왕 이렇게 된 거 치료하자! 치료받으면 좋아진다니까 나을 때까지 계속해보자. 그러자, 정연아."

그러고는 자리에서 일어나 방으로 들어갔다. 지완의 쓸쓸한 뒷모습을 본 나는 마음이 아렸다. 홀로 남은 나는 냉장고에서 맥주를 또 한 캔 꺼내서 마셨다. 그리고 휴대전화로 인터넷을 뒤지기 시작했다. 어떻게 하면 승민을 빨리 좋아지게 할 수 있을까 방법을 찾고 또 찾았다.

ADHD (Attention Deficit Hyperactivity Disorder)

주의력이 결핍되거나 과잉행동을 나타내는 증상을 말한다. 일반적으로 ADHD는 집중력이 과하게 부족한 경우와 에너지가 넘치며 과잉행동을 보이는 경우, 그리고 두 가지가 모두 나타나는 경우의 3가지 증상으로 구분된다.

증상의 원인은 뇌의 전두엽 부분에서 '도파민'이라는 물질이 원활히 분비되지 않기 때문이며 '도파민'은 일상생활에서 집중력을 발휘하도록 하는 물질이다. 전 세계 인구의 약 25% 정도가 이 증상을 가지고 있으며, 정도의 차이에 따라 전문가의 진료가 필요하기도 하다.

미국과 우리나라는 ADHD를 바라보는 시각이 상당히 다르며 일반적으로 우리나라에서는 ADHD를 부정적인 시각으로 바라보거나 희귀한 질병이라 독단하는 반면, 미국에서는 이미 하나의 증상으로 받아들여지고 있다.

아동의 ADHD를 치료하지 않고 방치하게 되면 집중력 부족으로 인해 연령대에 따른 적절한 학습 시기에 필요한 지식을 학습하지 못하게 되고 2차적인 문제가 발생할 가능성이 크다.

콘서타 (Methylphenidate HCl / 메틸페니데이트염산염)

평균 12시간 동안 효과가 지속되며 주의력결핍 과잉행동 장애(ADHD)의 치료제이다. 각성제로 처방하기 전에 철저한

진료가 먼저 이루어져야 한다. 각성제를 조금 부정적인 어감의 단어로 바꿔서 말하면, '마약'이다. 콘서타는 각성제 중에서도 '2급 각성제'라 불리는 향정신성 의약품이다. 부작용으로는 일반적으로 식욕감퇴, 두통과 설사, 성장지연 또는 수면 장애가 올 수 있으므로 오전에 먹여야 한다.

---

* 다음 검색, 티스토리 지식전당포, 'ADHD 증상과 약물치료, 콘서타 부작용에 관하여'

마약? 마약이라니…….

검색한 결과 ADHD는 생각했던 것보다 더 심각한 질환이었다. 당장 내일부터 약 먹일 일이 걱정이었다. 승민에게 매일 마약 성분의 약을 먹여야 하는 것도 문제였지만 ADHD에 대한 사회적 인식이 곱지 않다는 것 또한 걱정이었다. 하지만 치료 시기를 놓치면 더 큰 문제가 발생한다고 하니, 이미 알게 된 이상 치료를 미룰 수도 없는 일이었다.

다음 날 아침, 나는 평소보다 조금 일찍 일어났다. 승민도 일찍 깨워 밥을 먹인 후 병원에서 받아온 약을 한 봉지 꺼냈다.

"승민아! 오늘부터 매일 아침 이 약을 먹어야 해! 먼저 입에다 물을 넣어. 그다음에 약을 입에 넣고 꿀꺽해봐. 그럼 쉽게 넘어갈 거야."

나는 승민의 손에 알약 하나를 쥐여주었다. 승민은 내가 시키는 대로 약을 삼켜보려고 했지만, 곧바로 토해내고 말았다.

나는 승민이 바닥에 뱉어 놓은 알약을 다시 집어 들었다.

"다시 한번 해봐. 꼭 먹어야 해!"

"엄마! 못 먹겠어. 안 넘어가. 나 약 먹기 싫어!"

승민이 울먹이기 시작했다.

"안 돼! 먹어야 해! 너 이거 먹어야 좋아진대. 다시 한번 해봐. 삼키려고 해야지 자꾸 이렇게 뱉어내면 안 돼!"

나는 단호한 목소리로 승민에게 말했다. 다시 한번 입안에 물을 한 모금을 머금게 하곤, 입 속의 물에 알약을 띄웠다. 그러나 또다시 울컥! 승민은 이번에도 약을 쏟아내고 말았다.

눈물이 나려 했지만 그럴수록 나는 더욱더 굳은 표정으로 약 먹이기를 시도했다. 두어 번 뱉어내고 나니 알약의 겉 부분이 끈적하게 녹아내렸다. 나는 녹아내린 알약을 휴지에 싸서 버리고는 새로운 약봉지를 하나 더 뜯었다.

"다시 해보자. 성공할 때까지 계속할 거야!"

나는 결연한 표정으로 말했다. 알약을 삼키는 법을 모르는 승민은 약이 자꾸만 목에 걸렸고, 삼키지 못하고 계속해서 토해내기를 반복했다. 나는 눈물을 머금고 승민을 다그쳤다.

나흘 치 약을 뜯고, 열 번 이상 토해내고 난 후에야 승민은 겨우겨우 알약 한 알을 삼켰다.

"야! 드디어 먹었다. 축하해! 승민아! 처음으로 알약을 먹었어. 잘했어! 잘했어! 고생했다. 정말 고생했어."

나는 승민을 꼭 끌어안았다. 가슴속에선 뜨거운 눈물이 흘렀지만, 절대로 승민에게 눈물 흘리는 모습을 보이고 싶지 않았다.

승민이 병원에 다녀왔다는 사실을 전해 들은 애영은 승민의 검사 결과를 무척 궁금해했다. 승민이 약을 먹기 시작한 지 일주일 정도 지났을 때 나는 애영과 다른 두 언니를 만나 커피를 마셨다. 승민에 관해서 물어보는 애영에게 나는 승민이 ADHD 진단을 받았다는 사실과 약물치료와 심리치료를 2년간 받아야 한다는 것을 말해주었다. 병원 관련 업무를 하는 애영은 승민이 먹는 약에 대해 이미 잘 알고 있었다.

"뇌파 검사 결과를 보니 전두엽 기능이 다른 아이들보다 좀 떨어진 게 보이더라고. 그래서 그랬나 봐. 나는 그것도 모르고 계속 승민이를 다그치기만 했네."

나는 한숨을 쉬며 말했다.

"그래, 힘들었겠다. 그래도 빨리 발견해서 다행이야. 어쩐지 자꾸 트러블이 생기는 게 뭔가 이상하다고 생각했었어. 원래 그게 학교에 다니면서부터 드러나는 경우가 많다더라…

그럼 약을 먹으면 좋아지기는 하는 거야?"

애영이 물었다.

"그래, 먹여보니까 어때? 많이 달라?"

희연도 물었다.

"응, 아직은 잘 모르겠어. 근데 애가 기운 없어 해. 밥도 잘 못 먹고. 강남에서는 이 약이 공부 잘하는 약으로 통해서 멀쩡한 아이들도 일부러 사서 먹이기도 한대. 이걸 먹으면 공부도 잘하게 된다 나봐."

나는 이렇게 대답했다.

"그래? 정말? 나도 공부 잘하는 약이 있다는 얘기는 들은 것 같기도 해."

애영이 말했다.

"먹어서 공부 잘하는 것보다 안 먹는 게 낫지. 나는 안 먹이고 싶은데……."

나는 애영의 과도한 호기심에 조금 짜증이 났다. 애영은 승민이 아프다는 것보다 공부에 더 관심이 있어 보였다. 그때 이제까지 듣고만 있던 은정이 말했다.

"정연아. 이제라도 알았으니 정말 다행인 거야. 처음엔 기분 나빴을지 모르겠지만, 어찌 됐든 애영 언니 덕분에 네가 병원에 가게 된 건 사실이고, 그래서 승민이한테 문제가 있다는 걸 빨리 알게 됐잖아. 문제를 알게 되었으니 이제 잘 치료하기만 하면 돼! 내 말 무슨 뜻인지 알지?"

"그래, 약 먹어서 공부도 잘하게 되고 학교생활도 잘하게 되면 그게 어디야. 좋은 쪽으로 생각해."

희연도 거들었다.

애영은 자신도 진영의 현재 심리상태가 궁금하다며 승민이 어느 병원에 다니는지, 병원에서 어떤 검사와 치료를 받았는지 자세히 물어보았다. 나의 이야기를 들은 애영은 조만간 진영도 병원에 데리고 가봐야겠다며 호들갑을 떨었다.

그런데 그날 이후 또다시 연락이 뜸해지더니, 이번엔 한 달 이상 아무런 연락도 없었다. 씁쓸했다. 의도적으로 따돌림을 받는다는 느낌이 강하게 들었다. 먼저 연락을 해볼까도 생각했지만, 자존심이 허락하지 않았다.

결국 6월 중순이 지나서 다시 연락이 왔다. 막상 연락을 받고나니 속이 상했지만 그렇다고 굳이 그들을 피할 이유도 없었다. 아이들이 모두 잠든 늦은 밤시간. 오랜만에 네 가족의 부모가 다시 모였다. 추측대로 그들은 의도적으로 우리 가족을 피하고 있었다. 그들에게 ADHD 진단을 받은 승민은 가까이하고 싶지 않은 위험한 존재였다. 혹시나 자신의 아이들에게 좋지 않은 영향을 미칠까 봐 두렵고 무서웠다.

나는 속상했지만, 겉으로는 괜찮은 척, 아무렇지 않은 척 오히려 다시 찾아준 그들에게 고마워하고 미안해했다. 이번에도 애영은 승민 때문에 많이 고민했지만, 나와 지완이 너무 좋은 사람이라 다시 연락할 수밖에 없었다고 말했다. 나는 그 가식적인 말을 지껄여 대는 아가리에 똥이라도 처넣고 싶었지만, 그러는 나도 승민을 다른 사람처럼 편견의 눈으로 바라보긴 마찬가지였다.

나는 또다시 승민의 반대편에 서서 그들의 입장을 두둔했다. 마치 자신은 절대 승민과 같은 부류의 사람이 아니라는 것을 증명해 보이기라도 하는 것처럼.

ADHD

　콘서타를 먹기 시작한 승민은 첫날부터 부작용에 시달렸다. 약을 조금이라도 늦게 먹으면 밤늦도록 잠을 이루지 못했고, 수시로 찾아오는 두통과 복통 때문에 신경은 극도로 예민해졌다. 학교에서는 속이 울렁거려서 급식도 먹지 못하고 오는 날이 허다했다. 잘 먹지 못하니 몸은 점점 말라갔고, 과잉행동은 전보다 줄었지만 그만큼 짜증이 늘었다.

　게다가 과잉행동에 가려져 있던 낮은 자존감과 우울감이 모습을 드러내면서 학교에 갔다 집에 오면 이유도 모른 채 하염없이 우는 날도 많았다. 하루에도 수십 번씩 손, 발을 씻어야 했고, 끊임없이 머릿속으로 숫자를 세는가 하면, 집 안을 돌아다니며 켜져 있는 불이란 불은 다 끄고 다녔다. 본인뿐만 아니라 친구나 윤아에게까지 손발 씻기, 불 끄기를 강요했고, 뜻대로 되지 않으면 불같이 화를 내며 불안해하는 강박증세도 나타났다.

승민은 약이 맞을 때까지 계속해서 약의 종류를 바꿔야 했다. 키가 크고, 몸무게가 늘 때마다 약의 용량이 늘어났고 종류도 다양해졌다. 나는 힘들어하는 승민을 보면 안타까운 생각이 들다가도, 약만 먹으면 금세 얌전해지는 아이의 모습에 내가 점점 약에 의지하고 있지는 않나 하는 생각이 들기도 했다. 승민이 심하게 말썽을 부리는 날이면 좀 더 많은 양의 약을 먹여야 하나 고민했다가도, 의사에게 투정하듯 내뱉은 말 한마디에 승민이 먹어야 하는 약의 용량이 늘어날 때면 한없는 죄책감에 시달렸다. 하지만 나는 그것이 승민을 위하는 최선의 길이라고 생각했다.

병원에서는 약물치료와 놀이치료만으로는 부족하니 사회성 수업을 같이 받아보자고 했다. 지금 받는 치료만으로도 경제적이나 시간상으로 너무 벅찼지만, 지푸라기라도 잡고 싶은 심정으로 사회성 그룹 수업도 시작했다. 승민이 본격적으로 치료를 받기 시작하면서 다른 세 가족과도 예전처럼 자주는 아니지만 다시 아이들과 함께 모임을 하기 시작했다.

하지만 병원의 진단은 낙인과도 같았다. 언제부턴가 아이들 사이에 싸움이 생기거나 문제가 생기면 무조건 모든 게 승민이 탓이 되었다.

"우리가 이해할게. 일부러 그러는 것도 아니잖아."

그럴 때마다 그들은 늘 그렇게 말했다. 나는 매번 그들에게 미안해하고 용서를 빌었지만, 한편으로는 억울한 마음도 들었다. 진영, 승원 그리고 재영이 항상 옳은 건 아닐 텐데 승민이 ADHD라는 이유만으로 모든 잘못을 승민에게 돌리는 것 같아 못마땅했다.

병원에서 치료를 계속 받는데도 승민의 학교생활은 순탄치 않았다. 승민은 끊임없이 크고 작은 문제를 일으켰고, 나는 혹시나 학교에서 전화가 오지 않을까 안절부절못하고 하루를 보내는 날이 많았다. 의사는 승민이 ADHD를 앓고 있다는 사실을 선생님에게 말하는 것은 신중하게 결정해야 한다고 했다. 선생님에 따라서는 아이를 이해하지 못하고 무조건 문제아로 인식하기도 한다고 말했다.

나는 승민이 혹시나 담임 선생님의 눈 밖에 날까 두려워 1학년 담임에게는 승민에 대해 일부러 아무 말도 하지 않았다.

1학년 1학기가 다 끝나고 여름방학을 하기 직전, 승민의 반 학부모 모임이 있는 날이었다. 1학년이다 보니 모임에는 한두 명을 제외한 대부분 아이의 엄마가 다 와 있었다.

나는 3월에 열린 반 모임에서 알게 된 승빈 엄마, 인영 엄마와 함께 이런저런 이야기를 나누고 있었다. 그런데 다른 엄마들과 한참 이야기꽃을 피우던 한 남자아이의 엄마가 내 앞으로 자리를 옮겨와 앉았다.

"안녕하세요. 저 동훈이 엄마예요. 차승민 엄마 맞으시죠?"

여자가 먼저 나에게 인사를 건넸다.

"네, 맞아요. 안녕하세요."

나는 머뭇거리며 대답했다.

"혹시 승민이한테 동훈이 얘기 못 들으셨어요?"

"아니요. 승민이는 학교에서 있었던 일을 집에서 잘 얘기하지 않아서요. 학교에서 무슨 일이 있었나요?"

나의 대답에 여자는 의미를 알 수 없는 기분 나쁜 눈웃음을 지어 보였다. 그러더니 여자가 다짜고짜 나에게 따져 물었다.

"승민이가 지난번에 학교에서 우리 동훈이 얼굴을 때렸는데, 정말 그 얘기 못 들으셨어요?"

"네? 아, 아뇨! 그런 얘기는 들은 적이 없는데요. 언제 그런 일이 있었나요?"

나는 당황하며 물었다.

"아, 모르시는구나! 이번 한 번이 아닌데……. 승민이가 학교에서 자꾸 친구들을 때리나 봐요. 그래서 아이들이 승민이를 많이 무서워해요. 정말 모르셨어요?"

여자가 이죽거리며 말했다.

"어머, 죄송해요. 그런 줄은 정말 몰랐어요. 저희 승민이가 다른 아이들에 비해 사회성이 조금 부족해서요. 학교 입학하고 아이가 힘들어해서 지금 심리상담을 받고 있거든요."

나는 거의 울먹이며 계속 말을 이었다.

"승민이가 동훈이 얼굴을 때렸다니 정말 죄송해요. 우리 승민이가 아직 많이 부족해요. 앞으로 그러지 말라고 잘 가르칠게요."

나는 승민이 ADHD를 앓고 있다는 사실은 차마 얘기할 수 없었다.

"어머, 그러셨구나! 힘드셨겠다. 사회성이 부족했구나! 그러면 지금 계속 병원에서 상담받는 거예요?"

여자는 마치 대단히 비밀스러운 사실을 알아낸 것처럼 신이 나서 되물었다.

"네, 꾸준히 상담받으면 좋아진다고 하네요."

나는 기분이 나쁜 나머지 짧게 대답했다.

"아이고, 저는 그것도 모르고 우리 동훈이한테 승민이에 대해 어떻게 설명해야 하나 고민했어요. 동훈이가 승민이가 좀 이상하다고 자꾸 싫다고 해서 친구끼리 그러면 못 쓴다고 그러지 말라고만 말해줬었거든요. 아~ 그랬구나!"

여자는 눈을 반짝거리며 중얼거렸다. 나는 심리상담을 받고 있다고 괜히 말한 건 아닐까 후회했지만, 이미 때늦은 후

회였다.

 보름 후, 나는 승민을 데리고 건강검진을 하러 인근에 있는 종합병원에 갔다. 여름방학 동안 1학년 아이들 전체가 정해진 날짜 안에 검진받은 후, 개학하고 나서 병원에서 발급해준 확인서를 학교에 제출해야 했다. 병원 대기실은 오전부터 검진받으러 온 아이들로 북새통을 이루었다. 그중엔 대여섯 명의 승민의 반 남자아이들도 있었고, 지난번 모임에서 만난 동훈 엄마와 동훈의 모습도 보였다.
 줄을 서서 기다리는 동안 아이들은 잠시도 가만히 있지 않고 시끄럽게 떠들어댔다. 한참을 기다리고 있는데 몇 줄 앞에 서 있던 동훈이 승민이 서 있는 쪽으로 낄낄거리며 다가왔다. 그러더니 대뜸 승민을 향해 놀리듯이 이렇게 말했다.
 "야! 우리 엄마가 그러는데 너 머리가 아프다며?"
 주위는 찬물을 끼얹은 듯 순식간에 조용해졌다. 수백 개의 눈동자가 일제히 승민을 향했다. 나는 너무나 당황했고, 그건 승민도 마찬가지였다.
 "누가 그래? 누가 그런 말을 했어?"
 나는 동훈을 노려보며 말했다.
 "우리 엄마가 그랬는데요. 승민이는 머리가 아프다고요."
 동훈이 대답했다.

"뭐라고?"

나는 엄한 목소리로 다시 동훈의 눈을 노려보며 말했다. 그때 동훈의 엄마가 나와 승민 곁으로 다가왔다.

"안녕하세요. 승민 엄마! 승민이도 검진받으러 왔구나!"

나는 아무런 대꾸도 하지 않은 채 동훈 엄마의 얼굴을 한번 흘겨본 후 승민을 데리고 말없이 그 자리를 빠져나왔다.

나쁜 년!

나는 도망치듯 그 자리를 빠져나온 나 자신이 너무나도 미웠다. 따귀라도 한 대 때려줄 걸 후회하고 자책했다. 그 후로 길을 가다가 같은 반 아이의 엄마를 만나면 갑자기 가슴이 두근거리고 괜한 눈물이 나는 등 심한 대인공포증에 시달려야 했다. 모든 사람이 나에게 손가락질하는 것처럼 느껴졌고, 승민에 대해 뒤에서 수군거리는 것만 같았다. 날이 갈수록 표정은 어두워졌고, 신경은 있는 대로 날카로워졌다. 나는 자꾸만 헤어 나올 수 없는 절망의 늪으로 점점 빠져드는 것 같았다. 나의 상태가 점점 심각해지자 네 가족의 저녁 모임이 있던 날, 은정의 남편 석태가 나에게 특별한 제안을 하나 했다.

"혹시 아침에 같이 운동하실래요? 운동이 생활에 활력도 주고 좋은 점이 참 많거든요."

석태가 말했다.

석태는 근처 구민체육센터에서 하는 아침 운동 프로그램 중 하나인 '조기 건강 B반'에서 체조와 수영을 했고, 센터가 쉬는 일요일에는 같이 운동하는 사람들과 함께 한강 변에 모여 달리기했다.

"아, 제가 아침에는 잘 일어나지 못해서요. 애들 챙기고 회사 가기도 바쁜데 어떻게 운동을 하겠어요."

나는 웃으면서 대답했다.

"평일 아침에 일찍 일어나기 힘드시면, 우선 일요일 아침에라도 한번 나와보세요. 본인 체력이 되는 대로 걷거나 달리고, 사람도 사귀고 하면 한결 기분이 좋아질 거예요."

석태는 일요일마다 한강 변에 모인 사람들과 함께 달리기 연습을 했고, 마라톤 대회가 있으면 이따금 참가하기도 했다.

어려서부터 몸이 약했고 윤아를 낳고 생긴 허리디스크로 의자에 오래 앉아 있기도 힘든 상황에서 운동한다는 건, 게다가 달리기를 한다는 건 나에게는 엄청난 도전이었다. 그래서 나는 석태의 권유에도 망설이기만 할 뿐 쉽사리 결정을 내리지 못했다.

아침잠이 많은 희연은 처음부터 아침 운동은 못 한다고 딱 잘라 말했고, 애영과 은정이 먼저 석태를 따라서 운동을 다니기 시작했다.

나는 쉽사리 무언가를 시작하지 못했다. 그런 성격 때문에 우유부단하다는 소리도 많이 들었다. 하지만 승민의 문제로 힘겨워하던 나에게는 현실의 어려움을 잊고 마음을 쏟을 탈출구가 필요했다. 몇 주간의 고민 끝에 나는 석태를 따라 새벽 운동을 하기로 마음먹었다.

 운동을 시작하기로 한 첫날, 나는 석태의 차를 얻어 타고 은정 그리고 애영과 함께 한강 변으로 향했다.
 아직 이른 시간이었지만 9월의 새벽은 햇살이 강했고, 조금 더웠다. 석태가 한강 다리 밑 주차장에 도착했을 때는 이미 스무 명 남짓의 사람들이 모여 있었다. 낯선 사람들이 잔뜩 모여 있는 것을 본 나는 쑥스러움에 갑자기 얼굴이 붉어졌다. 어떤 이는 새로운 회원이라고 반색하며 다가와 이것저것 개인적인 것을 물어보기도 했고, 어떤 이는 물어보지도 않았는데 달리는 방법과 자세를 자세히 가르쳐주기도 했다.
 칠십 대부터 삼십 대까지 연령대도 다양했는데 나보다 어린 사람은 단 한 명도 없었다. 결혼을 일찍 한 까닭에 학부모 모임에서도 내가 항상 제일 어렸다. 그런데 이 모임은 학부모 모임과는 비교가 안 될 정도로 연배가 높았다.
 비가조아, 김샘, 나총, 이회장, 이장, 나박사 등 각자 카페에서 활동하는 닉네임으로 서로를 불렀기 때문에 본명이 무엇인지도 알 수가 없었다. 나는 과연 내가 이 모임에서 끝까지 적응할 수 있을까 하는 의문이 들었다.

여섯 시가 조금 넘으니 모두 둥글게 원형으로 대열을 맞춘 후 준비운동을 시작했다. 그리고 다 같이 모여 사진을 찍었다. 이렇게 찍은 사진은 그날 밥을 사는 당번이 홈페이지에 달림이 인증 사진으로 글과 함께 게시판에 올린다고 했다.

준비운동을 마치고 주로로 이동한 후에 달리기하는 사람들은 두 줄로 줄을 맞추어 서서 달리기를 시작했고, 나머지 사람들은 주로 옆으로 정비된 산책로를 걸었다.

나는 뛰는 게 겁이 나서 걷고 싶다고 말했지만, 다들 젊은 사람이 뛰어야지 걸으면 안 된다고 하는 통에 첫날부터 억지로 뛰게 되었다. 그날 아침에 내가 뛰어야 할 거리는 총 10km였다. 하지만 채 1km도 가지 못했는데 심장이 마구 요동치고 다리가 후들거리기 시작했다. 얼굴은 새빨간 홍당무처럼 붉게 달아올랐고, 숨이 턱까지 차올랐다.

나는 힘이 들고 숨이 차서 죽을 지경인데, 다른 사람들은 뛰는 내내 이런저런 이야기를 주고받으며, 게다가 웃으면서 여유롭게 뛰는 것이 그저 신기하기만 했다. 다들 결코 빠른 속도가 아니라고 충분히 할 수 있다고 달래주었지만 10km라는 거리와 이 긴 거리를 쉬지 않고 뛰어야 한다는 생각만으로도 이미 탈진할 지경이었다.

'비가조아'와 '나박사'의 도움으로 겨우겨우 골인 지점에 도착했을 때, 나는 초주검이 되어 있었다. 옷은 땀으로 범벅이 되어 있었고, 다리가 풀려서 서 있기조차 힘이 들었다.

얼마나 땀을 많이 흘렸는지 얼굴을 문지르면 가는 소금기가 묻어 나왔고, 목은 타는 듯이 말랐다. 골인 지점에는 그날의 밥 당번이 준비해 놓은 물이 있었는데, 나는 어색함도 잊은 채 종이컵에 담긴 얼음물을 단숨에 벌컥벌컥 들이마셨다.

죽을 만큼 힘들었지만 뛰고 나니 기분이 정말 상쾌했다. 그리고 그 먼 거리를 뛰어낸 스스로가 대견스러웠다.

처음 달리기를 하고 난 후, 일주일 동안은 다리에 알이 배겨서 제대로 걸음조차 걸을 수 없었다. 계단을 내려올 때는 똥 싼 바지를 입은 듯 어기적거리며 걸어야 했다. 하지만 무언가 해냈다는 뿌듯함으로 일주일 내내 기분이 좋았다.

그 후로 주말에 시간이 되는 날이면 나는 항상 한강 변에 운동을 하러 나갔다. 일주일 내내 아프던 다리는 달리는 횟수를 거듭할수록 아픈 기간이 짧아졌고 회복 속도는 빨라졌다. 달리면 달릴수록 호흡도 편해지고 몸도 단단해졌다.

그러나 운동을 같이하면서도 나는 좀처럼 사람들과 친해지지 못했다. 밖에만 나서면 목소리가 작아지고 수줍어했으며, 말수는 급격히 줄어들었다. 그런 나도 내가 답답하고 싫었지만 어떻게 사람을 대해야 할지 잘 몰랐고, 내 모습을 있는 그대로 보여주는 게 왠지 모르게 창피했다. 그래서 하고 싶은 말이 있어도 제대로 못 하는 경우가 많았다. 하지만 온라인에서의 나는 무척 밝았다. 유머와 재치가 넘치는 글솜씨가 사람들을 웃음 짓게 했다. 그래서인지 온라인과 오프라인의 모습 너무 다르다는 말을 자주 듣기도 했다. 나는 점점 이 모임이 좋아졌다. 우선 승민과 아무런 관련이 없고, 운동만을 목적으로 모인 사람들이라 서로 아무런 이해관계가 없다는 점이 맘에 들었다.

나는 마라톤을 시작하게 됐다. 마라톤을 통해 힘겨운 현실의 고통을 이겨내고 있었다. 달리기는 참으로 매력적인 운동이었다. 서로 기량이 달랐기 때문에 어느 날은 나 혼자 뒤로 처져서 혼자서 4~5km를 달려야 할 때도 있었다. 그럴 때면 나는 자신의 호흡과 리듬에 맞추어 느긋하고 여유롭게 뛰었다. 이런저런 생각에 마음이 복잡하다가도 어느새 뛰는 행동 그 자체에 몰입했고, 스쳐 지나가는 풍경을 볼 수 있는 여유도 생겼다. 매번 같은 코스를 뛰었지만, 매번 다른 모습으로 변해가는 자연의 풍경도 눈에 들어왔다. 비가 오는 날은 비를 맞으며, 눈이 오는 날은 눈을 맞으며 달렸다.

온몸이 다 젖을 때까지 힘껏 달리고 나면 그렇게 상쾌할 수가 없었다. 남들이 보기에는 미친 사람 같겠지만, 빗속을 우산도 없이 마구 뛸 수 있다는 사실은 또 다른 희열이었다.

어느 정도 달리기에 익숙해지고 난 11월부터는 센터에서 하는 새벽 운동에도 나가기 시작했다. 전에는 절대로 할 수 없을 것 같았던 일들이 이제는 나의 일상이 되어 있었다.

승민이 약물치료, 놀이치료, 사회성 그룹 수업을 병행하면서 회사 일에 집안일, 게다가 승민이 병원까지 다녀야 하는 상황이 나는 너무 힘에 겨웠다. 그래서 회사에서 건, 집에서 건, 사소한 것에도 예민하게 반응하고 짜증이 섞인 목소리로 소리를 지를 때가 많았다. 항상 모든 게 불만이고 짜증이 많았던 나는 모임에 거듭해서 나갈수록 '사람들은 별것도 아닌 일에 기뻐하고 행복해하는구나.' 하는 생각이 들었다.

누군가는 수영장 1레인에서 2레인으로 승급했다고 떡을 내고, 또 다른 이는 마라톤에서 기록이 몇 분 당겨졌다고 떡을 내는 등, 매주 토요일마다 떡이며 과일을 가져오는 사람들 덕에 티타임 때는 항상 먹을 것이 넘쳐났다. 서로 피 한 방울 섞이지 않은 남남이지만 마치 한 가족 같았다.

    도대체 그게 뭐라고? 승급하면 뭐?
    뭐가 그리 기쁜 건데? 이게 그렇게 즐거울 일인가?

나는 내가 얼마나 메마른 감정 상태에 있는지 알지 못했다. 하지만 차츰 다른 사람들과 어울리면서 내 모습도 돌아보게 되었다. 같이 운동하면서 사람들과 이런저런 삶의 얘기를 주고받으며 다른 사람의 삶을 간접적으로나마 엿볼 수 있었다. 나는 그들의 이야기를 통해 위로도 받았다. 나만 아프고 나만 특별히 슬픈 줄 알았는데, 항상 행복하고 좋아만 보이던 다른 사람들의 삶에 조금 더 다가가 보니 혼자만 아픈 게 아니라는 사실도 알게 되었다. 인생은 멀리서 보면 희극이고 가까이에서 보면 비극이라더니 왜 그런 말이 생겼는지도 알 것 같았다. 어느 날 '뎅스'라는 회원은 승민의 문제로 힘들어하는 나에게 이런 말을 해주었다.

> 이 세상의 고통 중에 내가 겪는 고통이 제일 크고,
> 이 세상의 아픔 중에 내 아픔이 제일 크며,
> 이 세상의 상처 중에 내 상처가 제일 크다.

그 말은 나에게 큰 위로가 되어주었다.

> 나만 힘든 게 아니구나!
> 그리고 승민이만 특별히 못난 게 아니었구나!

나는 조금씩 운동을 통해 자신감을 회복해나갔다. 그리고 현실이 어려울수록 달리기에 몰입했다. 힘든 일이 생길 때마다 달리고 나서 사람들과 웃고 떠들고, 같이 먹고 마시면, 몸도 건강해지고 마음도 개운해지는 것 같았다. 그러면서 차츰 사람들과도 좀 더 편안하게 이야기할 수 있게 되었다.

사실, 외로운 건 바로 나였어.

 나는 다니던 회사의 답답하고 경직된 조직문화에 회의를 느끼고 있었다. 그런 나에게 아이가 병원에 다녀야 한다는 것은 아주 좋은 핑곗거리가 되어주었다. 승민이 2학년에 올라가는 2012년 3월, 나는 승민의 치료를 핑계로 1년간 휴직을 했다. 처음 휴직하고는 오랜만에 맛보는 자유로운 시간이 그저 즐겁기만 했다. 하지만 이내 집 안에 갇혀 있는 듯한 답답함과 사회에서 뒤처질 것 같은 불안감에 오히려 고통스러워졌다.

 나는 일상을 직장에 다닐 때처럼 다시 일정한 틀에 짜 넣기 시작했다. 거의 매일 새벽 4시 반에 일어나 달리기를 했고, 오전 6시에는 센터로 이동해 체조와 수영을 했다. 월요일과 수요일에는 11시까지 영어학원에 가서 공부하고, 혹시나 복직하지 못할 때를 대비해서 보육교사 자격증 공부도 시작했다. 그리고 매주 화요일과 목요일에는 승민의 놀이치료와 사회성 그룹 수업을 받기 위해 병원에 갔다. 짜임새 있게 일주일을 살아가다 보니 집에만 있어야 한다는 답답함도 조금은 가시는 듯했다.

승민이 2학년이 되자, 나는 또다시 승민의 새로운 담임이 어떤 사람인지 살펴야 했다. 공개수업에서 처음 보게 된 담임은 다행히 아이들에 대한 사랑과 열정이 넘치는 사람이었다.
나는 이 선생님께는 승민에 대해 솔직히 말해도 되겠다는 생각이 들었다. 다행히 담임은 나의 이야기를 듣고 걱정하지 말라며 한 해 동안 승민을 잘 이끌어보겠다고 했다. 마음이 놓였다.
휴직했다는 사실을 승민의 담당 의사에게 말하자 의사는 나에게 부모 상담을 받아볼 것을 권했다. 아이의 문제 행동은 부모로부터 기인하는 경우가 많고, 부모와 아이가 함께 치료받아야 효과가 배가 된다는 것이었다. 하지만 나는 그 말이 무척 마음에 거슬렸다. 왠지 병원에서 나를 계속해서 질책하는 것만 같았기 때문이었다. 나는 한두 번 상담하고 나면 더 이상 상담할 일도, 말할 거리도 없을 거라고 장담하며 한 달

간만 상담받아보기로 했다.

처음 심리상담사를 만나는 날, 나는 병원에서 나에게 괜한 트집을 잡아서 돈을 벌려고 한다는 생각에 잔뜩 독이 올라 있었다.

그래 뭐라고 하는지 두고 보자.
오늘 상담실에 들어가서 하고 싶은 얘기 다 하고
다음부터는 절대 오지 않을 거야.

나는 골난 표정으로 상담실 문을 두드렸다. 문을 열고 들어간 상담실에는 마흔이 좀 넘어 보이는 여자 상담사가 혼자 앉아 있었다. 상담실 한가운데에는 덩그러니 책상 하나가 놓여 있었고, 둘이 마주 앉으면 꽉 찰 정도로 아주 비좁았다. 방 안에 있는 물건이라고는 책상과 의자, 벽에 걸린 시계가 전부였다. 나는 상담사에게 가벼운 묵례를 하고 자리에 앉았다. 그리고 상담사를 쏘아보며 말했다.

"저는 상담을 받을 이유가 전혀 없어요. 솔직히 왜 제가 상담을 해야 하는지도 잘 모르겠고요. 그냥 의사 선생님이 부모 상담도 필요하다고 하니까 한 번 받아보기로 한 거예요."

나는 퉁명스럽게 말했다. 어색한 침묵이 흘렀다.

"이제 뭘 해야 하는 거죠?"

나는 경계의 눈빛으로 상담사를 바라보며 또다시 따지듯이 물었다. 가만히 듣고만 있던 상담사가 말했다.

"네. 그러시군요. 그럼 기왕 오신 거 상담 시간은 50분이니까 하고 싶은 얘기가 있으면 해보세요. 아이가 지금 어떤지, 뭐 때문에 힘든지 그런 것도 좋고, 개인적인 얘기도 좋아요."

50분에 65,000원이나 하는 상담비가 아까웠던 나는 승민을 키우면서 어렸을 때부터 지금까지 있었던 일들, 왜 병원에 다니게 되었는지 등등 그동안의 일을 입에 속사포를 달아 놓은 듯 숨도 쉬지 않고 줄줄 내뱉었다. 내가 그러는 동안 상담사는 가끔 고개를 끄덕이고, 또 가끔은 '아이고' 하고 추임새를 넣으며 내 말에 맞장구를 쳐주었다.

한참을 그렇게 혼자서 끊임없이 이야기를 쏟아내던 나는 어느새 펑펑 울고 있었다. 아이를 키우면서 힘들고 슬펐던 일들이 마치 주마등처럼 머릿속을 스쳐 가면서 아픈 생채기를 끝이 뾰족한 갈고리로 마구 훑는 것처럼 쓰리고, 아파졌다.

어느새 50분은 훌쩍 지나갔다. 나는 난생처음 보는 상담사 앞에서 눈물, 콧물 다 쏟으며 엉엉 울었고, 얼굴이 벌겋게 상기된 채 상담실을 나왔다. 병원을 빠져나와 집으로 터덜터덜 걸어가는 데 창피한 마음이 들기도 했지만, 한편으로는 속에 있는 말을 다 쏟아내서 그런지 후련했다.

그 후 상담이 진행되는 동안 나는 상담실에 들어가기만 하면 두 눈이 퉁퉁 부어서 나왔다. 상담하는 동안 나는 어느새 잊고 있었던 나의 어린 시절과 마주하게 되었다. 그리고 나 역시 승민만큼이나 아팠다는 것을 깨닫게 되었다. 그 아픔은 나도 모르는 사이에 승민에게 고스란히 전해지고 있었다.

***

나는 1남 3녀 중에 셋째 딸이었다. 나의 아버지 준식은 내가 일곱 살 때 중동에 가면 돈을 많이 벌 수 있다는 말에 건설 노동자로 이라크에 갔다. 하지만 얼마 지나지 않아 중동의 매서운 모래바람이 눈에 들어가는 사고를 당했고, 출국한 지 채 1년도 못 되어 다시 한국으로 돌아와야만 했다.

귀국 후 여러 차례 수술을 받았지만, 수술 후에도 두툼한 볼록렌즈 위에 옆으로 누워 있는 반달 모양의 또 다른 작은 볼록렌즈가 덧붙여진 두꺼운 안경을 쓰고도 겨우 1미터 앞밖에 볼 수 없었다. 중동에서 벌어온 돈은 모두 수술비로 날리고, 아픈 눈 때문에 아무 일도 할 수 없게 된 준식은 날마다 술로 세월을 보냈다.

이때부터 나의 엄마 애자는 가족의 생계를 위해 가발을 뜨기 시작했다. 남편은 아프고, 먹여 살려야 하는 자식은 넷이나 되니 누군가는 돈을 벌어야 했다.

그 당시는 머리카락을 잘라서 팔면 돈이 되던 시절이었다. 애자는 촘촘한 망사로 된 가발 모형에 머리카락을 한 코 한 코 뜨개질로 떠서 심는 수제 가발을 만드는 일을 했다.

몇 시간이고 고개도 들지 못하고 똑같은 작업을 수없이 반복해야 하는 고된 노동이었다. 하지만 전량 외국으로 수출하는 품목이었고, 수제품이라 단가가 비쌌기 때문에 애자는 이 일을 그만둘 수가 없었다. 애자는 가발 말고도 재봉틀질, 지퍼 달기, 실밥 뜯기, 인형 꿰매기, 가사 도우미 등 할 수 있는 일은 닥치는 대로 했다.

하지만 아무리 벌어도 밑 빠진 독에 물 붓기처럼 돈은 새고 또 새고, 가난은 끝이 없었다. 아침이면 나는 준비물을 사달라고 떼를 썼고, 애자는 그냥 친구들에게 빌려 쓰라며 버티다 울고불고 난리를 치는 나의 성화에 못 이겨 이 집 저 집 돈을 빌리러 다니기 일쑤였다.

나는 어려서부터 외로움을 많이 탔다. 큰언니 정난은 나를 유난히 싫어했고, 둘째 정선하고만 친하게 지냈다. 둘째 정선은 내가 쉽사리 다가가기 힘든 성격이었고, 남동생 대영은 둘째 정선만 유난히 따랐다. 그래서 그런지 나는 늘 외로웠다. 애자가 집을 비우는 날이면 어김없이 정난의 괴롭힘이 시작되었다. 사소한 일도 꼬투리를 잡아 동생들을 때렸고, 그중 제일 많이 맞은 것은 나였다.

준식은 그런 정난을 어렸을 때부터 미워했다. 정난의 괴팍하고 불같은 성격은 준식을 많이 닮아 있었다. 아마도 준식은 그게 싫었던 모양이다. 반면 나는 아들을 낳을 터를 닦은 딸이라는 이유로 준식의 편애를 받았다. 나는 그래서 정난이 나를 더 싫어한다고 생각했다.

어느 날, 준식이 무엇 때문에 그렇게 화가 나 있었는지는 하나도 기억나지 않지만, 그날 내 기억 속에 준식은 분명 정난에게 무척 화가 나 있었다. 준식은 정난에게 마구 욕설을 퍼부어대더니 갑자기 솥뚜껑같이 커다란 손으로 정난의 얼굴을 가차 없이 내리쳤다. 잠시 후 안방 문틀에서는 정난의 코에서 날아든 선연한 핏물이 주르륵 흘러내렸다. 정난은 머리가 온통 헝클어진 채 피를 흘리며 슬픈 눈으로 준식을 노려보고 있었다.

그날 준식이 집을 비운 사이, 정난은 나무로 된 방 빗자루로 나를 마구 두들겨 팼다. 그것은 걷잡을 수 없는 분노의 폭발이었다. 겨우 방 두 칸에 좁다란 복도식 부엌뿐인 집에서 나는 어느 곳으로도 도망칠 수 없었다.

맨발로 마당을 뛰쳐나와 옆집으로 달려 들어가 몸을 숨겼지만, 정난은 기어코 그 집까지 따라 들어와서 옆집

아이들이 보는 앞에서 나에게 마구 매질을 해댔다.

정난의 화풀이 대상은 오직 나뿐이었다. 부모의 사랑을 독차지하는 남동생 대영은 감히 건들 수 없는 대상이었고, 정선은 절대 정난의 화를 받아주지 않았다. 정난이 정선과 싸우는 날이면 둘 다 울음을 터뜨리고 나서야 싸움이 끝났다. 정선은 정난이 아무리 몰아세워도 한 치도 물러서지 않았다. 정선은 한 대를 맞으면 반드시 두 대를 때렸다. 그런 정선의 성격을 알기에 정난은 웬만해서는 정선을 건드리지 않았다.

열일곱에 배고픔이라도 면하라고 팔려 가듯 시집와서 스물둘에 아이를 넷이나 낳아 키우던 애자에게 아이들은 그저 짐스러운 존재일 뿐이었다. 애자 자신도 너무 어렸고 힘들었기에 애자는 엄마로서 나의 바람막이가 되어주지 못했다. 맨날 두들겨 맞고 엄마만 보면 울어대는 나를 애자는 보듬어주지 않았다. 그저 '서방 복 없는 년은 자식 복도 없다더니.' 하며 자신의 처지를 한탄하며 울었고, 자기를 좀 봐달라고 보채는 나를 지겹게 울어대지 말라며 또 때렸다.

나는 외롭고 힘든 날이면 작은방에 있는 애자의 재봉틀 속으로 몸을 숨겼다. 재봉틀 속은 어둡지만 아늑하고 따뜻했다. 그리고 아무도 나를 찾을 수 없었다. 자신을 감추고 숨길수록 세상은 관대했고, 더 이상 나에게 손을 대지 않았다. 그때부터 나는 모든 것을 내 탓으로 돌리는 버릇이 생겼다. 그러면 한 대라도 덜 맞으니까. 아무리 억울해도 잘못했다고 인정하면 그 누구도 더 이상 나를 건들지 않았다. 억울함을 풀려고 싸움을 만드느니 그편이 훨씬 편했다. 그런 나는 늘 혼자 있는 게 편했고, 친구를 사귀어도 해가 바뀌어 학년이 올라가면 언제 그랬냐는 듯 모르는 사람처럼 대하기 일쑤였다. 나에게 친구는 자신의 욕구를 희생해가며 맞춰주어야 하는 버거운 존재일 뿐이었다. 그러다 보니 언제부턴가 나는 사람들과 이야기할 때면, 상대의 얼굴을 제대로 쳐다볼 수가 없었다. 왠지 모르게 얼굴을 바라보는 게 무서웠고, 눈을 빤히 바라보면 버릇없다는 소리를 들을까 봐 겁이 났다. 그래서 이야기할 때면 늘 입 주변이나 가슴께에 시선을 두곤 했다. 그러니 자주 보는 사람이 아니면 누가 누군지 잘 기억하지 못했다.

지완과 결혼을 하고, 서울로 이사와 살게 되면서 나는 드디어 무서운 언니들과 지긋지긋한 가족들에게서 벗어나 자유를 얻은 듯했다. 하지만 늘 말로는 표현할 수 없는 외로움이 나를 괴롭혔다. 27년을 내리 인천에서만

살다가 결혼해서 서울에 정착하고 보니 홀로 외딴곳에 버려진 느낌이었다.

그러던 나는 승민을 가지게 되면서 새로운 희망을 품기 시작했다. 아기가 태어나면 나처럼 외롭지 않게 사랑으로 키우리라 다짐했다. 그래서 정성 들여 태교 일기도 쓰고 십자수도 배웠다. 펠트로 장난감과 모빌도 만들며, 아이가 태어날 날만을 손꼽아 기다렸다.

그런데 막상 승민을 낳고 단둘이 집에 있게 되었을 때, 내가 처음 느낀 감정은 아이에 대한 지극한 모성이나 절대적인 사랑의 감정이 아니었다. 물론 승민을 사랑하지 않은 것은 아니었지만, 평생 발목을 잡는 벗어날 수 없는 올가미에 걸린 것처럼 아이의 존재는 무겁고 부담스럽게만 다가왔다.

엄마니까 해야 하는 모든 일들이 기쁨이 아닌 의무감으로 다가왔고, 혼자서는 아무것도 할 수 없는 아이와 하루 24시간을 함께 보내며 아이를 위해 자신의 욕구를 억누르고 살아야 한다는 것이 무섭고 답답했다.

그러나 다행히도 승민은 백일도 안 되어 애자의 손에 맡겨졌다. 내가 다녔던 직장은 한 대학교의 연구실에서 교수가 운영하는 작은 회사였고, 직원이 다섯 명뿐이라서 삼 개월의 출산휴가 후에는 바로 일을 해야 했다.

애자는 준식도 챙겨야 했기 때문에 승민을 인천에 있는 애자의 집에서 돌봐주었다. 나는 주중에 승민이 애자의 집에 가 있는 동안이면 마치 무거운 짐을 벗어 던진 것처럼 홀가분한 기분마저 들었다.

그러다 윤아가 태어나자 애자는 두 아이를 함께 돌보는 것을 버거워했고, 나는 윤아는 애자에게 맡기고, 승민만 집으로 데려와 유치원 종일반에 맡겼다. 그러나 윤아도 두 돌이 지나자 엄마와 같이 살겠다고 떼를 썼다. 애자는 하는 수 없이 그때부터 우리 집으로 출퇴근하며 아이들을 돌봐주게 되었다.

윤아의 고집 때문에 갑자기 두 아이를 동시에 돌보게 된 나는 육아가 하나도 즐겁지 않았다. 승민은 동생을 보면서 퇴행이 왔는지 사납고 고집스러워졌고, 윤아는 날마다 빽빽 소리를 지르며 오빠와 싸워댔다. 퇴근해서 집에 오면, 애자는 하루 종일 아이들을 돌보느라 녹초가 되어 있었고, 얼굴에는 짜증이 가득했다.

나는 회사 일에 집안일 그리고 육아까지 병행하는 것이 너무나 버거웠다. 애자는 나를 위해 아이들을 돌봐주고 있었지만, 나는 내가 애자의 생활비를 대주기 위해 일부러 아이들을 애자에게 맡기고 억지로 회사에 다닌다고 생각했다. 그렇다고 회사를 그만두고 아이들과 함께 있는 것도 마냥 행복하진 않을 것 같았다. 모든 것이 불만족스러웠다. 나는 내가 무엇을 원하는 건지, 도대체 어디서부터 잘못된 것인지 알 수가 없었다.

 지완과도 싸움이 잦아지면서 나는 결혼 생활에 회의를 느끼기 시작했다. 완전히 코너에 몰린 기분이었다. 나에게는 대화가 통하는 상대가 절실히 필요했다. 그러다 만나게 된 애영과 희연에게 나는 많은 부분을 의지하고 모든 것을 털어놓은 듯했지만, 늘 자신을 숨기기만 했을 뿐, 마음을 주는 것이 서툴다 보니 애영, 희연과의 관계도 나에게는 부담이었다.
 나는 힘겹게 관계를 유지하려고 애를 쓰고 있는데 자꾸 말썽을 일으키는 승민이 미웠다. 왜 그런 행동을 하는지 이유를 알아보려 하지는 않고 무조건 나무라고 미워하기만 했다. 온전한 사랑을 받았던 기억이 별로 없었던 나는 온전히 사랑을 줄 수도, 온전히 마음을 나눌 수도 없었다. 사람의 마음을 물이 담긴 그릇에 비유하자면, 내 그릇은 바짝 메말라 있었다. 그러다 보니 항상 부족함과 갈증을 느꼈고, 나의 모자람을 채우기에만 급급했다. 나에게는 승민의 빈 그릇까지 생각할 여유가 없었다.

* * *

상담사는 나에게 '내 그릇에 물이 가득 차고, 넘쳐야 다른 사람의 빈 그릇도 눈에 들어오고, 나누어줄 수 있는 여유도 생긴다.'라고 말했다. 나는 스스로 항상 부족함을 느끼고 있었기 때문에 그동안 곁에 있는 승민의 마음조차 전혀 알아차리지 못했다. 상담이 회를 거듭할수록 나는 승민을 다른 각도로 바라보기 시작했다. 깊은 심연에 가라앉아 있던 무의식의 세계가 의식의 세계로 떠오르면서 그동안 보지 못했던 부분들이 보이기 시작했다. 나와 승민뿐만 아니라 내가 싫어하고 이해하지 못했던 사람들의 마음까지도 점점 안개가 걷히듯 또렷이 보이기 시작했다. 나의 내면의 상태를 자세히 들여다볼 수 있게 되면서, 한 달만 하고 그만두려고 했던 심리상담은 그 후로도 1년간 계속되었다.

심리상담이 3개월에 접어들면서 나는 내가 돈을 벌지 않고, 집에서 아이들에게 매달려야 하는 이 상황을 몹시 불안해하고 힘들어한다는 사실을 새롭게 깨달았다. 영어 공부를 하는 것도, 마라톤을 시작한 것도, 보육교사 자격증을 취득하려는 것도 다 이런 나의 불안한 마음을 잠재우려는 방편의 하나였다.

휴직을 한 1년 동안 나는 상담을 통해 꾸준히 치유해나가고 있었지만, 승민은 그러지 못했다. 병원에서는 분명히 2년만 치료하면 많이 좋아질 거라고 했는데, 승민은 치료를 시작한 지 2년이 다 되어 가는 데도 상태가 나빠지기만 할 뿐 좋아질 기미가 보이지 않았다. 득보다 실이 훨씬 컸다. 성격은 더 날카로워졌고, 밥을 제대로 먹지 못해 또래보다 키도 한참 작았다. 이제 곧 3학년이 되는데 성장만 방해하고 아무런 도움이 되지 않는 약은 더 이상 먹이고 싶지 않았다. 병원에 속은 기분이 들었다.

내가 결정적으로 병원 치료를 그만두기로 마음먹은 것은 윤아를 병원에 데리고 간 날의 일 때문이었다. 그날 윤아는 한시도 내 곁에서 떨어지지 않으려 했고, 결국 진료실까지 따라 들어왔다. 그런데 진료를 마치고 나가려는데 의사가 윤아에게 이렇게 말했다.

"너도 곧 만나게 되겠구나! 우리 1년 뒤에 보자!"

그게 무슨 말이냐고 내가 따져 묻자 의사는 윤아의 행동을 보니 승민과 비슷한 것 같다고 지금은 일곱 살이니까 잘 모르겠지만 학교 들어가게 되면 윤아도 검사를 한번 받아보는 게 좋겠다고 말했다.

나는 윤아에 대한 믿음이 있었다. 윤아는 승민과는 달리 화가 많은 성격도 아니고, 친구도 많았다. 그리고 엄마의 마음에 공감도 잘해주고, 누구에게나 살갑게 구는 밝은 아이였다. 그런데 윤아에게 그런 어처구니없는 말을 하다니 화가 치밀어 올라 견딜 수가 없었다.

이 병원이 돈을 벌고 싶어서 안달이 났구나!
누구더러 감히 그딴 소리를 하는 거야!

 나는 의사가 했던 말에 참을 수 없는 분노를 느꼈고, 더 이상 의사의 말을 신뢰할 수가 없었다. 그 후에 한 달 만에 나는 승민의 병원 치료를 그만두었다.

 복직해야 할 날이 점점 다가오자 나는 고민하기 시작했다. 승민은 달라진 게 없었고, 동료들로부터 전해 들은 회사의 상황도 예나 지금이나 답답하긴 마찬가지였다. 복직을 한다 해도 몇 년 후면 본사가 원주로 이전을 해야 했기 때문에 이사를 하지 않는다면 어차피 계속 다니기는 힘든 상황이었다. 지완은 원주로 이사를 하는 것도, 주말부부로 사는 것도 싫다며 내가 아이들을 위해 회사를 그만두기를 바랐다.

 나는 고민 끝에 7년을 다녀온 회사를 그만두기로 했고, 사표는 제출한 다음 날 바로 수리되었다. 한동안 헛헛한 마음이 들었다. 나는 대학을 졸업하고 12년간 쉼 없이 일을 해왔다. 게다가 마지막 직장은 내가 스스로 그만두지 않으면 정년이 보장되는 소위 남들이 말하는 철 밥그릇, 신의 직장으로 불리는 공기업이었다. 조직 생활이 답답하고 힘들 때도 많았지만,

나는 내가 공기업의 일원임이 늘 자랑스러웠다. 충분히 직장에서 성공할 수 있는데 여자라서, 엄마라서 어쩔 수 없이 회사를 그만두게 되었다는 박탈감은 한동안 나를 괴롭혔다.

사람들이 그 좋은 직장을 왜 그만두었냐고 물어올 때면 나는 항상 승민 때문에 어쩔 수 없었다고 말하며 모든 것을 승민이 탓으로 돌렸다.

2013년 3월. 승민은 3학년이 되었고, 나는 자의든, 타의든 어차피 회사는 그만두었으니 본격적으로 치료에 매달리기로 했다. 승민의 병을 빨리 고친 후에 다시 일을 할 작정이었다.

승민같이 산만한 아이는 타악기가 좋다는 말에 드럼도 시키고, 한의원에서 '총명탕'도 여러 첩 먹였다. 그리고 운동으로 에너지를 발산시켜야 화가 가라앉는다고 해서 수영과 배드민턴, 농구 등 갖가지 운동도 시켜보았지만 전부 얼마 가지 못했다. 반짝 관심을 보이다가도 조금만 어려워지면 금방 흥미를 잃었다. 여럿이 하는 운동은 아이들과 어울리지 못해 힘들어했고, 혼자서 하는 운동은 재미없어했다. 미칠 노릇이었다.

학교와 관계없는 친구를 사귀게 해주려고 무교인 지완을 설득해서 혼배성사까지 받게 하며 승민을 성당 주일학교에도 넣어 보았지만, 승민은 어느 곳에도 적응하지 못했다.

나는 내가 그려놓은 그림대로 따라오지 못하는 승민이 못마땅했다. 이럴 줄 알았으면 회사를 그만두지 말 걸 후회하기도 했다. 그런 마음이 들수록 승민이 내 인생을 망쳐놓은 것 같아 미운 마음이 들기도 했다.

악기를 배우는 거나 운동을 하는 것이 아무런 효과가 없자 나는 다른 방법을 찾아보기로 했다. 승민이 다니던 드럼 학원 근처에 '코칭하우스'라는 곳이 있었는데 학교에 잘 적응하지 못하는 청소년들에게 학습, 진로, 심리와 관련된 코칭을 해주는 곳이었다. 그곳에서 '심리학습 코칭'을 받아보기로 했다. 그리고 뇌 운동을 통해 '틱(tic)'이나 ADHD를 치료한다는 운동센터에도 다니기로 했다. 병원 이외의 방법으로 ADHD를 치료하려는 여러 가지 시도 끝에, 이제 승민은 '심리학습 코칭'과 '뇌 운동' 두 가지만 하게 되었다.

승민의 3학년 담임은 교남초등학교가 첫 부임지로, 교사로서 처음으로 맡은 반이 승민의 반이었다. 나는 젊은 선생님이라 아무래도 나이 든 선생님보다 승민을 잘 이해해줄 것 같은 생각이 들었다. 그래서 이번에도 1학기 상담 때 찾아가 승민에 대해서 솔직히 말했다.

하지만 나의 기대와는 달리 경험이 부족했던 3학년 담임은 승민을 다룰 줄 몰라 1년 내내 힘겨워했다. 승민을 특별히 미워하거나 싫어하진 않았지만, 그렇다고 특별히 도움이 된 것도 아니었다.

애영은 해가 바뀌어서도 여전히 승민이 아직도 병원에 다니고 있는지, 약은 계속 먹고 있는지 무척 궁금해했다. 올해도 승민은 세 아이 모두와 다른 반이 되었지만, 승민의 반이 진영의 반 바로 옆 반이었고, 그 때문에 둘은 쉬는 시간이면 자주 마주칠 수밖에 없었다. 나는 애영이 승민을 바라보는 걱정스러운 시선이 싫었다. 그래서 애영에게 승민이 2년 동안 치료를 잘 받아서 완치되었기 때문에, 이제 병원은 더 이상 다니지 않아도 되고, 약도 먹지 않는다고 말했다.

3, 4월은 새 학년과 새로운 반 친구들에게 적응하면서 바쁘게 지나갔다. 승민은 매주 한 번씩 부천으로 '뇌 운동'을 하러 가는 걸 조금 힘들어했지만, 학교생활은 즐거워했다.

승민의 반에는 유독 개구쟁이들이 많았는데, 승민은 그런 아이들과 함께 노는 것을 좋아했다. 매년 학기 초마다 말썽을 부리기 시작해서 여름방학이 되기 전까지 반에 적응하느라 힘겨워했던 승민이 3학년에 올라와서는 좀 달라졌다는 생각에 나도 병원 치료를 그만두길 잘했다고 생각했다.

5월 5일은 어린이의 날

 5월 5일 어린이날, 네 가족은 동네 공원에서 열린 어린이날 행사에 다 같이 참여하기로 했다. 이른 아침 시간인데도 공원 광장은 사람들로 북적이고 있었다. 나무 그늘에 돗자리를 깔고 그늘막을 쳤다. 어른들은 준비해 온 음식을 나누어 먹으며 이야기를 나누었고, 아이들은 부스를 돌아다니며 각종 이벤트에 참여했다.

 윤아는 아직 어린 데다 홍일점이라 오빠들이 데리고 다니지 않으려 했다. 그래서 내가 윤아를 데리고 다니면서 페이스페인팅도 하고 팔찌도 만들었다. 남자아이들에게는 연 만들기, 다트 등이 인기가 좋았다. 아이들 모두 갖가지 장난감과 과자, 사탕 등을 듬뿍 받고 즐거워했다.

오후 5시가 넘어서자 준비된 행사가 모두 끝났고, 공원이 한산해지기 시작했다. 네 가족도 자리를 정리하고 근처 식당에서 다 같이 저녁을 먹기로 했다. 하루 종일 뙤약볕 아래 앉아 있었던 탓인지 검게 그을린 얼굴들에 피곤이 가득했다.

음식점에 도착해서 아이들 먼저 저녁을 먹였다. 식사를 마친 아이들은 식당 밖으로 나가서 놀았고, 어른들은 느긋하게 반주와 함께 식사를 즐겼다. 윤아는 오빠들을 따라 나가지 않고 내 곁에 앉아 있었다. 술이 한 잔 들어가니 얼굴이 분홍빛으로 물들면서 온몸이 노곤해졌다.

5월 말에는 네 가족은 다 같이 해외여행을 가기로 했다. 인원이 많다 보니 서로 일정을 맞추기가 무척 어려웠지만, 날짜가 정해지자 호텔과 비행기 예약도 마무리되었고, 관광코스도 어느 정도 정해졌다. 그동안 같이 캠핑도 다니고, 속초, 수안보 등 국내 여행은 여러 번 갔었지만, 해외여행을 같이 가는 건 이번이 처음이었다. 게다가 진영과 승원은 해외여행이 처음이라 여행에 대한 기대가 남달랐다.

며칠 후 떠나게 될 여행에 관한 이야기로 분위기가 무르익을 무렵 갑자기 승민이 울면서 식당으로 뛰어 들어왔다. 나는 재빨리 자리에서 일어나 울고불고 소리를 지르는 승민을 끌어안았다.

"왜 울어? 무슨 일 있었어? 괜찮아! 진정해!"

나는 가볍게 등을 토닥거리며 승민을 달랬다.

"어머! 다 젖었네. 괜찮은 거야? 어떻게 해?"

나의 곁으로 다가온 애영이 승민의 바지와 신발이 죄다 젖은 것을 보자 걱정하며 말했다.

"괜찮아! 별일 아닐 거야! 근데 왜 울었어? 무슨 일인데?"

나는 승민에게 물었다.

"내가 돌담 위를 걷고 있는데 진영이가 뒤에서 밀어서 연못에 빠졌어!"

승민은 울음이 섞인 목소리로 대답했다.

"에이, 난 또 뭐라고! 괜찮아! 바지랑 신발은 말리면 되지! 괜찮으니까! 인제 그만 울어!"

나는 다른 아이가 아닌 승민이 우는 게 오히려 다행이라고 생각했다.

그런데 진영이 승민을 연못 속에 빠뜨렸다는 말을 듣자 그때부터 애영이 당황하기 시작했다.

"어머! 어디 봐봐! 괜찮아? 어떡해! 미안해!"

애영은 휴지를 가져다 연신 승민의 바지와 신발을 닦아가며 어디 다친 데는 없는지 걱정했다. 좌불안석하는 모습이 역력했다.

"진짜 별일 아니야! 괜찮아! 다친 것도 아닌데 뭐."

나는 편안한 어투로 별일 아닌 듯 말했지만, 애영은 계속해서 어쩔 줄 몰라 했다.

승민이 울어버리는 바람에 모임은 그 자리에서 끝나버렸고, 애영의 가족은 은정의 차를, 우리 가족은 희연의 차를 얻어 타고 각자 집으로 돌아갔다. 하지만 갑자기 헤어지게 되는 바람에 아이들이 너무 아쉬워한다며, 집에 돌아갔다가 옷만 갈아입은 후 동네 놀이터에서 다시 모이기로 했다.

집에 돌아온 나는 승민의 옷을 갈아입히는 동안 내심 뿌듯한 마음이 들었다. 처음으로 승민을 무조건 혼내지 않았고, 승민의 편이 되어 먼저 아이의 마음을 읽고 달래주었다. 그동안 부모 상담을 꾸준히 받아온 것이 효과를 보는 것 같아 기분이 좋았다. 시간도 늦고 하루 종일 밖에 있어서 피곤했지만, 즐거운 마음으로 아이들을 데리고 놀이터로 향했다.

놀이터엔 애영과 은정이 먼저 나와 이야기하고 있었다. 찬영, 재영 그리고 진영은 미끄럼틀을 타고 있었다. 희연은 피곤하다며 나오지 않았다.

"언니! 우리 왔어! 오늘은 아침부터 저녁까지 풀코스네."

나는 애영과 은정에게 다가가며 말했다. 애영은 내가 인사를 건네도 굳은 표정으로 아무런 대꾸도 하지 않았다. 나는 뭔가 잘못되었다는 느낌이 들었다. 난감해하는 나와 애영을 사이에 두고 은정이 입을 열었다.

"정연아! 아까 말이야, 승민이만 물에 빠진 게 아니었어."

"어? 그래? 그러면 누가 또 빠진 거야?"

나는 순간 당황하며 물었다.

"우리 식사할 때 애들이 주차장 옆 미니 분수에서 돌담을 돌며 놀았는데, 거기가 워낙 좁으니까 애들끼리 자꾸 몸이 부딪혔나 봐. 그러다가 승민이가 중심을 잃고 넘어져서 물속에 빠졌는데, 승민이는 바로 뒤에 있던 진영이가 자기를 밀어서 물속에 빠졌다고 생각한 거 같아."

은정이 말했다.

"아, 그랬구나! 그럼, 진영이가 승민이를 민 게 아니고?"

나는 또다시 걱정스러운 눈빛으로 물었다.

"그건 우리도 거기에 없었으니까 누구 말이 맞는지 모르겠어. 하지만 진영이한테 물어보니까 진영이는 승민이를 밀지 않았대."

은정이 잠시 머뭇거리더니 말을 이었다.

"그런데 말이야, 정연아. 그때 승민이가 갑자기 흥분해서, 진영이한테 너도 물속에 들어가라고 소리를 질렀나 봐."

"정연아……. 승민이도 그렇지만, 진영이도 신발이랑 바지가 죄다 젖었어."

은정이 말했다. 애영은 어두운 표정으로 가만히 듣고만 있었다.

"승민이가 물에 들어가라고 했다고? 그래서 진영이가 제발로 물에 들어간 거야? 아니면 승민이가 물에 빠뜨린 거야?"

나는 난감해하며 은정에게 다시 물었다.

"진영이가 물에 들어갔나 봐. 승민이가 너도 들어가라고 소리를 지르니까 어쩔 수 없이. 근데 그 상황에서 우리 애들이 그런 진영이를 보고 놀려댔고, 진영이는 거기서 아무 말도 못 하고 울어버렸나 봐."

"정말? 승민이는 그런 말 안 하던데. 승민아! 차승민! 이리 와봐! 빨리!"

나는 신경질적인 목소리로 승민을 불렀다. 놀이터에 온 승민은 좀 전의 일은 다 잊은 듯 세 아이와 함께 어울려 놀고 있었다. 진영도 승민과 잡기 놀이를 하며 깔깔거리며 뛰어다니고 있었다. 나는 은정의 말이 도저히 믿기지 않았다.

은정이 다시 나에게 말했다.

"집에 왔는데 애영 언니가 전화로 이야기하더라고. 그때 상황을 생각하니 나는 아차 싶더라."

애영은 여전히 팔짱을 낀 채 분노가 서린 얼굴로 가만히 듣고만 있었다. 그때 승민이 나의 곁으로 뛰어왔다.

"엄마, 왜?"

"너 아까 식당에서 진영이가 널 물에 빠뜨렸으니 진영이더러 너도 물속에 들어가라고 그랬어?"

엄마의 날카로운 목소리에 승민은 긴장하기 시작했다.

"아니, 진영이가 날 밀어서 물에 빠뜨렸단 말이야! 걔가 뒤에서 밀었어!"

승민이 꽥하고 소리를 질렀다.

"조용히 해! 소리 지르지 말고 조용히 말해! 그래서 네가 진영이더러 물에 들어가라고 했어? 어?"

나는 강한 어조로 다시 승민을 다그쳤다.

"아니라고! 몇 번을 말해! 저 새끼가 뒤에서 밀었다니까!"

승민이 또다시 악을 썼다.

그때 갑자기 애영이 승민의 앞으로 다가가더니 승민을 내려다보며 노려보았다. 나는 나도 모르게 몇 발짝 뒤로 물러났다.

"차승민! 너 말 똑바로 해! 진영이가 너를 밀쳐서 물에 빠진 거 맞아? 너 혼자 중심을 잃어서 물에 빠진 거 아니고? 잘 생각해봐 진영이는 너를 민 적이 없대."

애영이 승민에게 추궁하듯 물었다.

"아니에요! 진영이가 밀었어요! 진짜예요!"

승민은 억울함에 울먹이기 시작했다.

"그러면 네가 물에 빠졌다고 해서 친구더러 너도 물에 들어가라고 해도 되는 거야?

애영은 승민을 계속해서 다그쳤다. 그러고는 진영을 불렀다. 진영은 노한 엄마의 부름에 잔뜩 기가 죽은 채 애영 앞으로 다가왔다.

"너 바른대로 말해! 승민이랑 분수에서 놀 때 네가 뒤에서 밀었어?"

애영이 진영에게 물었다.

"아… 안 밀었어요."

진영은 들릴 듯 말 듯 한 목소리로 대답했다. 그때 갑자기 승민이 진영을 윽박지르듯 말했다.

"거짓말하지 마! 네가 뒤에서 날 밀었잖아!"

"차승민! 너 소리 지르지 마! 어른들 앞에서 그렇게 소리 지르는 거 아니야!"

애영은 승민을 노려보며 단호하게 말했다.

"너 잘 생각해봐! 진짜 진영이가 뒤에서 밀었는지. 네가 중심을 잃어서 혼자 빠진 거잖아!"

"아니에요! 아니란 말이예요! 저 새끼가 진짜 뒤에서 밀었어요."

승민은 억울함에 발을 동동 구르며 펄쩍펄쩍 뛰었다.

"네가 혼자 중심을 잃어서 빠진 건데, 네가 갑자기 진영이를 보고 밀었다고 화를 냈다며?"

애영은 계속해서 승민을 다그쳤다.

"쟤가 밀었어요! 저 새끼가 밀었다고요!"

승민은 급기야 고래고래 악을 쓰며 자꾸만 나의 얼굴을 바라보았다. 하지만 나는 승민의 눈길을 피해 뒤돌아서 버렸다. 승민이 한없이 원망스러웠다. 처음으로 자기편을 들어주었는데, 그래서 너무나 뿌듯했는데, 배신당한 기분이었다. 나는 그 자리에 서 있는 내가 몹시 초라하게만 느껴졌고, 어디론가 숨고 싶었다.

내가 승민을 외면하는 동안 애영은 끊임없이 승민의 입에서 스스로 물에 빠졌다는 이야기를 끄집어내기 위해 안간힘을 쓰고 있었다. 승민은 억울함에 숨이 넘어갈 지경이었다. 나는 등 뒤에서 들려오는 울음소리를 애써 외면하려 했지만, 승민의 목소리는 날카로운 송곳처럼 나의 귀속을 계속해서 파고들었다. 그러다 문득 이런 생각이 들었다.

> 물에 들어간 건 진영이잖아? 정말 아무 잘못이 없었으면, 맞서 싸우거나 물에 들어가지 않으면 되는 거 아닌가? 진영이가 제 발로 물에 들어갔는데, 그게 왜 전부 승민이 탓이고, 승민이 잘못이지?

나는 여태껏 자신이 애영의 뒤에 숨어서 마치 남을 대하듯, 냉정하게 승민에게 손가락질하고 원망하고 있었다는 걸 깨달았다. 그제야 제발 자기편이 되어달라고, 자기 말을 믿어달라고 나에게 애원하며 울부짖고 있는 승민의 모습이 보였다. 나는 천천히 뒤돌아섰다. 그리고 깊게 숨을 한 번 들이마셨다가 내뱉고는 애영과 승민이 있는 곳으로 다가갔다. 애영은 여전히 팔짱을 낀 채 승민을 내려다보며 으르고 있었고, 승민은 악을 쓰며 울고 있었다. 나는 침착하지만 냉정한 말투로 애영에게 말했다.

"언니. 진영이가 자기 발로 물에 들어간 거잖아? 승민이가 진영이를 물속에 밀어 넣은 것도 아니고, 진영이가 제 발로 들어간 건데 그게 전부 승민이 잘못은 아닌 것 같은데?"

"뭐야?"

애영은 갑작스러운 나의 태도 변화에 짐짓 놀란 눈치였다.

"아까 식당에서 나는 승민이만 물에 빠져서 젖은 줄 알았지, 진영이도 물에 빠진 줄은 몰랐어. 그리고 우리 모두 그때 음식점 안에 있었고, 아무도 밖에 나가서 직접 그 상황을 보진 않았잖아. 진영이 말만 듣고 이 모든 게 승민이 잘못인 것처럼 다그치는 건 아니라고 보는데? 그러면 승민이가 물에 빠진 건 단순히 승민이 실수라는 건가? 우리 승민인 진영이 밀었다는데 승민이 말도 들어봐야지."

애영은 어이없다는 눈으로 나를 바라보았다.

"진영이는 아무 잘못이 없는데 승민이가 막 소리 지르면서 물에 들어가라고 하니까 어쩔 수 없이 들어간 거라고 하더라." 애영이 나에게 쏘아붙였다.

"난 이해가 안 가는데? 그러면 물에 안 들어가면 되는 거잖아? 잘못한 게 없는데 친구가 들어가라고 한다고 물에 들어가는 게 더 이상한 거 아닌가? 그리고 주변에 승원이랑, 재영이, 찬영이도 있었잖아. 걔네 들은 그럼 그때 뭐 한 건데?"

애영은 할 말을 잃고 그저 나를 빤히 바라보기만 했다.

그때까지 모든 상황을 지켜보고만 있던 은정이 나섰다.

"그래 정연이 말이 맞아. 언제부턴가 우리 모두 아이들 사이에 말썽이 있을 때마다 모든 잘못이 승민이 탓이라고 단정 짓고 있었던 건 사실이야. 우리 모두 그 자리에 없었어. 누구 말이 사실인지는 아무도 알 수 없는 거야. 승민이가 좀 다르다는 이유만으로 아이들 사이에 불협화음이 생길 때마다 속으로 승민이를 탓했던 거 나도 인정해. 우리 모두 아이를 키우면서 서로 너무 자기 자식만 생각했던 것 같아. 이런 일이 생겼을 때 아이들이 서로 이 상황을 어떻게 풀어 가는지 배우고 서로 성장하는 계기로 만들었어야 했는데 우린 그러지 못했어."

은정이 계속 말을 이었다.

"그런데 정연이 너도 언니 입장에서 한번 생각해봐! 음식점에서 승민이가 들어와서 진영이 때문에 신발이며 옷이 다 젖었다고 했을 때, 언니가 얼마나 당황하면서 미안해한 줄 아니? 거기 있던 사람들 전부 당황해서 어쩔 줄 모르고 우왕좌왕했고, 애영 언니는 미안해하면서 수건이랑 휴지를 가져다 승민이를 닦아주면서 괜찮으냐고 계속 물어봤잖아? 정연이 네가 오늘따라 유난히 승민이를 아기처럼 감싸고돌고 그러니까 애영 언니가 더 미안해했어. 그런데 밖에 나와보니 진영이가 그렇게 되어 있었을 때 언니 마음이 어땠겠어?"

은정이 이어 말했다.

"그때 우리 애들도 물에 빠진 진영이를 보고, 막 웃고 놀리고 그랬대. 나는 남자아이 둘을 키우다 보니 그런 상황을 여러 번 겪어봤잖아. 그래서 찬영이, 재영이를 한바탕 혼내고, 바로 진영이한테 가서 사과하라고 했어. 그랬더니 찬영이가 편지를 써서 재영이랑 진영이한테 찾아갔고, 그래서 우리 애들은 진영이랑 서로 화해하고 잘 풀었어. 근데 너나 승민이는 그러고는 집에 가서 아무런 말도 없었잖아."

나는 다시 맞받아쳤다.

"우리가 차를 같이 타고 온 것도 아니고, 식당에서 헤어져서 바로 집으로 왔는데, 진영이가 그렇게 되었는지 어떻게 알 수 있었겠어? 나는 승민이 엄마니까 승민이 말을 믿을 수밖에 없잖아. 그건 애영 언니도 마찬가지일 테고."

나는 다시 말을 이었다.

"이제 며칠 후면 같이 여행도 갈 건데 여행 가서도 이런 일이 생기면 서로 너무 힘들 것 같은데? 싸움이 일어나는 건 한 아이의 잘못만은 아니라고 봐. 둘 다 서로 어느 정도 책임이 있는 거지. 일방적으로 하나가 잘못해서 이런 일이 생기는 건 아니잖아."

나의 대답에 애영이 말했다.

"그래. 나도 여행 가서 지금 같은 상황이 벌어질까 봐 내심 걱정하고 있었어. 이런 상태로 여행 갔다가 서로 깨져서 돌아오는 팀을 여럿 봤거든. 정말 우리 진영이는 다른 애들이랑 있으면 싸우고 그런 일 전혀 없어. 그런데 유독 승민이랑은 자꾸 이런 일이 벌어지니까 나도 너무 속상하고 이젠 어떻게 해야 할지 정말 모르겠다. 솔직히."

나도 이번엔 지지 않고 다시 맞받아쳤다.

"그건 나도 마찬가지야. 승민이가 다른 애들보다 부족한 걸 알기 때문에 나도 매번 승민이만 혼냈어. 그동안 내가 애들이 싸울 때마다 우리 승민이를 나무랐지, 다른 애들한테 뭐라고 한 적은 한 번도 없었잖아? 그런데 매번 승민이만 혼이 나니까 승민이도 상처받고, 나도 이젠 이런 상황이 너무나 힘드네."

둘의 대화가 무한대를 그리며 결론이 나지 않자 은정이 나서서 서로 조금씩 양보하고 사과하는 것으로 마무리 지었지만 나는 마음이 편치 않았다. 집으로 돌아오면서 그냥 '미안하다. 승민이가 부족해서 그런다. 이해해달라'고 말할 걸 그랬나 하고 생각했지만, 이번엔 내가 한 선택을 후회하지 않기로 했다. 애영이나 희연은 그동안 매번 진영과 승원을 아기처럼 감싸고돌았으면서 왜 나는 승민을 그렇게 위하면 안 되는 건지 알 수가 없었다. 나는 상담받으면서 배운 대로 승민을 달랜 것뿐이었다. 이번엔 아무리 생각해도 승민이 온전히 잘못한 건 아니라는 확신이 들었고, 끝까지 승민의 편이 되어주길 잘했다고 생각했다.

다음 날 아침. 여느 때처럼 또다시 새로운 하루가 시작되었다. 지완은 새벽 일찍 출근했는지, 내가 일어났을 땐 이미 나가고 없었다. 태풍의 눈 속의 고요함처럼 금세 무슨 일이 터질 것만 같은 아련한 두려움이 마음을 잠시 산란하게 했지만, 그 어느 때보다도 여유롭고 만족스러운 하루가 시작되고 있었다. 분주히 아침을 차려 먹이고, 승민을 평소보다 일찍 학교에 보냈다. 그리고 윤아의 머리를 빗겨서 하나로 묶은 후 손을 잡고 가볍게 노래까지 부르며 유치원에 데려다주었다. 어제의 소동으로 마음이 심란할 법도 한데 이상하게도 한없이 평온했다. 한 시간 정도 산책을 하고, 막 집으로 들어가려고 하는데 지완에게서 전화가 왔다.

"응, 승민아빠! 회사는 잘 갔어? 애들 다 보내고 지금 집으로 가는 중이야."

나는 밝은 목소리로 지완에게 말했다.

"야! 이제 우리 그 인간들하고 끝장났어! 다시는 안 볼 거야! 여행이고 뭐고 다 때려치워! 그 집구석이랑 여행 가는 거 다 취소하고 우리끼리 따로 가자!"

지완의 격앙된 목소리가 휴대전화 밖으로 터질 듯 흘러나왔다.

"그게 무슨 소리야? 인제 와서 일주일 남았는데 여행을 어떻게 취소해? 손해가 얼만데? 어제 놀이터에서 잘 화해했어. 그런데 또 왜 그래?"

"어젯밤에 그 새끼를 만났는데, 거기서 사달이 났어. 자세한 건 너는 알 필요 없고, 차라리 모르는 게 나아. 그냥 앞으로 그 집구석은 안 보면 되는 거야."

지완이 씩씩거리며 말했다.

"허~ 나도 무슨 일인지 알고는 있어야 할 거 아니야? 상황이 어떻게 돌아가는지도 모르고 바보처럼 멍청하게 있으란 말이야? 당신이 이 정도면 분명히 나한테도 연락이 올 텐데, 만나자고 그러면 난 아무것도 모르고 그냥 나가라고?"

나는 답답한 마음에 짜증을 냈다.

"어제 그 새끼랑 싸웠어. 그냥 진영이 엄마가 만나자고 그러면 만나고, 그쪽에서 뭐라고 그러면 '아, 그러냐.' 하고 대충 얼버무리고 말아버려. 그래도 또 뭐라고 그러면 다음부터 안 만나면 되는 거야."

지완이 말했다.

"장난해? 내가 바보, 멍청이야? 분명히 어젯밤에 무슨 일이 있었는데 아무것도 모르고 바보처럼 굴라는 거야? 그건 아니잖아! 나도 무슨 일이 있었는지 알아야 적절하게 대처할 거 아니야?"

나는 답답해 미칠 지경이었다. 하지만 지완은 더 이상 아무 말도 해주지 않고 전화를 끊어버렸다. 지완이 전화를 끊자마자, 기다렸다는 듯 곧바로 애영에게서 전화가 왔다. 애영의 목소리는 차분히 가라앉아 있었다. 애영은 예상대로 나에게 할 말이 있으니 만나자고 했다. 전화를 받고 보니 지완의 말대로 오히려 모르는 게 더 낫겠다는 생각이 들었다. 한바탕 폭풍이 휩쓸고 간 것처럼 마음이 어수선했다.

만나기로 한 교회 1층의 커피숍에 도착했을 때, 이번에도 애영은 먼저 나와 창가 쪽 테이블에 앉아 있었다. 얼굴은 창백했고 표정은 어두웠다. 나는 테이블로 다가가 애영과 마주 앉았다. 한참을 잔 속에 남아 있는 다 식어 빠진 커피만 바라보던 애영이 먼저 말문을 열었다.

"정연아! 우리가 서로 알고 지내온 지도 벌써 5년이야. 우리 서로 그동안 잘 지내보려고 무척 노력했는데, 그렇지?"

애영이 깊은 한숨을 내쉬었다.

"그러게, 벌써 그렇게 됐네. 승민 아빠한테 전화 받았어. 무슨 일인지는 얘기는 안 하는데, 좋지 않은 일이라는 건 알겠더라고."

나는 체념한 듯 말했다.

"그래, 어제 아빠들 셋이 만났다고 하더라."

애영은 커피잔을 움켜쥐더니 다시 말했다.

"내가 너를 보자고 한 건……. 서로에게 도움이 되지 못하는 이런 관계는 인제 그만 해야겠다는 생각이 들어서야. 앞으로 너희와는 더 이상 연락하지 않으려고."

"응, 그래, 나도 그런 말 할 거라고 생각하고 있었어."

나는 끝내 올 것이 오고야 말았다고 생각했다.

"너도 알다시피 진영이랑 승민이 너무 안 맞잖아? 이제는 진영이가 승민이랑 같이 있는 걸 정말 힘들어해. 어제 일만 해도 그래, 나도 속상했지만, 진영 아빠는 나보다 훨씬 더 했어."

애영의 눈에 또다시 눈물이 고였다.

"……."

마음이 아렸다. 애영도 밤새 얼마나 고민했는지 얼굴이 무척 수척해 보였다. 애영의 마음을 충분히 이해했지만 속상한 건 어쩔 수 없었다.

승민은 과잉행동과 분노조절의 어려움이 있다. 주의력도 부족해서 융통성이 없고, 상황 판단에 왜곡이 있을 수 있다. 정말로 진영은 승민을 밀지 않았고, 모든 게 승민의 오해일지도 모른다. 하지만 승민은 거짓말은 하지 않았다.

승민은 주의력뿐만 아니라 남을 속일 만한 교활함도 갖고 태어나지 못했다는 걸 나는 너무나도 잘 알고 있었다. 그때 그 상황은 아이들을 제외하고 그 누구도 보지 못했다. 누구의 말이 진실인지는 아무도 알 수 없지만, 승민은 그때 진영이 자신을 밀었다고 판단했다. 그것만은 사실이었다.

나는 지금까지 잘못을 내 탓으로 돌리는 게 최선이라고 믿어 왔기에 승민도 그렇게 해주기를 바랐다. 하지만 남들을 위한답시고 내 자식을 상처받게 하는 어리석은 짓은 더 이상 하지 않기로 했다.

나는 한참의 침묵 끝에 이렇게 말했다.

"그동안 우리 승민이 때문에 진영이나 언니가 많이 힘들어 했던 거 나도 잘 알아. 하지만 우리도 절대 편했던 것만은 아니야. 어제 일은 물론 승민이 잘못도 있지만, 진영이가 물에 들어간 건 진영이 문제가 아닐까? 승민이를 탓해야 할 부분과 진영이의 문제를 혼동하지 말아줬으면 좋겠어."

진영은 남자아이치고는 여리고 소심한 아이였다. 승민이 아니더라도 자기보다 강한 아이와 부딪히게 되면 대적하지 못하고 주눅이 들어 뒤로 물러나거나 이번의 경우처럼 행동할 것이 뻔했다. 애영도 그걸 모를 리 없었다. 나는 비록 애영의 마음이 다치지 않게 하려고 에둘러 말했지만, 애영도 승민이 탓만 할 것이 아니라 진영이 왜 그런 행동을 할 수밖에 없었는지 고민해보길 바랐다.

저녁에 퇴근한 지완에게 나는 낮에 애영과 있었던 일들을 이야기했다.
"도대체 어제 무슨 일이 있었던 거야? 이왕 이렇게 된 거 나도 사실대로 알았으면 좋겠는데?"
나는 지완을 채근했다.
"나 참. 별것도 아닌 것들이! 차라리 잘됐어. 지금이라도 안 만나게 된 게 오히려 다행인 거야."
지완이 분노에 찬 목소리로 씩씩거리며 말했다. 아이들을 재우고 나서 나는 지완과 다시 식탁에 마주 앉았다. 지완은 그제야 지난밤에 있었던 일을 이야기해주었다.
내가 아이들과 놀이터에 간 사이 석태를 제외한 세 가족의 아빠들이 동네 치킨집에 다시 모였다. 술자리가 무르익고 취기가 오르자 저녁에 있었던 일 때문에 심기가 불편했던 병택이 지완에게 이렇게 말했다.
"이런 씨불! 승민이는 가해자고, 우리 진영이는 피해자란 말이요. 애새끼가 좀 이상허면 쥐 패서라도 가르쳐야지 어떻게 아그를 그 따우로 가르쳤소?"

병택의 말에 지완은 분개했다. 지완이 어떻게 그런 소리를 하냐며 따지고 들자 병택도 이성을 잃고 승민은 범죄자라면서 지완을 완전 몰상식한 부모로 몰아세웠다. 결국 술자리는 말싸움 끝에 몸싸움으로 번져 파장이 났고, 그 상황에서 원형은 지완이 아닌 병택의 편을 들었다. 원형은 지완을 외면했고, 자리를 박차고 일어나는 지완을 아무도 잡지 않았다.

가해자, 피해자, 범죄자.
진영 아빠한테 승민이는 범죄자였구나.

나는 허탈함을 느꼈다. 끝없는 환멸과 배신감으로 뱃속 깊은 곳에서 '훅'하고 뜨거운 것이 올라왔다.

내가 그렇게 잘 해줬는데, 그렇게 양보했는데!

눈에선 연신 주체할 수 없는 눈물이 흘러내렸다.
"그동안 우리 욕심에 승민이한테 맞지도 않는 옷을 억지로 입히려고 했던 거야! 승민이는 처음부터 그 애들하고는 맞지 않았어. 그저 우리가 계속 만나고 싶어서 억지로 맞추라고 강요했던 거지."

지완은 이렇게 말하며 울고 있는 나를 달랬지만, 아무 말도 들리지 않았다.

다 이해한다더니! 가족같이 생각한다면서?
그 모든 말이 전부 다 거짓말이었어!

나는 분해서 견딜 수가 없었다. 낮에 애영을 만났을 때 욕이라도 실컷 해줄걸. 분한 마음에 가슴이 터질 것 같았다. 자리에 누워서도 낮에 있었던 일을 생각하면 벌떡증이 나서 제대로 잠을 청할 수가 없었다.

다음날 은정에게서 연락이 왔다. 저녁에 언니들과 넷이 함께 만나자는 전화였다. 은정은 그날 애영이나 나 둘 다 서로 마음 상하는 일도 있었고, 오해도 있었던 것 같으니, 만나서 술 한잔하면서 풀었으면 하는 마음에 자리를 마련했다고 했다.

하지만 나는 그 자리가 마지막이라는 것을 직감했다. 이미 애영은 나에게 더는 만나고 싶지 않다고 말해왔고, 나 또한 승민을 '범죄자' 취급하는 그들과는 더 이상 만날 수 없었다. 애영이 나를 만나러 그 자리에 나올지도 의문이었다. 밤 10

시쯤 내가 약속 장소에 도착했을 때, 은정이 먼저 나와 자리를 잡고 있었다.

"어, 어서 와! 정연아! 앉아!"

입구에서 들어오는 나를 먼저 알아본 은정이 밝은 목소리로 나를 불렀다.

"응, 언니!"

나는 먹구름이 가득한 얼굴로 자리에 앉았다. '가해자, 범죄자, 피해자' 이 세 단어가 끊임없이 머릿속에서 맴돌며 가슴속을 헤집고 있었다. 한참을 기다려도 애영과 희연이 오지 않자 나는 먼저 술을 시켰다.

"애영 언니도 나온다고 했어?"

나는 은정에게 물었다.

"응, 금방 온다고 했는데 좀 늦네."

은정이 대답했다.

"참, 잔인하다. 애영 언니는 내 입으로 언니들을 안 만나겠다는 말을 듣고 싶은 거야."

나는 계속 말을 이었다.

"차라리 서운하다, 속상하다 대놓고 욕을 하던지. 그렇게 힘들고 싫었으면 그냥 연락하지 말든지 할 것이지. 꼭 그 말을 내 입으로 하게 만드는구나!"

눈에서 또르르 눈물이 흘러내렸다.

"정연이 너는 그걸 그렇게 느꼈구나!"

은정이 위로인지 독백인지 모를 말을 했다.

"너무 잔인하다. 정말!"

나는 빈속에 술만 계속 마셔댔다. 11시가 다 되어갈 때쯤 애영과 희연이 함께 술집으로 들어왔다. 나는 이미 취기가 많이 오른 상태였다. 많은 이야기가 오고 갔고, 많은 시간이 흘렀다. 하지만 내 머릿속엔 오직 애영이 자리에 앉자마자 내뱉은 말만 계속해서 맴돌았다.

"우리는 이제 서로 만나지 않기로 했어! 너희들끼리 만날지 말지는 알아서 하도록 해."

서로 만나지 않기로 했어? 서로?
누가 서로 보지 말자고 했는데?
나한테 일방적으로 통보했으면서, 제기랄!

나는 울지 않으리라 다짐하고 또 다짐했지만, 눈물은 끝도 없이 흘러내렸고, 정신은 자꾸만 흐릿해졌다. 그들이 그랬던 것처럼, 모진 말로 똑같이 상처를 되갚아주고 싶었지만, 오랜 습관 때문인지 입으로는 교양 있는 사람인 척 헛소리를 지껄이고 있었다.

"나는… 우리 승민이… 다른 아이들보다 조금 일…찍 사춘기를 겪는다고 생각해……. 언니들도 나…중에 애들이 중학교 가고, 고등학교 가서 사춘기가 왔을 때… 그때 분명히… 내 생각을 하게 될 거야!"

나는 꼬일 대로 꼬여버린 혀 때문에 발음이 새지 않게 하려고 온 힘을 다해 또박또박 힘을 주어 말했다. 그러곤 술잔을 집어 들어 남은 술을 한꺼번에 목구멍으로 털어 넣었다.

"내가… 지금 힘들었던 만큼… 우리 승민은 더 빨리 철이 들 거고… 더 빨리 좋아질 거야……. 나는 그렇게 믿어……. 나 인제 그만 집에 가야겠어."

체면이고 뭐고 다 집어치우고, 애영의 머리끄덩이라도 쥐어뜯고 실컷 욕을 해주고 싶은 마음이 굴뚝같았지만, 나는 끝까지 고상하고 겸손한 척했다. 그러곤 자리에서 일어나 비틀대며 계산대로 걸어갔다. 이제 몸도 제대로 가눌 수 없을 정도로 눈앞이 핑핑 돌았다. 하지만 끝까지 그들에게 추한 모습을 보이긴 싫었다. 온 정신을 집중해 술값을 계산한 뒤, 뒤도 안 돌아보고 곧바로 술집을 나와버렸다.

한 번도 아니고 반복되는 배신과 갈등에 나는 정말 죽고만 싶었다. 그들도 자식을 키우는 부모이기에 자식 앞에선 한없이 이기적일 수밖에 없다는 걸 알기에, 부모인 나조차도 때론 감당이 안 되고 죽이고 싶도록 미운데 그들은 오죽했으랴. 머리로는 이해했지만, 마음속에 끓어오르는 분노는 도저히 잠재울 수가 없었다. 술집 바로 앞에 있는 건널목의 신호등이 푸른빛으로 바뀌자마자, 나는 8차선의 대로를 전력을 다해 뛰어 건넜다. 그러자 그때까지 애써 참아왔던 오열이 한꺼번에 터져 나왔다. 아파트 두 개 단지를 지나는 동안 나는 쉬지 않고 내달렸고, 울며 소리를 질러댔다. 그렇게 숨이 턱까지 차오르도록 달리고 또 달려서 집 앞에 도착했지만, 도저히 이대로는 집에 들어갈 수가 없었다. 벤치에 주저앉아 온몸을 버둥거리며, 복받쳐 올라오는 설움을 토해내려 안간힘을 썼지만, 소용이 없었다. 마치 실성한 사람처럼 퀭하게 꺼진 두 눈으로 서럽게 눈물을 흘리며 근처에 있는 성당의 마당으로 뛰어 들어가 흙바닥에 털썩 주저앉았다. 그리고 아기 예수님을 안고 있는 성모상 앞으로 기어가 소리쳐 울부짖었다.

하나님이든, 부처님이든, 알라신이든, 뭐든!
제발 신이라는 게 있다면 저 좀 도와주세요!
우리 승민이를 좀 도와주세요. 제발!

울며 소리치던 나는 그 자리에 엎드려 하염없이 오열했다. 깊은 밤, 조용한 아파트 숲 사이로 울음소리가 구슬프게 메아리쳤다.

다음날 지완은 네 가족이 함께 가기로 했던 해외여행을 많은 금액의 위약금을 물고 취소했고, 우리 가족을 제외한 나머지 세 가족은 원래 계획대로 함께 해외여행을 떠났다. 지완이 원형에게 잘 도착했는지 안부를 묻기 위해 전화를 걸었지만, 원형은 지완의 전화를 달가워하지 않았다.

 그날 이후 나는 며칠간 집 밖으로 한 발짝도 나갈 수가 없었다. 길을 가다가도 시도 때도 없이 떠오르는 그날의 기억 때문에, 목구멍 끝까지 울화가 치밀어 아무것도 할 수가 없었다. 집으로 돌아와 거실에 널브러져 가슴을 치며 끝없이 울기를 반복했다. 너무나 사랑했지만 놓아줄 수밖에 없었던 첫사랑을 잃었을 때처럼 부질없는 미련이 끝없이 몰려왔다. 휴대전화에 있는 연락처는 그날 모두 삭제해버렸고, 카카오톡 친구목록에서도 지워버렸지만, 차단 친구 목록을 찾아보면 아직도 그들의 연락처가 남아 있었다. 수도 없이 차단했다가 다시 해제하기를 반복했고, 하루에도 수십 번씩 전화하고 싶은 마음을 참아내야 했다.

> 한마디 따져보지도 못하고 바보같이 울기만 했어, 바보같이! 머리채라도 잡아 뜯고, 욕이라도 실컷 해줬으면 이렇게 몹쓸 미련도 남지 않았을 텐데…….

나는 너무나 지쳐 있었다. 창문 밖을 내다보며 뛰어내리는 상상을 수십 번도 넘게 했고, 어떻게 하면 이 고통스러운 삶을 빨리 마감할 수 있을까 날마다 생각하고 또 생각했다. 이대로 고립된 생활을 계속하다가는 정말 큰 일이 날 것 같았다. 동네에서 소통하고 사람들과 대화할 수 있는 공간이라고는 새벽 운동 모임뿐이었다. 나는 운동 모임에 의지하기 시작했다. 애영은 물론이고 희연이나 은정과도 연락할 수 없었다. 그들뿐만 아니라 승민과 관련된 그 어떤 사람도 만날 수가 없었다. 새벽에 운동 모임에 나가지 않았더라면 아마도 극단적인 생각을 했을지도 모를 일이었다. 외로움에 사무칠수록 나는 더욱더 운동에 몰입했다. 아이들을 위해 어떻게든 추스르고 다시 일어나야 했다. 이대로 끝내기에는 너무나 억울하고 아쉬웠기에 다시 한번 살아보기로, 다시 한번 힘을 내보기로 마음먹었다.

나는 지완에게 승민이 다니고 있는 '코칭하우스'에서 12주에 걸친 부부 상담을 받아보자고 말했다. 이번 일을 겪으면서 나는 물론 지완도 마음의 상처가 컸다. 둘 다 치유의 시간이 필요했고, 누군가는 우리의 이야기를 들어주어야만 했다.

지완은 일상생활조차 힘들 정도로 무너져가는 나를 더는 그냥 내버려 둘 수가 없었다. 자신의 속마음을 다른 사람에게 들키는 것을 죽을 만큼 싫어하는 지완도 이번엔 나를 위해 용기를 냈다. 하지만 상담이 3회에 접어들 무렵 나와 지완은 상담받기 전보다 더욱 힘겨운 시간을 보내야만 했다.

서로 힘겹게 감추어 왔던 속내를 굳이 후벼 파는 게 아니었다. 지완은 내가 죽음을 생각할 만큼 힘들어한다는 걸 알았고, 나도 언제나 바위처럼 자신을 굳건히 지켜줄 것만 같았던 지완의 나약한 뒷모습을 보고 말았다.

지완은 상담이 4회에 접어들었을 때 더 이상 상담을 받지 않겠다고 선언했다. 그 후로 나는 몇 달 동안 개인 상담을 받으며 그동안 받아왔던 마음의 상처를 조금씩 덜어냈다. 우울의 늪에 빠져 있던 나는 상담을 받은 덕분인지 다시 마음을 다잡을 수 있었다.

승민 때문에 힘들긴 했지만 생각해보면 나는 참 가진 게 많은 사람이었다. 자신만을 사랑해주는 남편이 있고, 아낌없는 지지를 보내주는 시부모님, 딸이 잘되기만을 바라는 엄마가 있었다. 그리고 무엇보다 항상 곁에서 밝게 웃어주는 친구 같고 애교 많은 딸, 윤아가 있었다.

윤아는 밝고 활발한 성격이어서 친구가 많았다. 유치원에는 윤아 뒤만 졸졸 따라다니는 남자아이가 있을 정도였다. 놀이터에서 새로운 아이들을 만나도 스스럼없이 잘 어울려 노는 윤아에게서 나는 새로운 희망을 품기로 했다.

그동안 나는 우물 안 개구리처럼 네 가족 모임이 세상 전부인 줄로 착각하고 있었다. 혹시나 모임에서 떨려나게 될까 봐 늘 불안하고 초조했다. 나에게 그들과의 단절은 사회에서의 고립을 의미했고, 자꾸만 자신을 고립되게 만드는 승민이 미웠다. 나는 그들에게 의지하고 있었던 그간의 내 모습을 되돌아보았다.

그들과 모든 걸 공유한 것처럼 보였지만, 그곳에 진짜 나는 없었다. 그저 감정의 허기에 허덕이며, 초라한 자신의 빈 그릇에 무언가를 채워줄 사람을 찾기 위해 안달이 난 껍데기만 있을 뿐이었다. 그 안에서 나는 아파하는 승민의 마음을 읽어줄 수도, 도와줄 수도 없었다. 이 모든 일을 겪어 내는 동안 승민은 아무런 내색도 하지 않았다. 하지만 분명 승민도 속으로 많이 울었을 터였다. 나는 이번 경험을 통해 나의 빈 그릇은 남이 아닌 나 스스로 채워야 한다는 것을 깨달았다.

때로는 아이들이 더 잔인하다.

 승민은 병원 치료를 받지 않고 지낸 3학년 내내 많은 어려움을 겪어야만 했다. 2년간의 약물치료로 인해 수면 위로 드러난 낮은 자존감은 어린이날 사건을 계기로 승민을 더욱 소심하고 어두운 아이로 만들어버렸다.

 승민의 반에는 선승우라는 아이가 있었는데, 승우는 장난기가 많고 활발해서 주변에 친구가 많았다. 승우를 따르는 아이들도 대여섯 명이나 되었다. 승우는 그 아이들의 대장 노릇을 했고, 승민도 처음에는 그들 무리에 끼고 싶어 했다.

 하지만 승민이 작은 자극에도 쉽게 흥분하고, 갑자기 소리를 지르는 경우가 많다 보니 다른 아이들이 승민의 그런 행동을 이해하지 못하는 경우가 많았다. 그러면서 승민은 점점 아이들로부터 따돌림을 받기 시작했다. 나는 그런 모습이 안타까워서 승우를 데려다가 간식도 사 먹이고, 승민과 친해지게 하려고 무척 애를 썼지만 그때뿐이었다. 며칠 잘해주다가 또다시 괴롭히고 놀리기를 반복했다.

어느 날은 승우가 승민에게 하교 후에 친구들과 함께 동네 놀이터에서 놀자고 했다. 하지만 승민이 약속 장소에 나갔을 때, 그곳에는 아무도 없었다. 승우는 다음날 학교에 온 승민을 '왕따'라고 비웃으며 많은 아이가 보는 앞에서 놀렸다.

그뿐 아니었다. 학교 놀이 시간에도 승민을 끼워준다고 하면서 술래를 시키고는, 모두 다른 곳으로 가버린다거나, 이유 없이 집단으로 따돌리는 일이 자주 벌어졌다. 그럴 때마다 승민은 다듬어지지 않은 민낯 그대로의 감정을 폭발적으로 드러냈다. 아이들은 작은 자극에도 민감하게 반응하는 승민의 행동에 점점 더 재미를 느꼈다.

승민은 학교에서 따돌림을 받은 날이면 집에 돌아와서 몇 시간이고 울기만 했다. 그리고 부정적인 감정을 어떻게 표출해야 할지 몰라 괴로워했다. 날이 갈수록 승민은 더 공격적으로 변해갔고, 학교생활은 계속 꼬여만 갔다. 나는 참다못해 담임 선생님에게 말했지만, 담임도 무조건 승민만 감싸고돌 수는 없었다. 눈치가 빠른 아이들은 어른들 앞에서 하지 말아야 할 행동과 말을 가려 할 줄 알았지만, 승민은 때와 장소를 가리지 않고 좋지 않은 감정을 마구 폭발시켰기 때문에 오히려 승민이 더 잘못한 것처럼 보일 때가 많았다.

승민의 화는 폭발하는 화산처럼 급작스럽고 격렬하지만, 이내 양은냄비 식듯 쉽게 식어버리는 특징이 있었다. 조금만 참으면 되는데 그 짧은 시간을 참지 못해 화를 내서 벌어진 결과에 스스로 자괴감에 빠지고 후회하기를 반복하는 것이 승민의 가장 큰 문제였다. 하지만 그런 성향은 쉽사리 고쳐지는 게 아니었다. 나는 승민 때문에 힘이 들 때마다 새벽에 일어나 한강변을 달렸다. 그렇게라도 몸을 혹사시키지 않으면 도저히 이 끔찍한 하루하루를 견뎌낼 수가 없었다.

어린이날의 사건 이후 4개월이 흘렀다. 그동안 세 가족의 소식은 전혀 들을 수가 없었다. 길을 가다 우연히 마주칠 법도 한데, 좁은 동네 어디에서도 그들의 모습을 볼 수 없었.

9월 중순의 어느 늦은 저녁, 나는 혼자 산책을 하고 있었다. 마음이 힘들거나 우울할 때면 그렇게 홀로 산책하곤 했는데, 그날은 우연히 퇴근해서 집으로 향하는 은정과 마주쳤다. 내가 당황하여 어떻게 해야 할지 몰라 망설이고 있는 사이 은정이 먼저 나에게 말을 걸었다.

"정연아! 오랜만이다. 안 그래도 언니가 한번 연락하려고 했는데……. 잘 지내고 있지?"

"어, 잘 지내고 있어. 이것저것 하면서 바쁘게."

나는 놀라 머뭇머뭇 대답했다.

"우리 언제 한번 만나서 차 한잔하자. 네가 어떻게 생각할지 모르겠지만, 그동안 네 생각 많이 했거든."

은정이 말했다.

"응, 그래."

나는 은정이 나를 잊지 않고 있었다는 말에 괜한 눈물이 나려고 했다. 은정은 아이들이 저녁도 못 먹고 기다리고 있다며 서둘러 집으로 갔다. 오랜만에 만난 은정이 못내 반가웠는지 나는 그날 저녁 내내 마음이 싱숭생숭했다.

그리고 얼마 지나지 않아 은정으로부터 저녁에 만나자는 연락이 왔다. 은정과 석태는 약속 장소에 찬영과 재영도 함께 데리고 나왔다. 나와 지완도 승민과 윤아를 데리고 갔다. 은정의 집 근처 편의점에 있는 야외 테이블에 자리를 잡았는데, 오랜만에 만남이라 그런지 모두 처음 얼마간은 서로 어색해했다. 하지만 워낙 오래전부터 알던 사이인지라 이내 편안하게 이야기할 수 있었다. 나는 먼저 손을 내밀어준 은정의 가족이 너무나 고마웠다.

그날 우리는 그동안 있었던 일들을 이야기하며 두 시간가량 기분 좋게 술을 마시고 헤어졌다. 집으로 돌아오는 길에 나의 머릿속엔 그동안의 일들이 주마등처럼 스쳐 지나갔다.

술기운 때문인지 잘 참아왔던 눈물이 왈칵하고 쏟아져 나왔다. 지완이 집으로 돌아오는 내내 등을 토닥여주었지만, 그날 나는 집으로 돌아와서도 이불을 뒤집어쓰고 밤새 목 놓아 울어야 했다.

그 후로 은정의 가족과는 가끔 만나서 저녁 식사도 하고, 술도 마시는 사이가 되었다. 은정이 가끔 나에게 다시 애영과 희연을 만나보지 않겠느냐고 물었지만 나는 매번 거절했다. 내가 정말 승민의 엄마라면 그 사람들은 절대 만나지 말아야 할 사람들이라고 생각했다.

죽을 것처럼 힘들던 마음도, 치가 떨리는 배신감과 분노도 시간이 흐르니 점점 무뎌져 갔다. 나는 다시 예전처럼 활기를 되찾았다. 승민은 여전히 짜증이 많은 아이였지만, 이제 익숙해져서 그런지 어느 정도 승민의 행동을 예측하고 제어할 수 있었다. 하지만 승우는 일 년 내내 승민을 집요하게 괴롭혔다. 승우에게는 '승재'라는 5학년짜리 형이 있었는데, 이제는 승재까지 승민만 보면 이유 없이 때리고, 심한 욕을 해댔다.

날이 갈수록 반 아이들의 따돌림은 점점 심해졌다. 그 무렵부터 승민은 친구들에게 욕을 하는 버릇이 생겼다. 그리고 총, 칼 등의 위협이 될 만한 물건에도 관심을 가지기 시작했다. 승민은 욕을 하고, 위험한 장난감을 가지고 다니면 다른 아이들이 자신을 함부로 대하지 않으리라 생각했고, 그것은 어느 정도 먹혀들었다. 승우 같은 아이에게는 통하지 않았지만, 순한 아이들은 승민을 무서워하기 시작했고, 그럴수록 승민은 더 강하게 보이기 위해 그것에 집착했다.

결국 나는 승민이 더 나빠지기 전에 병원 치료를 다시 시작하기로 했다. 동네 병원은 믿음이 가지 않았기 때문에, 이번에는 수소문 끝에 이 분야에서 유명하다고 소문이 난 의사를 찾아가 보기로 했다. 그분이 운영하는 병원은 혜화동에 있는 서울대학병원 근처에 있었다. 나는 좀 멀긴 해도 동네사람들의 시선을 걱정할 필요가 없다는 점이 마음에 들었다.

워낙 유명한 병원이라서 그런지 2학기 초부터 대기자 명단에 이름을 올려두었는데, 겨울방학이 거의 끝나갈 무렵에 겨우 초진을 받을 수 있었다. 이것저것 다 해보다가 어쩔 수 없이 다시 병원을 찾은 이상 그만 다녀도 된다는 말을 들을 때까지 다닐 각오였다.

진찰을 마친 의사는 나에게 승민처럼 약물부작용에 시달리는 아이들이 다른 아이들에 비해 굉장히 고생을 많이 하고, 예후도 좋지 않은 경우가 많다고 말했다. 하지만 꾸준히 잘 치료받으면 분명히 병원에 다니지 않는 아이들보다 훨씬 좋아질 수 있으니 걱정하지 말라며 나에게 용기를 주었다. 그러나 그 끝이 언제인지는 알 수가 없었다. 나는 승민을 보며 안

쓰러운 생각이 들었다.

"승민아! 이제 엄마랑 둘이 함께 일주일에 한 번씩 데이트하는 거야! 윤아도 없이 단둘이 말이야! 어때? 좋지?"

저녁을 먹으며 내가 승민에게 물었다.

"응, 좋아."

승민이 대답했다.

그래, 일주일에 한 번씩 데이트한다고 생각하자.
이 시간을 엄마와 단둘이 보냈던 소중한 추억으로
만들어주면 되는 거야!

나는 그렇게 다짐했다. 혜화동으로 병원에 다니기 시작하면서 나는 진료가 끝나면 승민을 데리고 대학로 이곳저곳을 돌아다녔다. 함께 연극도 보고, 낙산공원에도 올라갔다. 벽화마을을 구경하며 같이 사진도 찍었다. 어느 날은 혜화동에서 인사동까지 둘이 같이 손을 잡고 걷기도 했고, 그러다 길을 잘못 들어 북촌 한옥마을과 삼청동까지 덤으로 구경하기도 했다. 다행히 이번 병원에서 처방해준 약은 예전에 먹던 약과 같은 약인데도 불구하고 승민이 좀 커서 그런지 부작용이 나타나지 않았다. 약물치료와 더불어 100회에 걸친 '작업기억 향상훈련'도 받았다. 치료는 순조롭게 진행되었고, 다시 사회성 수업과 놀이치료도 받기 시작하면서 승민이도 점차 안정되어 갔다.

나는 3학년 내내 한 달에 한 번씩 승민의 담임을 만났다. 그리고 상담을 위해 학교에 가는 길에 가끔 하교하는 진영과 승원을 마주치기도 했다. 그럴 때면 나는 얼굴 가득 노기를 품고 매섭게 노려보곤 했다. 머리로는 '그러면 안 된다. 아이들이 무슨 잘못이 있겠냐.' 하고 생각했지만, 그 아이들의 얼굴만 보면 괜한 분노가 가슴속에서 솟구쳐 올라왔다. 진영은 나를 만나면 꼬박꼬박 인사를 했지만, 승원은 멀리서 나의 모습이 보이기만 해도 피해 달아나는 게 보였다. 나는 그런 승원이의 태도가 더 마뜩잖았다.

다행히 3학년 때는 승민이 이 아이들과 다른 반이 되었지만, 겨울방학이 끝나고 4학년이 되면 반 배정이 새로 될 테고, 그때는 또 누구와 같은 반이 될지 알 수 없는 일이었다.

그렇게 생각하니 점점 불안해졌다. 다행히 4학년 때 같은 반이 되지 않더라도 5학년, 6학년 때 같은 반이 되지 말라는 법도 없었다.

같은 반이 되면 공개수업이나 학교행사 때마다 애영이나 희연과 마주칠 텐데, 나는 그들의 얼굴을 다시는 보고 싶지 않았다. 생각만으로도 치가 떨렸다.

초조해진 나는 지완에게 동네를 떠나고 싶다고 말했다. 아무도 모르는 곳에 가서 새롭게 시작하고 싶었다.

"어디로 도망갈 건데? 그건 답이 아니야. 맞서 부딪혀야지 도망가기 시작하면 끝도 없어. 승민이가 거기 가서도 적응 못 하면, 그때는 또 어떻게 할 거야? 그때도 다른 데로 피해서 도망 다닐 거야? 그러지 말자. 정연아!"

지완이 불안해하는 나를 달래며 말했다.

"하지만 여기는 아니야. 계속 만나고, 부딪히게 될 텐데. 나는 더 이상 그건 못하겠어! 애들만 봐도 자꾸 화가 나서 미칠 거 같단 말이야."

나의 성화에도 지완은 승민 때문에 동네에서 도망치듯 떠나고 싶지 않다고 했다. 우리는 상의 끝에 바로 옆 단지로 이사를 하기로 했다. 옆 단지는 지금 살고 있는 집보다 평수도 넓고 가격도 비쌌다. 지완은 좀 무리가 되지만 대출받아서라도 크고 좋은 집으로 이사 하기를 원했다.

혹시라도 그들이 승민의 소식을 들었을 때, 좋은 학군으로, 게다가 집 평수도 늘려서 이사했다는 이야기를 들었으면 하는 마음이었다. 나도 지완의 그 마음엔 동감했다.

내가 살고 있는 아파트 단지와 이사 갈 아파트 단지는 도로 하나를 사이에 두고 배정받는 학교가 달랐다. 지금 살고 있는 단지는 교남초등학교로 배정받지만, 이사를 하게 되면 태산초등학교로 배정받게 되어 있었다. 배정받는 중학교도 서로 달랐다.

  옆 단지로 이사하고 전학하면, 중학교 때까지도 서로 만날 일은 전혀 없었다. 마침 윤아가 초등학교 입학을 앞두고 있었기 때문에 이사를 하려면 기회는 지금뿐이었다. 태산초등학교는 엄마들의 치맛바람으로 유명한 학교였지만, 나는 그들을 피할 수만 있다면 어디로든 갈 수 있었다.

이사, 전학 그리고 새로운 학교와 선생님

 2014년 3월 우리 가족은 이사했고, 승민은 태산초등학교에 4학년으로 전학을, 윤아는 1학년으로 입학을 했다. 이사를 하느라 빚도 내야 했고, 여러모로 손해가 컸지만, 그들과 더 이상 만날 일이 없다고 생각하니 마음은 홀가분했다. 그리고 새로운 학교에서 새롭게 시작하리라는 희망도 품게 되었다.

 전학과 입학을 마치고 바쁜 한 달이 지나갔고, 승민도 새로운 학교에서 잘해보려고 무척 애를 쓰는 모습을 보였다. 그러던 어느 날 저녁 식사를 하는데 승민이 이런 말을 했다.

 "엄마, 나 수업을 듣는데 교과서가 없어."

 "뭐? 그게 무슨 소리야? 교과서가 없다니? 전학 왔을 때 받았잖아?"

"체육하고 영어 교과서는 못 받았어. 근데 영어 선생님이 다음 시간부터 책을 안 가지고 다니면 감점 준다잖아!"

승민이 씩씩거리며 말했다.

"뭐? 너 그럼 한 달 동안이나 책도 없이 학교에 다닌 거야? 그걸 왜 이제 얘기해? 담임 선생님은 알고 계셔? 그리고 책을 아예 못 받았으면 못 받았다고 얘기를 해야지. 없는 책을 안 가지고 다닌다고 점수를 깎는다는 게 말이 되냐고?"

나는 화가 나서 쏘아붙였다.

"책이 없다고 얘기했어, 그런데 나한테 줄 책이 없대."

승민이 말했다.

그 당시 출판사와 교육부가 교과서 가격을 두고 서로 의견이 맞지 않아 교과서 파동이 일어났던 때였다. 출판사에서 교과서 제작을 거부하면서, 전학을 온 학생들에게 줄 교과서가 모자랐다. 나는 교과서를 사려고 인터넷과 동네 서점 등을 다 뒤져보았으나 허사였다. 책 자체를 구할 수가 없었다.

며칠 후 영어 선생님은 또다시 승민에게 책을 안 가지고 오면 이번엔 정말 점수를 깎겠다고 말했다. 나는 걱정스러운 마음에 담임에게 문자를 보냈다.

안녕하세요. 선생님. 차승민 엄마예요.
다름이 아니라 승민이가 전학을 왔기 때문에 체육 교과서와 영어 교과서를 아직 못 받았다고 들었는데요. 교과서를 따로 사려 해도 서점에 책이 없네요. 영어 선생님께서 다음 시간부터 책을 가져오지 않으면 점수를 깎겠다고 하셨다는데 그럼 책을 못 받은 승민이는 어떻게 해야 하는지요?
4월 3일 오후 7:23

 문자를 보냈는데도 담임은 며칠 동안 아무런 답장도 없었다. 대신 그날 이후 승민은 담임이 수업 시간에는 영어 교과서를 주었다가도 수업이 끝나면 도로 가져간다고 했다. 나는 점점 애가 탔다. 생각해보니 승민이 책을 못 받은 건 교육부와 출판사 간의 분쟁 때문이고, 그 때문에 학생들이 피해를 보는 것이기 때문에 교육청에서 이 문제를 해결해줘야 한다는 생각이 들었다. 나는 당장 교육청 민원 게시판에 글을 남겼다.

저희 아이가 이번에 전학했는데 교과서가 없어서 수업을 제대로 받을 수가 없습니다.
요즘 출판사와 교육부가 교과서 가격 문제로 싸우고 있다고 들었는데요. 출판사에서 교과서를 제작하지 않기 때문에 어느 서점에서도 책을 살 수가 없는 상황입니다.
아이가 학교생활을 무척 힘들어하고 있으니 빨리 이 문제를 해결해주셨으면 합니다. 감사합니다.

다음 날 아침, 교육청에서 전화가 왔다. 교육청 관계자는 아이의 이름과 학교, 몇 학년, 몇 반인지, 무슨 교과서가 없는지 등을 자세히 물었다. 그러고는 곧 교과서를 받아볼 수 있도록 조치하겠다고 말했다. 나는 뛸 듯이 기뻤다. 엄마인 내가 나서서 일을 해결해주었다는 생각에 절로 가슴이 뿌듯했다.

그런데 교육청 관계자와 전화를 끊자마자 승민의 담임에게 전화가 왔다. 전화를 받자 담임은 대뜸 화부터 냈다.

"승민이 어머님! 도대체 뭐 하시는 거예요? 그런 일이 있으면 저한테 바로 연락을 하셨어야지 지금 도대체 어쩌자는 거예요?"

그때는 아이들이 한창 수업받고 있어야 할 시간이었다. 전화기 저편에서는 아이들이 웅성거리는 소리가 들렸다.

"네? 무슨 말씀이세요?"

당황한 나는 선생님께 되물었다.

"어머니가 교육청 홈페이지에 글을 썼잖아요! 선생님이 책을 안 줘서 승민이가 공부를 할 수가 없다고요!"

담임이 격앙된 어조로 말했다.

"네? 아, 그거요. 그거 잘 해결되었어요. 걱정하지 마세요.

방금 전화 받았는데요. 교육청에서 책을 구해주기로 했어요."

"아니, 그러니까 그런 일은 저한테 먼저 말씀하셨어야지, 다짜고짜 게시판에 글을 쓰면 어떻게 하냐고요?"

"네? 혹시 무슨 문제라도 있나요?"

나는 담임이 왜 이토록 화를 내는지 알 수 없었다.

"내가 일부러 그런 것도 아니고 말이야. 학교에서도 교과서를 구해보려고 노력하고 있는데 다짜고짜 교육청에 민원을 넣으면 어떻게 해요? 아침부터 교육청에서 전화 오고, 그 일로 학교가 발칵 뒤집혀서 지금 난리도 아니에요!"

"어머, 죄송합니다. 저는 그런 줄도 모르고……. 학교 측에 불이익이 갈 거라고는 전혀 생각하지 못했어요. 이 문제는 교육청이랑 출판사 사이의 문제이기 때문에 교육청에서 처리해주는 게 맞다고 생각해서 글을 올린 거예요. 그리고 교육청에서 책을 구해준다고 해서 일이 잘 해결된 줄로만 알았어요."

나는 어쩔 줄을 몰라 하며 대답했다.

"뭐야? 이 엄마가 도대체 무슨 소리를 하는 거야? 이런 일이 있을 땐 무조건 담임 선생님을 통해야 한다는 걸 여태 몰랐단 말이에요?"

담임은 나를 아무것도 모르는 한심한 학부모 취급을 하며 비아냥거렸다. 순간 나는 담임의 고압적인 태도에 기분이 상했다.

"제가 승민이가 책이 없는데 어떻게 해야 하냐고 먼저 문자 드렸잖아요! 그런데 선생님은 답장도 없으시고, 영어 선생님은 자꾸 점수를 깎겠다고 하시고, 문자를 드리고 난 다음부터는 수업 시간에 책을 줬다 뺏었다 한다는데 그러면 어떻게 해요? 교과서를 사러 아무리 돌아다녀도 책을 살 수도 없어서 할 수 없이 교육청에 글을 남긴 거예요."

나는 기분 나쁘다는 듯 되받아쳤다.

"아니, 나는 당장 책을 구할 수도 없고 해서 수업시간에 내 책을 승민이랑 같이 보면서 수업했어요. 그런데 승민이 그걸 책을 줬다가 뺏었다가 했다고 말한 것 같은데, 그건 아니에요."

담임의 목소리는 조금 누그러져 있었다.

"아무튼 행정실 담당자가 출근하자마자 다른 학교들 전부 수소문했는데, 마침 태양초등학교에 딱 한 권 남아 있다고 해서 지금 받으러 갔어요. 오늘 안으로 승민이 체육책하고 영어책 구해줄 테니까, 다음부터는 이런 일이 있으면 꼭 저랑 먼저 상의하세요. 함부로 교육청 게시판에 글 쓰지 마시고요. 아셨죠?"

"네, 알겠습니다. 본의 아니게 선생님께 폐를 끼쳐드려서 정말 죄송합니다. 다음부터는 꼭 선생님께 먼저 말씀드릴게요. 다음 주에 상담할 때 뵐게요."

"아, 이번에 상담 신청하셨구나! 그렇지 않아도 어떤 엄마인지 한번 보고 싶었는데, 잘 되었네요. 그러면 그때 뵙고 다시 말씀하시도록 하죠."

담임은 이렇게 말하고 전화를 끊었다.

나는 승민의 담임이 자애롭고 따뜻한 선생님이길 바랐는데 이 선생님은 왠지 무섭고 차가운 느낌이 들어 걱정스러웠다. 승민이 학교에서 돌아왔을 때, 가방에는 체육책과 영어책이 들어 있었다.

이렇게 금방 받을 수 있는데. 조금만 노력하면
금방 아이에게 책을 구해줄 수도 있었다는 거잖아?

나는 씁쓸한 생각이 들었다.

나중에 윤아 친구 엄마들한테서 들은 바로는 태산초등학교는 그동안 워낙 엄마들이 교육청에 민원을 많이 넣어서 선생님들이 교육청 홈페이지에 글을 올리는 것에 무척 예민하다고 했다. 그리고 일단 교육청에 민원이 들어가면 담임한테도 불이익이 간다고 했다. 나는 일부러 그런 건 아니지만 담임에게 미안한 마음이 들었다.

학부모 상담 기간에 담임을 찾아간 나는 교실에 들어서자마자 머리를 조아리며 죄송하다는 말부터 했다. 그러자 담임은 요즘 부모들이 많이 배웠다고 선생님을 무시하는 경향이 있는데, 자신도 서울교대를 나왔다며 요즘 엄마들이 교권을 너무 무시한다고 한참이나 푸념을 늘어놓았다. 나는 상담을 하는 내내, 마치 죄인이라도 된 듯 고개를 들지 못했다.

상담을 마치고 교실을 나오는데 여러모로 착잡한 기분이 들었다. 승민은 담임의 이해와 도움이 절실했지만, 왠지 그러기 쉽지 않아 보였다. 나는 이번엔 담임에게 승민이 병원에 다니며 치료받고 있다는 사실을 전혀 말하지 않았다. 괜한 오해를 사면 승민에게 좋지 않을 것 같아서였다.

교과서 문제가 해결된 후 승민은 별 탈 없이 학교를 잘 다니는 듯했다. 승민이 안정을 되찾자 나는 다시 운동에 전념했고, 마음도 한결 가벼워졌다. 4학년 1학기는 초반에 교과서 소동을 제외하고는 비교적 무사히 지나갔다.

그런데 2학기 학부모 상담 기간에 담임으로부터 상담받으러 오라는 통보가 왔다. 학년 초에 교과서 문제로 불편한 감정이 남아 있던 나는 2학기에는 상담 신청을 하지 않았다. 하지만 이번엔 담임이 먼저 나에게 승민의 문제로 상담하자고 요구했다.

내가 학교에 찾아갔을 때 담임은 요즘 들어 승민의 말투나 행동이 너무 거칠고, 차마 입에 담지도 못할 욕설을 계속해댄다며, 혹시 집안에 무슨 문제가 있냐고 물었다. 그리고 승민의 생각이 너무나 부정적이라며, 혹시 부모님이 노조나 운동단체에 가입되어 계신 거 아니냐고 묻기도 했다.

담임은 본인뿐만 아니라 다른 교과 선생님들까지도 승민 때문에 수업을 제대로 진행할 수 없을 지경이니 무슨 조처를 해 달라고 말했다. 그러더니 눈을 가늘게 뜨며 나에게 물었다.

"승민이가 그러더군요. 자기는 전 학교에서 말썽을 부려서 쫓겨난 거라고요. 친구들하고 잘 어울리지도 못해서 이 학교로 왔다고요. 그게 사실인가요?"

담임의 취조하는 듯한 질문에 나는 당황하며 말했다.

"아니에요. 쫓겨난 거 아니에요. 승민이가 왜 그런 말을 했는지 모르겠는데요. 쫓겨난 게 아니고 아이가 친구 문제로 너무 힘들어해서 일부러 전학시킨 거예요."

나는 변명하듯 말했다.

"정말 승민이가 전학 온 이유가 그것뿐인가요? 다른 문제는 없고요?"

담임이 아무래도 믿지 못하겠다는 듯 따져 물었다.

"실은 애가 전에 다니던 학교에서 따돌림을 많이 당했어요. 그래서 마음의 상처도 많이 받았고요."

"그렇다고 얘가 이렇게 부정적이고 폭력적일 수가 없는데? 도대체 저한테 뭘 숨기고 계신 거죠? 정말 승민이는 아무 문제가 없는 거예요?"

"네, 아무 문제 없어요."

나는 담임에게 사실대로 말할 수가 없었다. 담임의 말투에서 아이에 대한 적대감이 느껴졌다. 승민은 누구보다도 눈치가 빠른 아이였다. 누가 자신을 좋아하고 싫어하는지 직감적으로 알아차렸다. 그것은 오랜 시간 동안 질책을 받아오면서 얻게 된 승민의 생존 방식이었다.

교과서 문제 때문에 학기 초부터 담임의 미움을 샀고, 담임이 자신을 못마땅하게 생각한다는 걸 승민은 너무나 잘 알고 있었다. 승민은 그럴수록 담임에게 못되게 굴었다. 친구 관계 때문에 전학을 결심했는데, 이번에는 친구가 아닌 선생님과의 관계가 문제였다. 결국 전학을 해도 사회성이 부족한 승민의 근본적인 문제는 해결되지 않았다.

나는 상담을 마치고 집에 돌아와 승민을 크게 꾸짖었다. 그러나 승민은 자신이 교남초등학교에서 쫓겨났다는 피해의식에 휩싸여 있었다. 아이를 위한다고 했던 일들이 죄다 엉망이 되면서 나의 좌절감은 이루 말할 수 없었다. 병원에서는 그런 나에게 우울증 약 복용을 권했다. 그때부터 나도 아침이면 승민과 함께 약을 먹기 시작했다.

내가 학교에 불려 갔다는 사실을 알게 된 승민은 이젠 완전히 담임과 등을 지려고 작정한 것처럼 대놓고 못되게 굴기 시작했다. 수업 중에 담임에게 욕을 하기도 했다. 도대체 왜 자꾸 그러느냐고 묻자 승민은 이렇게 말했다.

"선생님이 먼저 나한테 '야! 이 새끼야!'라고 욕을 했어. 그래서 나도 똑같이 한 거란 말이야."

"그렇다고 학생이 선생님께 욕을 해? 이 버르장머리 없는 놈아!"

나는 승민의 머리를 세게 쥐어박았다.

"내가 말만 하면 뭐라고 그러고, 입 다물라고 하는데 그러면 어떻게 해?"

승민이 씩씩거리며 말했다.

승민은 계속해서 수업 시간에 담임의 말에 사사건건 토를 달았다. 승민의 입에서 나오는 말들은 죄다 부정적이고 가시 돋친 말들이었다. 그 때문에 수업 시간에 뒤로 나가서 서 있기도 했고, 교실 밖으로 쫓겨난 것도 한두 번이 아니었다.

하지만 승민은 나쁜 행동을 멈추지 않았다. 그럴수록 담임은 승민을 계속 불량아로 몰아세웠고, 부모가 집에서 아이를 폭력적으로 가르치니까 아이가 이 모양이라며 나를 질책했다. 담임은 이제 대놓고 승민을 미워하기 시작했다.

그러던 어느 날부터 승민은 이상행동을 보이기 시작했다.

학교에 갔다가 집에 오면 아무것도 하지 못하고 몇 시간이고 잠만 잤고, 눈빛은 초점을 잃은 채 멍하니 앉아 있기만 했다. 그리고 세상이 온통 회색빛이라며 무기력해했다. 승민은 심한 우울증을 앓고 있었다.

아이들 간에 싸움이 일어나는 것과, 아이가 어른을 상대로 싸움을 벌이는 것은 그 차원이 달랐다. 승민은 겉으로는 강해 보였지만, 속을 들여다보면 여리고 아픈 아이였다. 약한 모습을 들키지 않기 위해 아무리 발버둥을 치고 못되게 굴어도 어른을 상대하기에는 한계가 있었다. 선생님이란 존재는 승민이 감히 뛰어넘을 수 없는 높은 벽이었다.

승민은 급기야 나에게 죽고 싶다고 말했다. 승민이 실제로 자살을 시도하려고 아파트 15층까지 올라갔었다는 말을 들었을 때, 나는 급하게 담당 의사에게 이 상황을 어떻게 해야 할지 물었다.

의사는 아이가 담임과 계속 갈등을 일으킨다면 학교를 얼마간 쉬는 것도 좋겠다고 말했다. 나도 이렇게 계속 선생님과 불화가 끊이지 않을 바에야 한 달 정도 학교를 쉬게 하는 게 좋겠다고 생각했다. 의사와 상담이 끝나자마자 나는 담임에게 문자를 보냈다.

안녕하세요. 선생님. 차승민 엄마예요. 승민이가 요즘 너무 힘들어해서 병원에서 상담받았는데요. 의사 선생님께서 한 달 정도 학교를 쉬는 게 좋겠다고 말씀하시네요. 우울증이 심각하대요. 내일부터 학교에 보내지 않고 한 달 정도 집에서 쉬도록 하겠습니다. 감사합니다.

10월 23일 오후 5:49

그리고 문자를 받은 담임으로부터 득달같이 전화가 왔다.

"어머니! 그게 무슨 말씀이세요? 학교를 쉬다니요! 아이가 문제가 있으면 학교에 와서 고치면 되지, 이렇게 갑자기 아무런 대안도 없이 학교에 보내지 않는 건 학습권 침해예요!"

담임의 목소리는 상기되어 있었다.

"선생님, 아무런 대안도 없이 쉬겠다는 게 아니고요. 의사 선생님이 지금 승민이 상태가 좋지 않으니까 집에서 쉬면서 엄마의 보살핌을 받는 게 더 좋을 것 같다고 말씀하셔서 그렇게 말씀드린 거예요. 학교에 제출할 진단서도 받았고요. 아이가 학교만 다녀오면 우울해하고 집에 와서 아무것도 하지 못하고 잠만 자는데 그러면 어떻게 해요?"

나는 담임에게 이렇게 말했다.

"뭐라고요? 그럼, 승민이가 학교에서 저러는 게 전부 나 때문이라는 거예요? 나는 승민이한테 할 만큼 했어요! 이거 왜 이러세요!"

담임은 흥분해서 버럭 소리를 질렀다.

"지금 선생님을 탓하자는 게 아니잖아요? 승민이가 우울증이 심하대요. 아파서 쉬겠다는데 그게 뭐가 문제가 되나요? 그게 어떻게 교육권 침해인가요? 의사 선생님이 쉬는 게 좋겠다고 하시잖아요. 그거 말고 뭐가 더 필요한데요?"

"애들 교육에 있어서는 내가 전문가예요! 의사가 뭘 안다고 그래? 그러면 집에 승민이를 데리고 있으면서 어떻게 가르칠 건지 교안이랑 다 가지고 있어요?"

"네? 제가 데리고 있으면서 여행도 다니고, 쉬게도 하고 아이 다친 마음도 풀어주려고요. 그리고 솔직히 선생님이 승민이를 미워한 건 사실이잖아요?"

"뭐야? 야! 이 학부모 정말 안 되겠네! 나는 최선을 다했어. 나더러 더 이상 어쩌라는 거야!"

담임이 나에게 버럭 소리를 질렀다.

"야? 선생님! 지금 저한테 '야?'라고 하셨어요?"

나는 흥분해서 따지고 들었다.

"어머니한테 한 말이 아니에요. 우리 집 개랑 산책 나왔는데, 개한테 한 말이에요."

"개요? 허, 어디에 개가 있다고 그러세요? 지금 저를 개라고 생각하신 건가요? 선생님이 승민이를 미워하고 승민이한테 욕하신 건 사실이잖아요!"

"아니라니까! 맘대로 생각하세요. 승민이를 학교에 보내든지 말든지 맘대로 하라고!"

"네. 알겠습니다. 오늘 이 문제는 내일 학교에 가서 교장 선생님께 직접 말씀드리겠습니다. 그렇게 아세요!"

나는 화가 치밀어 몸을 부르르 떨며 전화를 끊어버렸다. 하지만 이내 후회하고 말았다. 승민이 계속 학교에 다니려면 담임에게 그렇게 막 하면 안 되는 거였다. 이 상태로 쉬고 나서 다시 학교에 돌아간 들 지금보다 더 힘들어질 게 불 보듯 뻔했다.

혜화동에서 집으로 돌아오는 길에 나는 담임에게 장문의 사과 문자를 보냈다. 하지만 담임은 아무런 답장도 없었다. 전화해도 받지 않았다. 나는 어떻게 해서든 담임의 마음을 풀어보려고 했지만 소용없었다. 하는 수 없이 다음날 지완이 학교에 찾아가 담임을 만났다. 지완은 담임에게 무조건 잘못했으니 너그러이 용서해달라고 빌고 또 빌었다.

"애 엄마가 승민이 우울증 때문에 병원에 다니게 되고 하니 신경이 날카로워져서 그런 것 같습니다. 선생님께서 넓은 마음으로 너그러이 이해해주세요. 앞으로 승민이의 교육은 전적으로 선생님께 맡기도록 하겠습니다." 지완이 말했다.

"아빠가 오시니까 이제야 말이 통하네요. 승민이 엄마랑은 도저히 말이 안 통해요."

그제야 담임은 마음이 풀어졌는지 승민이 학교에 다니는 동안 최선을 다해서 잘 가르칠 테니 걱정하지 말라고 했다. 그리고 승민이 한 달 동안 쉬는 것은 없었던 일로 하자며 내일부터 학교에 보내라고 했다.

결국 승민은 이틀간 학교에 결석한 뒤 다시 학교에 가야 했다. 담임은 절대로 잘못을 인정하지 않았고, 선생님을 상대로 싸움을 벌이다 우울증을 앓게 된 승민은 그 선생님에게 우울을 이기는 법을 배워야 했다.

나는 이번 일을 겪으면서 승민이 학교에서 혼자 감당해내야 했던 고통의 크기가 얼마나 큰 것인지 알게 되었다. 승민에게 학교는 수천 명의 중무장한 군인들을 상대로 갑옷도 무기도 없이 홀로 외로이 전투를 벌여야 하는 전장 같은 곳이었다.

나는 다시 마음을 다잡고 마라톤에 열중했다. 꼭 풀코스를 완주하여 승민에게 포기하지 않는 엄마의 모습을 보여주고 싶었다. 내가 굳건하게 버텨내면 승민도 언젠가는 자신의 아픔을 잘 이겨낼 것이라 믿었다.

얼마 후 나는 처음 출전한 춘천마라톤에서 4시간 55분 16초로 풀코스를 완주했다. 그리고 마라톤을 연습하면서 느꼈던 그간의 고통과 환희를 모임 게시판에 글로 남겼다. 사람들에게 승민을 키우면서 아픔을 이겨내 보려고 마라톤을 시작했던 이야기를 솔직하게 털어놓으며 위로를 받고 싶은 마음도 있었지만, 스스로에게 하는 다짐이기도 했다. 쓰러지지 말자고, 이겨내자고. 승민이 이런 나의 마음을 알아주기를 바라며 쓴 글이었다.

그런데 생각했던 것보다 훨씬 더 많은 회원들이 글을 읽고 공감하며 울어주는 것을 보고 나는 깜짝 놀랐다. 개중에는 장성한 자식이 자살한 후, 그 슬픔을 이기지 못해 동네를 떠날 수밖에 없었던 사람도 있었고, 발달장애로 태어난 자식을 키우며 고생하는 딸 때문에 마음이 아픈 사람도 있었다. 나의 글은 아픔을 가지고 살아가는 사람들의 마음속에 작은 공명을 일으켰다. 사람들은 누구나 저마다의 아픔을 가지고 있었고, 그럼에도 불구하고 꿋꿋하고 밝게 살아가고 있었다. 세상에 완벽하게 행복한 사람도, 완벽하게 불행한 사람도 없다. 적당히 불행하고 적당히 행복한 것. 그것이 인생이라는 것을 나는 승민을 키우면서 깨달아가고 있었다.

또 다른 시련, 인생 참 얄궂다.

 이사, 전학, 입학, 담임과의 갈등 그리고 마라톤 완주 등 정말 많은 일들이 있었던 2014년 한 해가 저물어 가고 있었다.

 4학년 담임은 승민이 그동안 만난 선생님 중에 최악의 선생님이었다. 내가 담임과 서로 막말해가며 싸운 것도 이번이 처음이었다.

 반면 윤아는 유치원을 졸업하고 바로 입학했고, 워낙 사교성이 좋은 아이라서 그런지 담임도 윤아를 무척 예뻐했고, 반에서 친구들과 사이도 좋았다. 윤아는 이슬비, 한지윤, 홍예원 이렇게 세 명의 여자아이와 단짝 친구가 되었는데, 공교롭게도 예전처럼 아이들뿐 아니라, 가족 모두가 친하게 되었다.

 나는 윤아도 승민의 친구들이 그랬던 것처럼 같은 상황이 반복될 것만 같은 불안함에 그들과는 너무 가깝지도 멀지도 않게 만나려고 무척 노력했다. 너무 많이 마음을 주면 다친다는 걸 몸으로 배웠기 때문에 사람 사귀는 것에 더더욱 조심할 수밖에 없었다.

이래저래 마음 졸이고, 윤아의 친구를 만들어주려고 애쓰면서 한 해를 보낸 나는 새해에는 제발 승민이 좋은 담임 선생님을 만나서 학교에 잘 적응할 수 있기를 바랐다. 다행히 나의 바람대로 승민은 5학년 때는 정말 좋은 선생님을 만났다. 5학년 담임은 승민을 진심으로 이해하려고 노력했고, 연민으로 바라봐주었다.

하지만 인생은 참 얄궂었다. 승민의 4학년 담임이 이번엔 윤아의 2학년 담임이 되었다. 어떻게 그 많은 학년과 반 중에 내가 그렇게 피하고 싶었던 선생님이 다시 윤아의 담임이 될 수 있는 건지 너무나 기가 막혔다. 마음 같아서는 당장 교장실로 찾아가 반을 바꿔 달라고 말하고 싶었지만, 더 이상 학교에 물의를 일으키고 싶지 않았다.

한편 승민의 5학년 공개수업에 참석한 나는 담임이 수업하는 모습을 보고, 저 선생님이라면 승민을 이해해줄 거라는 확신이 생겼다. 그래서 이번에는 처음부터 승민이 ADHD로 병원 치료를 다니고 있다고 말했다. 그리고 작년에 담임과 사이가 좋지 않아서 승민이 1년 동안 많이 힘들어했다는 말도 했다. 담임은 승민이 그동안 얼마나 힘들었을까 이해한다고 말하며 아이를 위해 최선을 다해보겠다고 말했다.

정말로 5학년 담임은 그동안의 선생님들과는 달리 승민을 이해하기 위해 책도 사서 읽고, ADHD 관련 강연이나 세미나에도 참석하는 등 승민을 진심으로 이해하고 도와주려고 무척 노력하는 모습을 보였다.

승민은 부모의 노력도 중요하지만, 학교 선생님과 친구들의 이해가 절실히 필요했다. 아이가 일부러 그러는 게 아니라는 것, 못되고 삐뚤어진 아이가 아니라는 것을 이해해주고, 아이 스스로 어려움을 극복해낼 수 있도록 도와주는 사회적 분위기가 꼭 필요했다. 하지만 우리나라 공교육은 아직 승민이 같은 아이를 수용할 여력이 없다. 그래도 나는 승민이 이번엔 좋은 선생님을 만나서 큰 문제를 일으키지 않는 것만으로도 다행이라 생각했다.

선생님의 미움을 받은 한 해 동안 승민은 모든 사람에 대한 마음의 문을 닫아버렸다. 나는 예전에 내가 그랬던 것처럼 사람을 그리워하면서도 자꾸 밀어내기만 하는 승민이 너무 안타까웠다. 하지만 어디서부터 어떻게 도와주어야 할지 막막하기만 했다. 나는 내가 어렸을 때 부모에게 충분한 사랑을 받지 못하고 자랐다고 생각했다. 그래서 그런 부모가 되지 않으려고 무척 노력했다.

하지만 내가 사랑을 표현하는 방식을 승민은 이해하지 못했다. 마치 이방인처럼 나는 나만의 언어로 내가 주고 싶은 방식대로 사랑을 주고는, 그것을 이해하지 못하는 승민을 탓하곤 했다. 그러자 다른 아이들보다 일찍 사춘기가 찾아온 승민은 나에게도 입을 닫아버렸다.

나는 전에 받았던 심리상담 덕분인지 나의 잘못이 무엇인지 어렴풋이 알고는 있었다. 나도 내 모습 있는 그대로를 온전히 사랑받은 기억이 없었기 때문에 온전히 사랑을 주는 방법도 배우지 못했다. 그렇다고 무작정 손을 놓고 있을 수도 없었다. 사랑의 방식이 대물림된다는 걸 알아차린 이상 나 스스로 바꾸지 못하면, 승민과 윤아도 나와 똑같은 실수를 되풀이하며 힘들어할 것이 분명했다.

알고 있지만 그것을 바꾼다는 것은 어려운 일이었다. 무의식적인 습관을 의식적으로 고치려고 노력하는 것은 고통스러웠다. 나는 악순환의 고리를 어떻게 끊어내야 할지 고민하고 또 고민했다. 혼자서는 힘들 것 같아서 그만두었던 심리상담을 다시 시작하기로 했다. 상담을 통해 나의 비어 있는 그릇의 물을 가득 채우고 나면, 그때는 나에게도 승민과 윤아가 원하는 사랑을 나누어줄 힘이 생길 것이라 믿었다.

승민의 문제로 고민하는 동안 윤아에게도 변화가 생겼다. 승민의 4학년 담임이 윤아의 담임이 되면서 윤아는 1년 내내 엄마의 무관심 속에 학교를 다녀야 했다. 나는 어떠한 학교 행사에도 참여하지 않았고, 물론 학부모 상담도 하지 않았다. 그래서 2학년 내내 윤아가 학교에서 어떻게 생활하는지 전혀 알 길이 없었다. 그저 담임의 연락이 없으니 잘하고 있겠거니 생각할 수밖에 없었다.

그런데 윤아는 2학년이 되고부터 가방과 실내화 주머니 속에 쓰레기를 모으기 시작했다. 먹던 과자 부스러기, 돌멩이, 잘라서 쓰다가 남은 색종이 조각, 음료수를 먹고 난 빨대, 병뚜껑 등 종류도 가지가지였다. 처음에는 별일 아니라고 생각했지만, 방 안 이곳저곳에 쓰레기를 쌓아두는가 하면, 모든 물건에 이름을 붙이기 시작했고, 책상은 윤아가 연필로 빼곡히 써놓은 낙서로 빈틈이 없을 정도였다.

어느 날 윤아 방의 옷장을 열어보았는데, 그 안에서 50리터 쓰레기봉투 3개 분량의 쓰레기가 쏟아져 나왔다. 나는 뭔가 이상하다는 걸 느꼈다. 윤아는 나와 떨어져서는 잠도 자지 못했고, 내가 현관 쪽으로 가는 소리만 들려도 불안에 떨며 어디 가냐며 엄마를 부르곤 했다.

> 혹시 담임이 윤아가 승민이 동생이라고
> 미워하는 건 아닐까?

 나는 걱정이 되기 시작했다. 윤아의 증세는 날이 갈수록 점점 심해졌다. 불안해진 나는 윤아도 병원에 데려가 심리검사를 받아보기로 했다.

> 윤아는 그냥 불안해서 그럴 거야.
> 내가 너무 승민이만 신경써서 얼마나 힘들었을까?

 나는 결과가 어떻게 나오든 앞으로 윤아에게 더 잘 해줘야겠다고 생각했다. 윤아의 검사를 위해 병원을 찾아갔을 때, 병원에서는 심리검사와 함께 주의력 검사를 받아볼 것을 권했다. 굳이 주의력 검사를 받을 필요가 있을까 생각하기도 했지만, 승민이 다니는 혜화동 병원은 ADHD 아이들을 주로 진료하기 때문에 그냥 병원에서 권하는 모든 검사를 다 받아보기로 했다.

 약 2주 후 결과가 나왔다. 나는 평일 오전 아이들을 학교에 보내고 난 후, 결과를 들으러 혼자서 혜화동 병원으로 향했다. 검사 결과는 충격적이었다.

의사는 윤아가 우울증과 불안장애는 물론 ADHD 증상도 보인다고 말했다. 게다가 윤아는 마음은 불안하고 힘든데, 겉으로는 괜찮은 척하며 가면을 쓰고 있는 '가면 우울증'이라고 했다. 윤아가 자신의 불편한 감정을 숨기려고 행복한 척 자꾸 자신의 감정을 포장하다 보니 해소되지 않은 불안한 마음이 쓰레기를 모으는 행동으로 표출되는 것이라고 했다. 의사는 윤아에게 ADHD 치료제인 스트라테라 10mg을 처방해주었고, 우울증이 심해서 놀이치료도 받아야 한다고 했다.

ADHD? 윤아가 ADHD라고?
정말 윤아가 승민이와 같은 병이라고? 말도 안 돼!

의사의 설명을 듣는 내내 나는 넋이 나간 듯한 얼굴로 우두커니 앉아만 있었다. 악마가 나에게 더러운 장난을 치는 것만 같았다. 그동안 승민이 병원에 다니면서 얼마나 많은 고통을 겪었고, 또 얼마나 힘든 시간을 보냈는지 너무나도 잘 알고 있었기에 가슴이 미어졌다. 승민을 치료하면서 겪어야 했던 아픔과 눈물 그리고 다른 사람들로부터의 냉대를 윤아도 똑같이 겪어야 한다는 걸 생각하니 눈앞이 깜깜했다.

승민이 태어나서 처음으로 먹었던 알약이 ADHD 약이었다. 약을 먹지 못해 자꾸 토해내는 아이를 윽박지르며 몇 번이고 뱉어낸 약을 계속해서 다시 삼키게 했었다. 그런데 윤아가 처음 먹게 될 알약이 또 ADHD 약이라니!

신이 정말 있기는 한 거야? 이건 너무하지 않아?
하나도 아니고 둘 다! 뭐 이런 경우가 다 있어!
도대체 나한테 왜 이러는 건데!

어떻게 병원을 빠져나왔는지, 약국에서 약은 어떻게 샀는지 하나도 기억할 수가 없었다. 정신을 차리고 보니 지하철 안이었고, 전동차 바닥에 주저앉아 미친 사람처럼 울고 있었다. 차마 입 밖으로 터져 나오지 못하고 입안을 맴도는 울음을 집어삼키며 눈물만 줄줄 흘리고 있었다.

나에게 윤아는 한 가닥 삶의 희망이었다. 애교 많고 정 많은 윤아는 나의 마음을 이해해주는 유일한 친구였고, 위로의 대상이었다. 심장이 터져버릴 것만 같았다. 환승을 해야 했기 때문에 전동차에서 내렸지만, 다리가 풀려 다시 그 자리에 주저앉아버렸다. 사람들이 끊임없이 오고 가는 플랫폼에서 나는 넋을 놓고 울다가 은정에게 전화를 걸었다.

"어…… 언니!"

나는 울먹이며 말했다.

"어, 정연아! 무슨 일이야?"

수화기 건너 은정의 목소리가 들렸다.
"언니, 오늘 나랑 술 한잔하자."
나는 눈물을 참으며 겨우겨우 말을 꺼냈다.
"어, 그래, 알았어! 어디야! 언니가 금방 나갈게!"
은정은 내가 예사롭지 않다는 걸 단박에 알아차렸다.
"좀 있으면 집에 도착해! 도착해서 전화할게. 그리로 나와 줘."
"그래, 알았어."

오전에 11시에 검사 결과를 들으러 혜화동에 갔는데, 집 앞 도착하니 시간은 벌써 오후 6시를 향해 가고 있었다. 나는 집 앞을 지나쳐 곧바로 근처 술집으로 향했다. 주문한 술이 나오자 잔이 넘치도록 따라서 목구멍 속으로 들이부었다. 자꾸만 입 밖으로 튀어나오려는 울음을 안으로 안으로 씹어 삼키며 900ml 청주 반병을 단숨에 마셔버렸다. 그때 은정의 모습이 보였다.
"어떻게 된 거야? 무슨 일이야? 정연아?"
은정이 물었다.
빈속에 급하게 마신 술기운 때문인지 와락 취기가 올라왔다. 은정을 보고도 눈물만 뚝뚝 흘리던 나는 은정에게 윤아의 검사 결과지를 내밀었다.

"언니, 윤아가! 우리 윤아가 글쎄, ADHD래! 허, 언니! 언니는 알지? 내가 얼마나 힘들었는지? 내가 승민이 그렇게 되고 얼마나 힘들고 괴로웠는지? 그치? 그런데 우리 윤아도 그렇다네! 나 어떻게? 허허, 이제 나 어떻게 해? 우리 윤아 어떻게 해야 해?"

나는 맘껏 소리 내어 울고 싶었지만, 울음은 입안에서만 맴돌 뿐 차마 밖으로 터져 나오지 못했다. 고통스러운 표정으로 눈물만 줄줄 흘리며 끊임없이 가슴을 칠 뿐이었다.

은정은 그런 내가 안쓰러웠는지 맘껏 소리 지르고 울라며 근처 노래방으로 데려가 주었다. 혼자서는 술에 취한 나를 감당할 수가 없었던 은정은 석태를 불렀다.

음악이 흘러나오자 참아왔던 울음이 한꺼번에 터져 나왔다. 목구멍이 찢어지라 소리치며 오열했다. 가슴을 치며 아무리 통곡해도 설움에 겨운 눈물은 멈출 기미가 보이지 않았다.

한참을 그러고 있는데 누군가 문을 열었다. 지완이었다. 지완의 얼굴을 보자 나는 또다시 오열했다. 눈물을 흘리며 달려가 지완의 팔에 매달렸다. 나는 가방에서 다 구겨져 엉망이 된 결과지를 꺼내어 지완에게 내밀었다.

"나 어떻게 해? 우리 윤아 어떻게 해! 어떻게 하냐고!"

지완은 내가 무엇 때문에 이토록 슬퍼하는지 말하지 않아도 알 것 같았다.

"정연아, 인제 그만 집에 가자."

지완은 나를 일으켜 세우려고 양팔로 나를 끌어안았다. 그때 나는 지완의 팔을 뿌리치며 다시 소리쳤다.

"싫어! 싫다고! 내가 뭘 그렇게 잘못했는데! 내가 뭘 그렇게……."

지완은 그런 나를 보며 눈시울이 붉어졌다. 다시 나를 일으켜 세워 꼭 끌어안았다. 그리고 거의 실신할 지경이 된 나를 부축해 집으로 돌아왔다.

윤아가 혜화동 병원에 다니게 되면서 나는 늘 마음이 무거웠다. 윤아의 친구들도 승민 때처럼 그렇게 윤아와 나를 멀리하게 될까 봐 두려웠다. 어느 날 저녁. 엄마들이 동네 맥줏집에 모여 이야기를 나누고 있을 때였다.

"나 언니들한테 할 말이 있어. 그동안 마음에만 담아두고 누구에게도 하지 못했던 말인데, 오늘은 하려고."

나는 비장한 표정으로 이야기를 시작했다.

"무슨 일인데? 야! 너 왜 그래 무섭게. 뭔데 그렇게 정색하고 그러는 거야?"

지윤 엄마가 갑작스러운 나의 태도에 당황한 듯 말했다.

"지난번에 윤아가 방에 쓰레기를 모으는 것 때문에 심리상담 갔다 온 거 알고 있지? 다녀와서 언니들이 결과를 무척 궁금해했는데 내가 아무 말도 안 했고……."

"그랬지. 근데? 의사가 뭐래? 어디 아프대? 괜찮아! 윤아 아무렇지도 않은데 뭐! 우리 예원이 방도 완전 쓰레기통이야. 얼마나 더러운데."

예원 엄마가 웃으며 말했다.

"그래 맞아! 애들 방이 다 그렇지 뭐! 깨끗한 애들이 오히려 이상한 거야."

슬비 엄마도 거들었다.

"지금부터 내가 하는 얘기 듣고 나랑 만나기 싫으면 안 만나도 돼. 승민이 때도 그랬거든. 난 이제 그런 거 상관없어."

나는 각오한 듯 단호한 표정으로 이야기를 이어갔다. 하지만 눈에는 이미 눈물이 그렁그렁 맺혀 있었다.

"야, 괜찮아! 도대체 뭔데 그렇게 말하기 힘든 거야? 우리가 다 들어줄게! 너 별거 아니기만 해봐! 우리 놀라게 한 죄로 가만 안 둘 거야!"

지윤 엄마가 말했다.

"우리 승민이 혜화동에 일주일에 한 번씩 가는 거, 그냥 심리상담 받으러 다니는 거 아니야. ADHD 때문이야. 그런데 우리 윤아도 승민이하고 같다고 그러네."

눈에서 굵은 눈물방울이 또르르 볼을 타고 흘러내렸다. 말을 마치자 다들 아무 말 못 한 채 순간 정적이 흘렀다. 그때

슬비 엄마가 먼저 입을 열었다.

"에이, 난 또 뭐 별거라고……. 다들 말을 안 해서 그렇지, 학교에 그런 애들 많다. 그리고 윤아 정도면 진짜 양호한 거야. 윤아가 좀 말이 많긴 하지만 친구도 많고, 착한데 뭐가 문제야?"

슬비 엄마는 웃으면서 나의 어깨를 툭 쳤다. 슬비 엄마는 중학교에서 영어를 가르치는 영어 선생님이었기 때문에 학교와 아이들의 상황을 누구보다 잘 알고 있었다.

"그래, 야! 그렇게 따지면 우리 예원도 병원 다녀야 해! 난 괜히 깜짝 놀랐잖아!"

예원 엄마도 거들었다.

"너 병원 댕기지 말고 나한테 상담받아! 술 한 잔만 사주면 네 얘기 다 들어줄게."

지윤 엄마도 말했다.

"그 술 나한테 사라! 내가 얘기 들어줄 테니까 허튼 데 돈 쓰지 말고. 알았지?"

예원 엄마가 말했다.

나는 다들 놀라며 어떤 상태기에 그런 진단이 나왔는지, 앞으로 어떻게 해야 하는지, 약은 먹어야 하는지 궁금해할 줄 알았는데, 그런 말은 그 누구의 입에서도 나오지 않았다.

나는 별거 아니라고 말해주는 그들이 고맙긴 했지만, 그것이 그들의 진심일 거라고 믿지 않았다. 하지만 다 털어놓고 나니 마음은 후련했다. 그들이 언제든지 등을 돌려도 이젠 아무렇지도 않을 자신이 있었다.

  나는 윤아가 ADHD인 것이 오히려 다행이라는 생각까지 들었다. 그동안 윤아는 병원에 다니면서 엄마를 힘들게 하는 승민을 미워했고, 지완도 말썽만 피우는 승민보다 윤아를 더 예뻐했다. 그러다 보니 윤아가 승민을 무시하고 막 대할 때가 많았는데, 이제는 그럴 일은 없겠다 싶었다. 아침마다 승민에게 독한 약을 먹이는 것도 미안했는데, 이제는 셋이 나란히 약을 나눠 먹게 생겼으니 미안한 마음은 덜었지만 웃어야 할지 울어야 할지 모를 일이었다. 상황이 여기까지 오고 나니 나도 이제 오기가 생겼다.

그래 어디까지 가는지 한번 가보자!
누가 이기는지 한번 해보자고!
아무리 나를 흔들어봐라. 내가 넘어지나.
꼭 이겨내고 말 거야!

  나는 이를 악물었다. 승민은 화요일, 윤아는 목요일, 나는 월요일에 심리상담을 받았고, 각자 한 달에 한 번씩 진료를 받고 약을 탔다. 매주 혜화동까지 병원에 다니는 것은 체력적으로도 쉽지 않은 일이었다.

그럴수록 나는 마라톤에 집중했고, 세 번째 풀코스 도전인 중앙마라톤에서는 4시간 12분 10초라는 기록을 냈다. 그동안 내가 세운 기록 중에 최고 기록이었다. 몸이 건강해야 마음도 무너지지 않고 잘 버텨낼 수 있을 것 같았다.

엄마, 나는 괴물인가요?

 승민은 승민을 이해해주는 담임 덕분에 5학년 내내 별문제 없이 학교에 잘 다니는 듯했다. 비록 교과 선생님들에게는 못되게 굴다가도 담임 앞에선 순한 양이 되었고, 잘못을 지적하면 바로 고치려고 했다. 그런데 안타깝게도 11월 초, 학교에서 연락이 왔다. 박하원이라는 아이의 부모가 승민이 학교에서 하원을 괴롭힌다며 교장을 찾아왔다고 했다. 이 일로 교장은 나와 지완을 학교로 불렀다.

 우리는 착잡한 마음으로 교장실을 찾았다. 지완이 학교에 불려 가 교장을 만난 것은 이번이 처음이었다. 교장실에는 교장, 교감, 승민의 담임 그리고 하원의 부모가 탁자를 사이에 두고 앉아 있었다. 이야기를 들어보니 승민이 하원을 때리진 않았지만, 계속해서 말로 괴롭혔다고 했다.

다행히 하원의 부모는 승민에게 벌을 주는 것은 원하지 않았고, 다시는 이런 일이 발생하지 않도록 승민을 타일러 달라고 요구했다. 나와 지완은 하원의 부모에게 고개 숙여 사과했다. 승민이 다음날 학교에 가서 하원에게 사과 편지를 전달하고, 다시는 괴롭히지 않겠다고 공개적으로 사과하는 것으로 일을 일단락 짓기로 했다. 하원의 부모가 먼저 집으로 돌아간 뒤, 나와 지완은 교장실에 남아 교장과 좀 더 이야기를 나눴다.

"교장 선생님. 저희 승민이가 실은 ADHD를 앓고 있거든요. 그래서 그동안 오해도 많이 받았고, 친구들한테 따돌림도 많이 받았어요. 그런데 박주현 선생님이 그런 승민이를 이해해주시고 감싸주셔서 그런지 승민이가 선생님 말씀은 유일하게 믿고 따르네요. 그래서 말씀드리는 건데요. 제발 부탁이니 내년에도 다시 한번 박주현 선생님이 승민이 담임이 될 수 있도록 해주시면 안 될까요?"

나는 교장에게 간곡히 부탁했다.

"어머니, 어머니 마음은 잘 알겠는데요. 그게 저희 마음대로 할 수가 없어요. 박주현 선생님은 내년에 중요한 학교 업무를 해야 해서 저희가 어머니께 뭐라 약속을 해드릴 수가 없네요."

나의 갑작스러운 부탁에 교장은 난감해 했다.

"교장 선생님이시잖아요? 교장 선생님 권한으로도 그게 안 되나요?"

"어머니, 학교라는 데가 그래요. 제가 교장이지만 제 맘대로 할 수 있는 게 하나도 없어요. 어머니께서 좀 이해해주세요. 학교에 다른 좋으신 선생님들도 많이 계시니 승민이가 내년에도 좋으신 분 만날 거예요. 제가 관심 두고 지켜볼게요."

계속 부탁해보았지만 돌아오는 대답은 변함이 없었다. 나는 어쩔 수 없이 무거운 마음으로 일어설 수밖에 없었다.

난생처음 학교에 불려 간 지완은 몹시 기분이 언짢았다. 지완은 학교 다닐 때 말썽 한 번 부린 적 없는 모범생이었다. 그래서 부모를 학교에 들락거리게 만드는 아이는 죄다 불량배나 깡패라고 생각했다. 그런데 승민 때문에 자신이 학교에 불려 가고 말았으니, 승민이 자기 얼굴에 먹칠을 한 것만 같아 견딜 수가 없었다. 그동안 승민의 상태가 이 정도 일 거라고는 생각하지 않았다.

집으로 돌아온 지완은 승민을 안방으로 불렀다. 잘못을 바로잡기 위한 꾸중이었지만, 그것은 오히려 비난에 가까웠다. 지완의 말속엔 경멸이 가득했다. 승민은 그 아픈 말들을 고개를 푹 숙인 채 묵묵히 듣고만 있었다.

승민은 이번 일로 일주일 후로 예정되어 있던 컵 스카우트 보장훈련에 참여하지 못했다. 승민과 같이 컵 스카우트 활동을 하는 하원이 승민이 컵 스카우트 활동에 참여하지 않아야 사과를 받아들이겠다고 했기 때문이었다.

나는 마음이 너무 아팠다. ADHD로 인한 사회성 부족은 전학을 와서도 여전히 승민을 괴롭혔다. 거친 원석처럼 다듬어지지 않은 승민의 행동은 어딘지 모르게 어색하고 거북했다. 학년이 올라갈수록 아이들은 승민의 그런 말투나 행동을 이해하지 못했고, 승민은 외톨이가 되었다.

다시 잘못을 저질렀다는 생각에 자책하고 예민해져 있는 승민은 학교생활에 대한 자신감을 점점 잃어갔다. 그리고 휴대전화에 집착하기 시작했다. 나는 그런 승민의 모습이 걱정스러워 게임 사용시간을 제한해보기도 하고, 며칠간 빼앗기도 했다. 하지만 그럴수록 승민의 게임에 대한 집착은 더욱 심해졌다. 승민은 점점 외골수에 괴팍한 성격으로 변했고, 그런 자기 모습을 자신도 견디기 힘들어했다.

어느 날 저녁 약속이 있는 지완이 늦게 집에 들어오는 날이었다. 그날따라 승민은 학교에서 무슨 일이 있었는지 유난히 게임에 빠져서 저녁을 먹으라는 말도 듣지 않고 제멋대로 굴었다. 나는 참다못해 승민의 휴대전화를 빼앗았다. 그랬더니 승민이 느닷없이 광분하기 시작했다. 승민은 괴성을 지르며 울부짖었다. 나는 욕을 해대며 날뛰는 승민에게 소리쳤다.

"지금 이게 뭐 하는 짓이야? 네가 지금 휴대전화 때문에 엄마한테 이렇게 미친놈처럼 소리 지르고 욕을 해도 되는 거야? 이런 버릇없는 놈 같으니라고!"

"엄마가 나에 대해서 뭘 안다고 그래! 내가 뭘 어쨌다고! 엄마는 맨날 이런 일 있을 때마다 휴대전화 뺏고 나는 아무것도 못 하게 하고!"

승민이 악을 썼다.

"조용히 말해! 소리 지르지 마!"

"싫어! 싫어! 싫어! 으악~"

승민은 더 크게 악을 썼다.

나는 그런 승민의 모습이 무섭고 감당이 되지 않았다. 광분하며 울부짖는 승민의 모습은 마치 괴물 같았다. 하지만 나는 물러서지 않았다.

"너 지금 아빠가 집에 안 계시니까 엄마한테 막 이러는 거지? 네가 아빠가 집에 계셨으면 엄마한테 이렇게 했겠어? 네 눈엔 엄마가 그렇게 우스워 보여? 이렇게 막 소리 지르고 악 쓰고, 이게 사람이 할 짓이야? 짐승이나 할 짓이지!"

나도 버럭 소리를 질렀다.

"그래! 으악~ 그럼 내가 괴물이야? 아니면 내가 사람이야? 나는 도대체 뭐냐고! 아~악~~"

승민은 두 눈 가득 독기를 품고 나를 노려보았다.

"너 이러는 거 아빠한테 녹음해서 다 들려줄 거야. 이 새끼가 진짜! 그래 한번 계속해봐! 아까처럼 계속해보라고!"

나는 휴대전화를 꺼내 녹음하기 시작했다.

"맘대로 해! 엄마 맘대로 해! 어차피 나는 그런 놈이니까! 으악! 으악! 으아악~!"

승민의 발악은 끊임없이 이어졌다. 그리고 차마 입에 담지도 못할 말들을 나에게 퍼부어 댔다. 그때 지완이 현관문을 열었다. 지완을 보자 승민은 갑자기 울음을 뚝 그쳤다.

"이게 무슨 일이야? 도대체 뭐가 어떻게 된 거야? 너는 왜 이러고 있어?"

지완은 집에 들어서자마자 거실에서 벌어진 광경을 보고 아연실색해서 물었다. 승민은 벌게진 얼굴로 여전히 도끼눈을 뜬 채 씩씩거리고 있었다. 나는 그 앞에 서서 승민을 노려보고 있었.

"저 새끼가 너무 게임에만 매달리고 밥도 안 먹길래 내가 전화기를 뺏었어. 그랬더니 그때부터 저놈이 나한테 저 지랄이네."

나는 상기된 얼굴로 지완에게 말했다.

"내가 저놈 하는 짓이 하도 어이가 없어서 녹음해놨어. 들어봐!"

나의 휴대전화 속에선 끝없이 악을 쓰며, 짐승처럼 포효하는 승민의 목소리가 흘러나왔다. 녹음 내용을 듣던 지완이 버럭 하고 소리를 질렀다.

"차승민! 너 당장 안방으로 들어와!"

승민은 지완을 따라 안방으로 들어갔다. 그리고 노여움에 얼굴이 붉으락푸르락 달아오른 지완 앞에 무릎을 꿇고 앉았다.

"너 도대체 뭐 하는 새끼야? 뭐가 불만인데? 너 같은 놈은 학교 같은데 다닐 필요도 없어! 앞으로 학원도 다니지 마! 아무 데도 다닐 필요가 없어! 도대체 공부는 해서 뭐할 건데? 부모한테 이렇게 함부로 하는 새끼를 내가 왜 키워야 하니? 어?"

"……"

승민은 주먹을 꽉 쥐고는 눈물만 뚝뚝 떨어뜨렸다.

"내가 너를 도대체 왜 키워야 하냐고? 말해 보라고?"

지완이 승민을 다그쳤다. 하지만 승민은 아무 말도 하지 않은 채 고개만 푹 숙이고 있었다.

"허~ 나 참! 이 새끼 봐라! 내일까지 내가 너를 키워야 하는 이유를 생각해와! 내일 저녁까지야. 만약에 내일도 그 이유를 제대로 설명하지 못하면 너는 이 집에서 쫓겨날 줄 알아. 알았어?"

지완은 흥분하여 승민에게 막말해댔다. 그리고 승민을 방 밖으로 내보내고는 방문을 닫아버렸다. 승민은 울면서 자기 방으로 들어갔고 집 안에는 순식간에 차가운 정적이 흘렀다.

다음날 지완은 식사도 거른 채 아침 일찍 회사로 출근해버렸고, 나는 오후에 승민을 데리고 혜화동 병원에 상담받으러 갔다. 상담이 끝난 후 저녁 식사를 하며 나는 승민에게 물었다.

"어제 아빠가 말씀하신 거 생각해봤어? 이따 집에 가면 분명히 아빠가 물어보실 건데 뭐라고 대답할 거야?"

"몰라요." 승민은 퉁명스럽게 대답했다.

"아이고! 그럼 어쩔 거야? 집에 가면 아빠한테 가서 무조건 잘못했다고 빌어. 알았어?"

"……."

나와 승민은 저녁 9시가 넘어서 집에 도착했다. 지완은 안방 문을 열어 놓은 채 텔레비전을 보고 있었다. 나는 차마 방 안으로 들어가지 못하고 거실에서 머뭇거리며 서 있는 승민의 등을 떠밀었다. 쭈뼛쭈뼛 안방으로 들어간 승민은 다 기어들어 가는 목소리로 지완에게 "잘못했어요."라고 말했다. 한참을 아무 말 없이 승민을 노려보던 지완이 입을 열었다.

"내가 너를 왜 키워야 하는지 이유를 말해봐."

"……."

"도대체 내가 너 같이 싸가지 없고, 버릇없는 놈을 왜 키워야 해? 이유를 말해 보라고!"

"……."

"아무 생각도 없어? 내가 어제 분명히 오늘까지 너를 키워야 하는 이유를 생각해오라고 했지? 그런데 아무것도 대답할 게 없단 말이지? 그럼 나가 이 새끼야! 당장 나가!"

지완이 버럭 소리를 질렀다.

가만히 듣고만 있던 승민의 눈에 독기가 서리더니 벌떡 일어나서 방을 뛰쳐나와 곧바로 현관으로 향했다. 나는 신발을 신으려는 승민을 급하게 붙잡으며 말했다.

"지금 뭐 하는 거야? 다시 들어가! 이놈아! 들어가서 싹싹 빌어! 잘못했다고 빌라니까!"

"아빠가 나가라잖아!"

승민이 울면서 말했다.

"그런다고 진짜 나가면 어떡해! 이것아! 승민 아빠! 애가 잘못했다고 하잖아! 잘못했다고 하면 용서해줘야지! 무작정 내쫓기만 하면 어떻게? 승민이 너, 어서 다시 들어가서 큰소리로 잘못했다고 해! 어서!"

나는 버티고 서 있는 승민을 다시 안방으로 밀어 넣었다.

승민은 마지못해 다시 안방으로 들어가 무릎을 꿇고 앉았다.

"잘못했어요." 승민이 다시 말했다.

"뭘 잘못했는데?"

"엄마한테 대들고 소리 지른 거요."

"또?"

"버릇없이 굴고 욕한 거요."

"그래, 그럼, 부모한테 대들고, 소리 지르고, 욕하는 너를 내가 왜 키워야 하는데? 얘기해봐!"

"……."

"말해 보라고! 왜 키워야 하는데?"

"모르겠어요."

승민은 이를 악물었다. 눈에는 눈물이 가득했다.

"모르겠어? 나 참 기가 막혀서! 그럼 나가! 너 같은 자식은 필요 없으니까 당장 나가! 나가 이 새끼야!"

승민은 다시 벌떡 일어나 방문을 열고 나와 버렸다.

"승민 아빠! 진짜 왜 이래! 애가 잘못했다고 빌면 용서해 줘야지! 계속 쫓아내면 어떻게 해?"

나는 현관문을 열고 나가려는 승민을 뒤에서 잡아 말리며 소리쳤다.

"어디 가? 이 밤에? 당장 들어와!"

"나가라잖아! 나갈 거야!"

승민이 신경질을 버럭 내며 소리를 질렀다.

"나가서 들어오지 마! 이 새끼야!"

그러자 지완도 성질을 내며 소리쳤다.

"그만해! 제발 좀!"

내가 지완과 다투는 사이 승민은 겉옷도 입지 않은 채 현관 밖으로 나가버렸다.

"현관문 잠가버려! 다시는 못 들어오게!"

지완이 또다시 소리쳤다.

"그만 좀 해! 진짜!"

나는 급하게 겉옷을 챙겨서 승민을 따라나섰다. 가만히 지켜보고만 있던 윤아가 내가 현관 밖으로 나가려 하자 갑자기 울기 시작했다.

"엄마! 어디가? 가지 마! 나도 데려가! 엄마!"

윤아가 매달리기 전에 나는 급히 집을 나와버렸다. 계단을 거의 뛰다시피 하면서 1층 출입구로 내려왔다. 9층 아파트 복도에서는 윤아의 엄마를 찾는 울음소리가 울려 퍼지고 있었다. 내가 건물 밖으로 뛰어나왔을 때, 승민은 막 큰길가로 걸어 나가고 있었다.

"차승민! 거기서! 거기 서라고!"

나는 승민을 향해 크게 소리쳤다.

"도대체 어디 가려는 거야? 이 밤에 나가란다고 진짜 나가

버리면 어떻게 해!"

"그럼 어떻게 해. 계속 나가라고 하는데."

승민은 울고 있었다.

"아이고~ 이 어리석은 것아!"

홧김에 집을 나오긴 했지만, 승민은 아직 어렸고, 두려웠다.

"엄마, 나 이제 어떻게 해요?"

"야! 이 웬수야! 끝까지 잘못했다고 빌어야지. 대책도 없이 왜 집을 뛰쳐나와! 왜!"

나는 승민의 등을 때리며 한숨을 내쉬었다. 잘못했다고 비는 아이를 받아주지 않고, 계속해서 내치기만 하는 지완이 너무나 야속하고 미웠다.

놀라서 울고 있는 윤아가 걱정됐지만 이 상태로 다시 집으로 돌아갈 수도 없었다. 나는 승민을 데리고 집 근처 찜질방으로 향했다. 가면서 지완에게 문자를 보냈다.

나 오늘은 승민이랑 찜질방에서 잘 거야. 윤아 좀 잘 부탁해!
내일 아침 일찍 데리고 들어갈게.
12월 3일 오후 10:02

찜질방으로 가는 동안 윤아에게서 계속해서 전화와 문자가 왔다. 나는 도저히 견딜 수가 없어서 휴대전화 전원을 꺼버렸다. 찜질방에 도착했을 땐 밤 11시가 조금 넘어있었다. 승민은 남탕으로 들여보내고, 나는 여탕으로 들어갔다. 그리고 옷을 갈아입고 나서 휴게실에서 다시 만나기로 했다. 그런데 내가 여탕에서 찜질복으로 갈아입고 있는데 휴게실 쪽에서 승민의 목소리가 들렸다.

"엄마, 엄마!"

"승민아! 조금만 기다려 금방 나갈게!"

"엄마! 빨리 나와! 엄마! 나 무서워!"

나는 급히 옷을 갈아입고 휴게실로 나갔다. 나를 보자 승민은 머쓱한지 웃어 보였다.

"이렇게 겁이 많은 놈이 어떻게 집을 뛰쳐나갈 생각은 했어? 응?"

나는 승민의 머리를 가볍게 쥐어박았다. 둘 다 찜질방에서 잠을 자보기는 이번이 처음이었다. 늦은 시간이라 그런지 찜질방엔 사람이 몇 명 없었고, 있는 사람도 죄다 남자들뿐이었다.

여자라고는 여탕에서 목욕만 하고 집으로 갈 예정인 사람 서너 명뿐이었다. 문득 무서운 생각이 들었다. 그래서 승민의 손을 잡고 얼른 여성전용 수면실로 들어갔다. 하지만 그곳엔 이미 남자 세 명이 자리를 잡고 코를 골며 자고 있었다. 나는 하는 수 없이 가능한 한 그들과 멀리 떨어진 구석에 매트 두 개를 붙여 깔고 승민과 나란히 누웠다.

"얼른 자! 내일 아침에 일찍 씻고 집에 들어갈 거야. 들어가자마자 아빠한테 잘못했다고 손이 발이 되도록 빌어. 알았지?"

"엄마, 나 무서워."

"뭐가?"

"아빠가."

"아빠가 네가 미워서 그러는 거 아니야. 아빠도 너무 속상해서 그런 거야."

"내일 들어가면 잘못했다고 손이 발이 되도록 싹싹 빌어. 그럼 용서해 주실 거야. 엄마가 옆에서 도와줄게. 알았지?"

"응."

"근데 엄마, 여기 무서워!"

"나도 무서워."

"엄마, 나 잠이 안 와. 그리고 배고파!"

"배고파? 그럼, 컵라면이라도 사줄까?"

"응."

나는 일어나 승민을 데리고 매점으로 향했다. 우리는 미역국과 라면을 사 먹고, 책장에 꽂혀 있는 만화책을 몇 권 꺼내서 보았다. 그러는 동안에도 혹시나 누군가 해코지를 하면 어쩌나 하고 마음이 조마조마했다. 새벽 1시가 다 되어 다시 자리에 누웠지만 도통 잠은 오지 않았다. 여성 수면실 저쪽 끝에서 심하게 코를 고는 남자가 몸을 뒤척일 때마다 심장이 콩닥거렸다. 금방이라도 깨어나 덮칠 것만 같았다.

새벽 3시. 승민은 겨우 잠이 들었고, 나는 아직도 이리저리 뒤척이기만 하다 휴대전화의 전원을 켰다. 윤아가 보낸 수십 통의 부재중 전화와 문자 메시지가 와 있었다.

엄마! 어디야? 엄마! 언제 와?
12월 3일 오후 10:33

엄마! 빨리 집으로 돌아와! 난 엄마가 없으면 못 잔단 말이야!
12월 3일 오후 10:37

엄마! 나 울어! 빨리 돌아와.
12월 3일 오후 10:52

엄마! 어디 갈 때는 꼭 저도 데리고 가요.
12월 3일 오후 11:06

문자는 새벽 2시가 넘어서까지 계속되었다. 마지막 문자가 온 건 새벽 2시 36분.

> 엄마! 다음부터는 밤에 나 두고 어디 가지 마세요! 사랑해요!
> 만나면 제일 먼저 안아주고 뽀뽀해주세요. 꼭이요!
> 12월 4일 오전 2:28

> 아빠랑 잘게요. 내일은 꼭 집에 와야 해요. 사랑해요. 엄마!
> 12월 4일 오전 2:36

 눈물이 하염없이 흘러내렸다. 자꾸만 흘러나오는 눈물을 덮고 있던 커다란 수건으로 닦으며 윤아에게 문자를 보냈다.

> 윤아야! 엄마 오빠랑 집 앞 찜질방에 있어. 내일 아침에 일찍
> 들어갈 거니까 아빠랑 잘 자고 있어. 울지 말고, 알았지?
> 엄마가 우리 윤아 사랑해!
> 12월 4일 오전 3:15

 나는 한숨을 내쉬었다. 이 막막한 상황을 어떻게 풀어가야 할지 도저히 답이 보이지 않았다. 선잠이 들었다가 눈을 떠보니 7시가 조금 넘어있었다. 토요일이라 그런지 아침부터 목욕하러 오는 사람들로 찜질방이 붐비기 시작했다. 나는 승민

과 각자 목욕하고 카운터에서 만나기로 했다.

찜질방에서 나온 나는 승민을 데리고 근처 분식집에서 아침을 먹었다. 뜨끈한 우동 국물이 뱃속에 들어가니 온몸의 긴장이 확 풀어지는 듯했다.

식사를 마친 후 승민의 손을 잡고 집으로 향했다. 도살장에 끌려가는 소처럼 자꾸만 몸을 뒤로 빼는 승민의 손을 빠지지 않게 더욱더 세게 쥐었다.

지완은 집에 돌아온 나와 승민을 보고도 한마디 말도 하지 않았다. 그리고 며칠 동안 퇴근해서 들어오면 저녁도 먹지 않고 방으로 들어가 문을 닫아버렸다. 지완이 다시 입을 열기까지는 일주일이나 걸렸다.

한바탕 폭풍이 지나간 뒤 승민은 조금 잠잠해진 듯했다. 하지만 평온한 일상은 얼마 가지 못했다. 며칠 후 상담을 위해 혜화동에 가는 날 승민은 병원에 가기 싫다며 또다시 전철 안에서부터 나에게 삐딱하게 굴며 시비를 걸었다. 나는 화가 나서 병원이 아닌 카페로 승민을 데리고 들어갔다. 그리고 씩씩거리며 앉아 있는 승민에게 말했다.

"너 요즘 도대체 뭐가 그렇게 불만이야? 왜 자꾸 엄마를 괴롭히고 못살게 구는 거냐고?"

"내가 뭘 어쨌다고 그래!"

승민이 버럭 소리를 질렀다.

"이놈의 자식이! 너 계속 이런 식으로 할 거야? 내가 너한테 뭘 그렇게 잘못했는데? 어?"

"그럼 나는 왜 병원에 다녀야 하는데? 다른 애들은 이런데 안 다니잖아? 왜 나는 계속 이런데 다녀야 하는 거냐고!"

나는 순간 왜 자신은 남들과 다르냐고 묻는 승민의 질문에 선뜻 대답해줄 수가 없었다.

처음 ADHD 진단을 받았을 때는 승민이 그런 것이 전부 내 탓인 것만 같아 자책하며 죄의식에 휩싸였었다. 그러다 조금씩 시간이 지나자 자책은 승민에 대한 비난과 미움으로 변했다. 왜 하필 아픈 아이를 나에게 주셨는지 하나님을 원망하기도 했다.

승민이 그런 고민을 하는 것은 어찌 보면 너무 당연한 일이었다. 승민이 원해서 ADHD에 걸린 것이 아니었다. 그렇다고 또다시 자책하며 죄의식에 휩싸여봤자 결과는 뻔했다. 내가 무너져버리면 승민은 어디에도 기댈 곳이 없었다. 한참 동안 고개를 숙인 채 생각에 잠겨 있던 나는 고개를 들어 승민의 눈을 똑바로 바라보며 낮은 목소리로 말했다.

"차승민! 너 요즘 윤아도 엄마랑 혜화동 다니는 거 알지?"

"……."

"윤아는 왜 혜화동에 다니는 거 같아?"

"몰라요. 그걸 내가 어떻게 알아요."

"승민아!"

"……."

"윤아도 너처럼 ADHD야. 네가 윤아를 더 놀려댈까 봐 일부러 말 안 했는데, 이제 너도 알아야 할 것 같다. 너만 이상하고 유별난 게 아니야!"

승민은 나의 말에 조금 놀란 눈치였다. 그러더니 삐딱하게 앉아 있던 몸을 세워 의자에 바르게 고쳐 앉았다.

"너희 둘 다 ADHD 때문에 병원에 다녀야 하고, 엄마는 우울증이래. 엄마라고 이게 쉬운 줄 아니? 아침마다 너랑 윤아랑 나랑 셋이 나란히 정신과 약을 나눠 먹어야 하는 이 상황이 얼마나 미칠 노릇인 줄 알아? 엄마는 힘들어 죽겠는데, 너는 자꾸 못되게 굴고, 네가 엄마라면 네 심정이 어떻겠어?"

"……."

"아프니까 병원에 다니는 거고, 치료받고 고치면 되는 거야! 그건 전혀 이상하거나 부끄러운 게 아니야!"

승민은 나의 말을 조용히 듣고만 있었다.

"엄마 말이 무슨 뜻인지 알지?"

승민은 지금까지와는 다른 진지한 눈빛으로 나를 바라보며 이렇게 말했다.

"엄마, 내가 그런 걸로 윤아를 놀릴 것 같아요? 내가 그동안 애들한테 당한 게 있는데……. 그런 걸로는 안 놀려요."

의외로 어른스러운 승민의 대답에 나는 잠시 어리둥절했다.

"그래. 그렇게 말해줘서 고마워! 엄마는 네가 그렇게 생각하고 있을 줄은 미처 몰랐네. 그러면 앞으로 윤아한테 잘해줄 거지? 그리고 엄마한테도 그만 딴지 걸고?"

"네. 미안해요. 엄마."

"그런데 너 왜 요즘 들어 부쩍 까칠하게 구는 거야? 엄마는 네가 도대체 왜 그러는지 모르겠어."

승민은 배시시 웃었다. 그날 정말 오랜만에 나는 승민과 많은 이야기를 나누었다. 승민은 언제부턴가 가방 안에 두꺼운 종이 여러 장을 겹쳐서 만든 정사각형 모양의 딱지를 넣고 다닌다고 했다. 그러곤 가방에서 딱지를 꺼내어 나에게 보여주었다.

스카치테이프로 둘둘 말린 딱지 위에는 이상한 글자와 문양이 그려져 있었다. 내가 그게 뭐냐고 물어보자 같은 반에 부적을 잘 만드는 아이가 있는데, 그 아이가 이걸 가지고 다니면 친구랑 싸우지 않게 될 거라고 하면서 만들어주었다고 했다. 승민은 그걸 가방에 넣고 다녀서 그런지 요즘 친구들과 덜 싸운다고 했다. 승민도 학교에서 친구들과 잘 지내고 싶고, 나와 지완에게도 인정받고 싶었지만, 그게 제 마음대로 되지 않아 속상했다. 나는 힘들어하는 승민의 마음을 읽어주지 못하고 화만 냈던 것이 미안했다. 그리고 자신의 정체성에 대해서 고민할 만큼 승민이 많이 컸다는 것도 새삼 느끼게 되었다.

집에 돌아온 승민은 용돈을 털어 윤아에게 음료수와 과자를 사주었다. 승민은 윤아와 함께 과자를 나눠 먹으며 같이 노는 내내 윤아를 마치 자신을 대하듯 안쓰러워했다.

6학년 공개수업

 6학년이 되었지만, 나의 바람대로 다시 박주현 선생님이 승민의 담임이 되는 일은 없었다. 박주현 선생님은 비담임으로 부장직을 맡아 행정업무를 하게 되었고, 승민은 또다시 새로운 담임을 만나 적응을 해야 했다.

 나는 부탁을 들어주지 않은 교장이 못내 서운했지만, 그렇다고 무작정 내 아이만 봐달라고 할 수도 없는 노릇이었다. 하지만 다행히도 6학년이 된 후 개학 첫날 학교를 다녀온 승민은 표정이 밝아 보였다.

 나는 공개수업을 기다리며 승민의 초등학교 시절 마지막 담임이 어떤 사람일지, 승민에 대해서 사실대로 말해야 할지 말아야 할지, 말한다면 어디까지 얘기해야 할지 고민했다.

공개수업일 아침이 되었다. 나는 식사를 하면서 승민에게 말했다.

"승민아! 오늘 5교시에 공개수업 있는 거 알고 있지? 이번엔 아빠가 윤아네 반에 가고, 엄마는 너희 반에 갈 거니까 우리 이따가 교실에서 보자!"

"……."

나의 물음에도 승민은 아무 말도 하지 않았다.

"너무 긴장하지 말고, 그냥 평소대로만 하면 돼. 알겠지?"

나는 아침 식사 내내 승민의 표정이 어두워 보여서 조금 걱정스러운 마음이 들었다. 아이들을 모두 학교에 보내고 난 후 초조한 마음으로 시간이 가길 기다렸다. 12시가 조금 지나자 회사에 갔던 지완이 조퇴를 하고 집으로 왔고, 나는 지완과 함께 학교로 향했다. 학교에 도착해 지완은 윤아의 반으로, 나는 승민의 반으로 향했다. 교실에 들어가 보니 6학년이라서 그런지 예년에 비해 공개수업을 참관하러 온 학부모가 그리 많지 않았다.

나는 교실 내부를 찬찬히 둘러보았다. 그러다 3분단 맨 앞줄에 앉아 있는 승민을 발견하고 가볍게 손을 흔들었다. 승민은 나와 눈이 마주치자 잔뜩 긴장한 모습이었다.

나는 승민에게 긴장하지 말라고 계속해서 신호를 보냈지만, 승민은 일부러 내가 있는 곳을 쳐다보지 않는 듯했다.

5교시를 알리는 수업 종소리가 울리고 아이들이 모두 제자리에 앉았다. 수업을 참관하러 온 학부모들은 교실 뒤편에 일렬로 서서 수업을 들었다. 나는 먼저 승민의 담임이 어떤 사람인지 유심히 살펴보았다. 155센티미터 정도 키에 체구가 아담하고 인상은 부드럽고 선해 보였다. 다행이라는 생각이 들었다. 나는 수업을 듣는 내내 이 담임에게는 어디까지 얘기해야 하나 고민하며 머릿속으로 할 말을 고르고 있었다.

국어 수업을 진행하면서 담임은 아이들에게 수업 참여에 필요한 포스트잇을 모둠별로 나누어주며 각자 두 장씩 나누어 가지라고 말했다. 승민의 모둠에서는 승민이 옆자리에 앉아 있는 남자아이가 포스트잇을 받았는데, 그 아이는 두 장이 아닌 여러 장 뜯어 가져갔다. 그러자 승민이 갑자기 그 아이에게 버럭 소리를 질렀다.

"종이를 아껴 쓰라고! 두 장만 쓰라고 했잖아!"

"네가 무슨 상관이야!"

승민이 갑자기 소리를 지르자 그 남자아이도 승민에게 화를 내며 말했다.

"씨발! 두 장만 가져가라고! 너 혼자 다 써버리면 다른 애들이 쓸 게 없잖아!"

승민은 계속해서 욕을 해대며 그 아이가 더 가져간 포스트잇을 빼앗으려 했고, 상대 아이도 지지 않고 계속해서 승민과 말싸움을 벌였다. 결국 공개수업이 끝나갈 즈음 아이는 끝내 울음을 터뜨리고 말았다. 내 바로 옆에 서 있던 아이의 엄마가 당황하며 교실 앞으로 뛰어나갔다.

"왜 그래? 뭐 때문에 그러는 건데?"

아이의 엄마는 승민을 흘끔 한번 흘겨보고는 남자아이에게 어찌 된 일이냐고 물었다. 그러자 같은 모둠에 앉아 있던 아이들이 일제히 승민 때문이라고 말했다.

그때부터 반 전체 아이들이 여기저기서 소란스럽게 떠들기 시작했고, 교실 안은 순식간에 엉망이 되고 말았다. 승민은 고개를 숙인 채 입으로는 계속 다음과 같이 중얼거리고 있었다.

"종이를 아껴 쓰라고. 선생님이 두 장만 쓰라고 했잖아."

나는 마치 온몸이 얼어붙은 것처럼 교실 뒤에 서서 망연자실한 채 그 광경을 그저 바라보고만 있었다. 승민과 같은 모둠에 있었던 여자아이 둘이 자리에서 일어나 그 아이의 엄마에게 수업 시간 내내 승민이 욕을 했다며 고자질했다.

놀란 담임은 우왕좌왕하며 시끄럽게 여기저기서 떠들어대는 아이들을 진정시키기에 바빴다. 교실 뒤편에서 이 모든 소동을 지켜보던 학부모들도 여기저기서 수군대기 시작했다.

나는 귀까지 붉게 달아오른 채 책상에 고개를 처박고 있는 승민을 바라만 보다가 떨리는 다리를 끌며 천천히 승민이 곁으로 다가갔다. 그러자 주변에 서 있던 엄마들이 일제히 나를 쳐다보았다.

나는 애써 사람들의 시선을 피하며 승민이 책상 위에 있는 필기도구를 가방에 집어넣었다. 남자아이의 엄마는 내가 하는 행동을 팔짱을 낀 채 빤히 쏘아보고 있었다.

"일어나! 집에 가자!"

나는 승민의 어깨에 손을 얹으며 말했다. 내가 가방을 챙겨 먼저 교실을 빠져나가자, 승민도 뒤를 따라 교실을 빠져나왔다.

우리가 그렇게 교실을 나가버리자 교실 뒤에 있던 엄마들이 우르르 담임 곁으로 다가가서 무어라 말하는 것 같았다. 나는 집으로 돌아오는 내내 승민에게 아무 말도 하지 않았다.

그날 저녁, 담임으로부터 전화가 왔다. 담임은 승민이 공개 수업이 있기 전까지만 해도 아무런 말썽도 부리지 않았고, 친구들과도 잘 지냈다며 안타까워했다.

"선생님 혹시 작년 승민이 담임 선생님께서 승민이에 대해서 아무 말씀도 안 해주셨나요?"

나는 한숨을 쉬며 물었다.

"아니요. 그저 승민이는 사랑이 많이 필요한 아이이고, 어머니께서 먼저 찾아와서 말씀하실 거라고만 하셨어요."

"다른 말씀은 안 하시던가요?"

나는 또다시 한숨을 길게 내쉬었다.

"네. 어머니께서 공개수업 끝나면 먼저 저를 찾아오실 거라고만 하셨는데요."

담임이 대답했다.

"승민이가 엄마가 뒤에 서서 자기를 보고 있다는 생각에 너무 긴장했던 거 같아요. 잘해보려고 했는데 일이 자기 뜻대로 되지 않으니까 아이가 예민해져서 화가 난 거고요. 자기 딴에는 잘해보려고 했던 건데 일이 이렇게 되었네요."

나는 한숨을 쉬며 말했다.

"아이고! 그랬구나! 승민이가 많이 속상했겠네요. 그런데 승민이가 공개수업 때 욕을 했던 아이가 정찬희인데요. 찬희 어머님께서 이 일로 무척 속상해하고 계세요."

"정말 죄송합니다. 하지만 승민이가 일부러 그런 건 아니에요. 너무 긴장해서 실수한 거니까 선생님께서도 찬희 어머님께 잘 말씀해주셨으면 좋겠어요."

"예, 그렇게 할게요. 어머니! 저도 시간을 공개수업 전으로 돌리고 싶어요. 정말 승민이는 수업도 잘 듣고 참 착한 아이였거든요."

나는 담임에게 승민이 치료를 받고 있다는 사실을 말할 수밖에 없었다. 일이 이렇게 된 이상 더 이상 숨길 수도 없었다.

자존감이 바닥을 친 승민은 학교생활에 완전히 자신감을 잃어버렸고, 자포자기하듯 또다시 폭주하기 시작했다. 승민은 공개수업 이후 친구들이 그 일 때문에 자기를 놀린다고 생각했다. 그래서 별거 아닌 말에도 크게 화를 내며 과잉행동을 보였고, 급기야는 친구의 목을 조르는 일까지 벌어졌다.

그날 저녁 나는 담임의 요청으로 승민이 목을 조른 박형준이라는 아이의 엄마에게 전화했다.

"정말 죄송합니다. 혹시 상처가 났거나 아픈 데 있으면 병원에 가서 진찰받으시고 병원비 청구해 주세요. 저희가 병원비 낼게요."

"아이고, 아니에요. 그러실 필요 없어요! 애들이 자라다 보면 그럴 수도 있죠. 뭐! 승민이가 얼마나 힘들겠어요. 저희 아이는 괜찮아요. 상처도 없고 아무렇지도 않으니까 너무 걱정하지 마시고 승민이 마음이나 잘 달래주세요."

"그렇게 생각해주셔서 너무 감사해요. 정말 죄송합니다."

형준이 엄마와 전화를 끊고 난 나는 묘한 기분이 들었다. 분명 승민이 잘못을 했는데 그 엄마의 말투는 나를 동정하는 듯했다. 나는 담임에게 전화를 걸었다. 형준이 엄마와 통화했고 일이 잘 해결되었다고 말하고는 형준이 엄마에게 승민에 대해 어떻게 말했는지 조심스럽게 물어보았다.

담임은 형준이 엄마에게 승민이 아픈 아이라서 그랬다며

도움이 많이 필요한 아이이니 이해해달라고 말했다고 했다. 내가 박주현 선생님에게 승민의 6학년 담임이 될 선생님께 승민에 대해서 미리 이야기해달라고 부탁했을 때 선생님은 개인정보보호 방침 때문에 그럴 수 없다고 했었다.

> 개인정보보호를 중요하게 생각한다는 학교에서 아이에 대해서 다른 학부모에게 그렇게 말해도 되는 건가?

찝찝한 기분을 감출 수가 없었지만, 명백히 승민이 잘못한 것이기 때문에 뭐라고 따질 수도 없었다.

3월이 채 다 지나기도 전에 승민이 담임으로부터 다시 전화가 왔다. 승민이 이번엔 쉬는 시간에 가위를 들고 난동을 부렸다. 승민은 성인 여럿이 말려도 제어가 안 될 정도로 흥분해 있었고, 이번엔 교장과 교감까지 알게 되어 일이 커졌다. 나와 지완은 또다시 교장의 호출을 받고 학교에 불려 갔다. 교무실에 도착했을 때, 실내의 분위기는 무겁게 가라앉아 있었다. 교무실엔 박주현 선생님과 교직원 한 명 그리고 교감이 있었고, 교장은 잠깐 자리를 비운 상태였다.

박주현 선생님은 안타까운 눈으로 나를 바라보며 고개 숙여 인사했다. 하지만 교감은 먼저 인사를 건넨 나를 보고도 아무런 대꾸도 하지 않았다. 나와 지완은 교무실에 마련된 회의용 탁자에 앉아 교장이 돌아올 때까지 기다렸다. 그런데 잠시 후 내내 지완과 나를 외면하던 교감이 나에게 다가오더니 탁자 맞은편에 와 앉았다. 키가 작고 날카로운 인상의 여자 교감은 대략 50대 중반으로 보였다. 교감은 대뜸 짜증이 가득 섞인 목소리로 나에게 말했다.

"승민이 지금 병원 치료를 받고 있다고요?"

"네."

"혹시 5학년 담임 선생님께 승민이가 치료받고 있다는 걸 말하지 말라고 부탁드렸나요?"

"네? 아니요."

"그러면 6학년 담임 선생님께 일부러 말하지 않은 건가요?"

"네? '일부러'라니요? 공개수업 때 담임 선생님을 처음 뵈었어요. 그때 말씀드리려고 했는데, 이미 일이 벌어져서 말씀드릴 겨를이 없었어요."

지완은 탁자 밑으로 흥분한 나의 손을 잡았다. 나의 민감한 반응에도 교감은 아랑곳하지 않았다.

"승민이 앓고 있는 병 이름이 뭐라고요?"

"ADHD요."

교감은 심문하듯 무미건조한 목소리로 계속해서 나에게 질문을 해댔다.

"언제부터 치료하게 되었는데요?"

"초등학교 1학년이요."

"그러면 왜 아이를 특수학급에 보내지 않은 거죠?"

"특수학급이요? 선생님! ADHD는 특수학급에 보내야 하는 그런 병이 아닌데요. 아이가 다른 아이들에 비해서 지능이 떨어지는 것도 아니고 몸에 특별히 문제가 있는 것도 아니고요."

나의 목소리는 점점 높아지며 떨리기 시작했다.

"그래서 제가 작년에 왔을 때, 승민이는 어떤 선생님을 만나느냐에 따라 학교생활이 무척 많은 영향을 받으니까, 승민이가 6학년 때도 박주현 선생님이 담임이 되게 해달라고 부탁드렸었잖아요!"

"그건 어머님 생각이고요. 학교에서는 승민이 하나를 위해서 그렇게 해드릴 수가 없어요."

"정연아! 그만해!"

지완이 흥분해서 소리를 지르려고 하는 나를 막아섰다. 교감은 승민을 이유 없이 난동을 부리는 나쁜 아이로 치부하는 듯했다. 그때 교장이 교무실로 들어왔다. 나는 언짢은 기분으로 교장을 따라 교장실로 들어갔다. 자리에 앉자 교장이 다시 당시의 상황을 자세히 설명했다.

2교시 수업이 끝날 무렵 승민이 갑자기 가위를 들고 복도로 뛰쳐나오더니 지나가는 아이들을 다 죽여버릴 거라며 소리를 질렀다. 소란이 일자 담임이 말리려고 했지만, 승민이 가위를 휘둘러대는 바람에 가까이 갈 수조차 없었다. 교장, 교감 그리고 체육 선생님이 올라와서 승민을 말렸지만, 극도로 흥분한 승민은 제어가 잘되지 않았다. 그러다 나중에 소식을 듣고 올라 온 박주현 선생님이 승민을 달래자 그제야 승민은 가위를 내려놓았고, 지금은 상담실에서 상담 선생님과 상담 중이라고 말했다.

교장은 승민이 어떤 특정한 아이에게 해를 가하려고 하지는 않았고 아무도 다치지 않았지만, 승민의 위험한 행동을 목격한 많은 아이가 겁을 먹고 두려워하고 있다고 말했다.

"승민이가 그렇게 흥분했을 때는 분명히 무슨 이유가 있을 거예요. 애가 아무 이유 없이 그럴 리가 없어요."

나는 교장의 이야기를 다 듣고 이렇게 말했다.

"네. 어머니. 아이들 이야기를 들어보니까 지난번에 승민이랑 싸웠던 형준이가 수업 시간에 여자아이들하고 말싸움이 붙었었나 봐요. 그런데 승민이가 지난번 일로 형준이한테 미안하기도 하고, 그래서 자기 나름으로는 형준이를 도와주려고 싸움에 끼어든 건데, 오히려 승민이가 여자아이들하고 싸우는 꼴이 되고 만 거죠. 싸우는 와중에 여자아이들이 승민에게 뭐라고 했는데, 승민이가 갑자기 그 말을 듣고 흥분하더니 책상 서랍에 있던 가위를 꺼내 들고 다 죽여버리겠다고 한 거예요. 지금은 상담실에서 상담 선생님하고 얘기하고 있는데 이제 곧 내려올 거예요. 얘기 다 끝나면 교장실로 데리고 오라고 했거든요."

교장이 말했다.

"그런데 그보다 제가 바쁘신 두 분을 학교까지 오시라고 한 건, 더 큰 문제 때문이에요."

"네? 그게 무슨 말씀이신가요?"

지완이 물었다.

"승민이가 쓴 자술서 내용에 자기 비하적인 표현이 너무 많아요. 자술서를 쓸 때 박주현 선생님이 옆에 계셨는데, 선생님께 돈을 빌려달라고 했대요. 그 돈 가지고 한강에 가서 떨어져 죽을 거라고 하고, 돈을 빌려주지 않으면 집에도 가지 않고 공원으로 가겠다고 하면서 애가 자꾸 자살을 암시하는 말을 하니까 저희로서는 너무 걱정돼서 두 분을 이렇게 급하게 오시라고 한 거예요."

교장이 걱정스러운 목소리로 이어서 말했다.

"집에 가면 아빠가 자기를 때릴 거 같아서 무섭고, 자기는 이미 학교에 못 다니게 될 거니까 차라리 죽어버리겠다고……."

"승민 아빠는 절대 집에서 아이를 때리지 않아요. 애가 도대체 왜 그렇게 이야기했는지 모르겠어요."

나는 눈물을 글썽이며 말했다. 지완은 가만히 듣고만 있다가 한숨을 푹하고 내쉬었다.

"일단은 승민이가 지금 많이 불안해하고 있을 테니까 절대 승민이 앞에서는 우는 모습을 보이지 말아요. 알았지요? 어머니?"

그때 교감이 교장실로 들어왔다.

"제가 승민이네 반의 모든 아이에게 그때 상황에 대해서 '사건 경위서' 받아두었는데요. 반 아이들 모두 승민이가 아무 이유 없이 셋의 싸움에 끼어들어서 가위로 여자아이들을 위협했다고 썼어요."

교감은 교장실에 들어오자마자 이 모든 상황이 불만스러운 듯 인상을 구기며 말했다.

"담임 선생님도 승민이 때문에 불안하고 무서워서 도저히 수업에 집중하실 수가 없다고 조처해달라고 부탁해 오셨고요."

"……."

나는 고개를 떨구었다. 교감은 다시 이렇게 말했다.

"공개수업이 있었던 날 부모들이 단체로 교감실에 찾아왔었어요. 아이가 부모들이 보고 있는데도 그런 행동을 하는데 안 보는 곳에서는 어떤 행동을 할지 모르는 거 아니냐면서 승민이를 다른 반으로 반을 바꿔 달라며 항의하고 가셨어요."

"부모들이 승민이 때문에 교감 선생님을 찾아왔었단 말인가요?" 나는 눈을 동그랗게 뜨고 다시 물었다.

"네, 그래서 말씀드리는 건데, 승민이가 연일 너무 위협적인 행동을 하고 분노조절을 못하는 것 같아요. 혹시 병원 치료를 받아보는 게 어떨까 해서요?"

"승민이는 이미 약물치료, 놀이치료, 사회성 치료 다 하고 있어요." 나는 체념하듯 말했다.

"그럼, 지금 이미 치료받고 있는데도 아이가 계속 문제를 일으키고 있는 거네요?"

나는 교감의 말이 못내 서운했다.

잠시 후 승민이 상담 선생님과 함께 교장실 문을 열고 들어왔다. 나와 지완이 교장실에 있는 것을 본 승민은 고개를 떨구었다. 교장은 승민을 보자 따뜻하고 차분한 말투로 감싸주듯 말했다.

"승민아! 너 이번에 교장 선생님 두 번째 만나는 거지? 작년에 한 번 보고?"

"네." 승민이 대답했다.

"아까 교장 선생님이랑 얘기한 거 기억나지?"

"네." 승민은 여전히 고개를 숙인 채 대답했다.

"앞으로 마음이 답답하거나 속상한 일이 있을 때는 언제든지 교장실로 찾아와. 알겠지?"

"네." 승민은 교장의 물음에 고분고분 대답했다.

"지금 아직 5교시 수업 중인데 다시 교실로 들어가서 수업할 수 있겠어?"

"아니요."

"그래, 그러면 오늘은 부모님도 오셨으니까 집에 가서 쉬고, 내일부터 힘내서 다시 교실에 가서 공부하기로 하자! 어때?"

"네."

"어머님, 아버님 오늘은 승민이가 많이 힘들었고, 아이들도 지금은 많이 놀란 상태라서 수업에 들어가지 않고 바로 집에 가는 것이 좋겠어요."

교장이 지완에게 말했다.

"네, 알겠습니다. 죄송합니다."

지완이 대답했다. 이번 일로 승민은 일주일에 두 번씩 하루는 상담 선생님과 그리고 나머지 하루는 교장 선생님과 상담하기로 했다.

4월 말, 6학년 아이들이 참여하는 2박 3일간의 수련회에 승민은 가지 않겠다고 했다. 초등학교 시절에 친구들과 함께 가는 마지막 졸업여행이었다. 가지 않겠다고 버티는 아이를 억지로 떠밀어 보낼 수도 없고, 그렇다고 혼자 학교에 남아 개별 작업을 하게 할 수도 없는 노릇이었다. 다른 아이들은 당연한 듯 쉽게 지나갈 일도 모난 돌처럼 항상 걸고넘어지는 승민이 참으로 야속했다.

결국 승민은 가족여행을 핑계로 수련회에 가지 않았다. 억지로 떠난 가족여행에서도 가는 곳마다 억지를 부리며 짜증을 냈고 하루 종일 호텔 방에 처박혀 게임만 하려 했다.

지완은 그런 승민이 못마땅했다. 자기를 위해서 온 가족이 희생하고 있는데, 그것도 모르고 저 혼자 피해자인 것처럼 이기적으로 군다며 승민에게 심한 말을 하는 경우도 갈수록 잦아졌다.

그 후로 승민은 학교에서 체육 시간에 운동장 바닥에 누워버리는가 하면, 수업 도중에 교실을 나와 학교 주변을 배회하기도 했다. 담임에게 핀잔을 듣는 날에는 담을 넘어 집으로 와버렸다. 날마다 친구들과 싸웠고, 거의 날마다 담임이 나에게 전화했다. 정말 미칠 노릇이었다.

어느 날 저녁 혜화동에서 나는 승민에게 물었다.

"승민아! 요즘 학교 다니기가 그렇게 힘들어? 엄마는 네가 왜 그러는지 도대체 모르겠다."

"……."

"말하기 싫어? 엄마는 너의 진짜 속마음이 뭔지 궁금한데……. 그만할까?"

"……."

"승민아! 그렇게 아무 얘기도 하지 않고 말썽만 부리면 누구도 네 마음을 알 수가 없어. 얘기를 해줘야 엄마나 아빠도 널 도와줄 수 있어."

"……."

계속되는 나의 물음에도 승민은 한동안 말없이 듣고만 있었다. 한참을 듣고만 있던 승민이 고개를 들더니 입을 열었다.

"엄마 나 학교 가기 싫어."

승민은 울먹이고 있었다.

"왜? 친구들이 너한테 뭐라고 그래? 아님 선생님이 싫어서 그런 거야?"

"친구들도 그렇고, 선생님도 그렇고."

"선생님이 왜 싫은데? 선생님이 너한테 뭐라고 하셨어?"

"선생님이 수업 시간에 애들한테 쟤 원래 아픈 애라고. 그냥 저러게 내버려 두라고……"

나는 얼굴이 굳어졌다.

"네가 뭘 어떻게 했기에 선생님이 애들한테 네가 아픈 애라고 말한 거야?"

"몰라."

"모르는 게 어디 있어? 이유가 있을 거 아니야?"

승민은 계속해서 눈물만 흘렸다.

"친구들 앞에서 선생님이 널 아픈 애라고 하니까 애들이 뭐라고 그래? 그래서 너는 그 말을 듣고 속이 상했어? 그래서 요즘 계속 그랬던 거야?"

"선생님이 수업 시간에 내가 무슨 말만 하면 그럴 거면 집으로 가버리래. 그리고 지난번 수련회에 안 간 것도 가서 내가 싫어하는 애랑 싸우게 될까 봐 그래서 안 간다고 한 거야. 거기 가서 내가 화내고 싸우고 그러면 그때는 엄마도 없는데 어떻게 해? 도와줄 사람도 없잖아."

승민은 이제 소리 내어 엉엉 울고 있었다. 나는 소주를 한 병 시켜 마셨다. 마음이 아렸다. 식당을 나온 나는 지하철역으로 가지 않고 길을 건너 택시를 잡아탔다. 취기가 오르고 얼굴이 달아올랐다. 택시가 출발하자 담임에게 전화를 걸었다.

"여보세요?"

"네. 승민이 어머님."

"네. 저 차승민 엄만데요. 선생님 지금 통화 가능하신가요?"

"네. 말씀하세요."

"혹시 선생님께서 반 아이들한테 승민이 아픈 아이라고 말씀하셨나요?"

담임은 순간 당황하며 말했다.

"아. 그게 아니고요. 지난번 체육 시간에 피구를 했는데, 승민이 피구를 하기 싫다면서 바닥에 누워버리는 거예요. 승민이 계속 그러고 있으니까 수업을 진행할 수가 없잖아요. 수업을 못 하게 되면 다른 아이들도 피해를 보게 되니까 그래서 아이들을 진정시키려고 '얘들아! 승민은 도움이 많이 필요한 아이야. 승민이 마음이 많이 힘들어서 병원에도 다니고 약도 먹고 있으니까 우리가 이해해주자.' 그렇게 말한 거예요."

"그럼 다른 아이들한테 승민이 아프다고 말씀하신 거 맞네요?"

내가 따져 물었다.

"아니요, 그게. 그렇게 얘기했더니 아이들도 다 이해하고 승민이를 많이 걱정했어요. 우리 반 아이들이 정말 착하거든요."

담임이 대답했다. 나는 기가 막혔다.

"허, 승민이 병원에 다니는 걸 아이들한테 그렇게 공개적으로 얘기해도 되는 건가요? 개인정보 유출이 어쩌고 하면서 5학년 담임 선생님한테는 아무 말도 못 들었다면서요?"

"아니요. 그게……."

"그 말을 듣고 아이들이 승민이가 불쌍하다고 하던가요? 승민이가 애들 앞에서 그런 말을 들었을 때 애는 기분이 어땠을까요?"

나는 눈물을 참으려고 이를 악물었다.

"어머니, 저는 정말 승민이를 도와주려고 그런 거예요. 여러 아이를 가르쳐야 하는데, 승민이는 거의 매일 말썽을 부려요. 다른 아이들도 '쟤는 왜 저러지?' 그러면서 승민이를 무서워하고 힘들어해요. 그러니까 아이들도 승민이가 도움이 필요하다는 걸 알게 되면 승민이를 더 이해해줄 거라고 생각했어요. 그날도 아이들이 체육 시간이 끝나고 교실에 왔을 때, 먼저 교실로 간 줄 알았던 승민이가 교실에 없으니까 걱정을 많이 했어요."

"그럼 다른 아이들은 다 착하고 승민이만 못된 거네요? 승민이 말로는 반에 승민이를 괴롭히는 아이들도 있다고 하던데. 그리고 승민이보다 더 개구쟁이인 아이들이 그 반에 많다고 다른 부모들한테서도 들었어요. 그 아이들도 승민이를 불쌍하게만 생각했을까요?"

나의 목소리는 점점 노기를 더해갔다.

"어머니, 이렇게 흥분하지 마시고요. 저도 최선을 다했어요. 제가 승민이를 얼마나 예뻐하는데요. 승민이가 수업 시간에 발표를 잘하면 '승민아, 오늘은 승민이가 발표를 참 잘했네!' 하고 칭찬도 많이 해줬고요. 저도 승민이랑 좋은 관계를 만들어보려고 무척 노력했어요."

"그래도 아이들 앞에서 그런 말씀을 함부로 하시면 안 되는 거죠! 애가 상처받잖아요!"

나는 버럭 소리를 질렀다. 나는 계속해서 담임을 몰아붙였다.

"그리고 승민이한테 수업 도중에 그럴 거면 집에 가라고 하신 적도 있나요?"

"하아, 그게요, 그날은 정말 여러 아이를 데리고 수업을 진행해야 하는데 승민이가 제가 하는 말끝마다 딴지를 걸고 부정적으로 말하는 통에 수업을 진행할 수가 없었어요. 그래서 '승민아, 수업하기 싫으면 그냥 집에 가도 돼'라고 말한 거예요."

"그게 그거잖아요!"

"그러면 저더러 어떻게 하라는 거예요?"

이번엔 담임이 버럭 화를 냈다.

"저도 너무 힘들어요. 어머니."

나는 담임의 말을 다 듣지도 않고 전화를 끊어버렸다. 그리고 오열했다. 승민은 그런 내 옆에서 안절부절못했다. 택시기사는 울고 있는 나를 백미러로 연신 흘끔흘끔 쳐다보았다.

승민의 6학년 담임이 나쁜 선생님은 아니었다. 그건 나도 잘 알고 있었다. 아이들을 많이 사랑하고 좋아하는 선생님이었다. 하지만 너무 순하기만 해서 승민처럼 기가 센 아이들을 끌고 갈 수 있을 만큼의 카리스마는 가지고 있지 못했다.

승민을 다루려면 4학년 때 담임처럼 카리스마로 승민을 제압하던지, 아니면 5학년 담임인 박주현 선생님처럼 승민의 특성을 잘 이해하고 사랑으로 감싸줄 수 있어야 했다. 하지만 이 선생님은 이도 저도 아니었다. 그래서 더욱 속이 상했다. 이번 담임이 승민을 감당할 수 없다는 판단이 서자 더 이상 학교에 보내고 싶지 않았다. 결과는 불 보듯 뻔했기 때문이다.

또다시 시골 분교 같은 작은 학교로 전학을 갈까도 생각해봤지만, 전학을 간다고 해도 달라질 일이 아니었다. 이런저런 대안을 찾아보다가 문득 운동모임에서 알게 된 소현의 말이 떠올랐다. 소현은 유명 입시학원에서 수학을 가르치는 학원 강사였고, 개인적으로 과외도 하고 있었다.

과외 수업을 받는 아이 중에 승민처럼 ADHD가 심한 이현수라는 아이가 있었는데, 미국으로 어학연수를 다녀오고 나서 많이 좋아졌다며 같은 문제로 고민하는 나에게 생각이 있으면 어학연수를 알선해주겠다고 했다. 미국은 한국과는 달리 학업 스트레스가 없고 교육 방식도 완전히 달라서 아이들이 연수를 다녀오면 많이 변화돼서 온다는 것이었다.

 나는 무슨 수를 써서라도 승민을 학교에서 빼주고 싶었다. 그래서 소현에게 부탁하여 6월 중순부터 8월 말까지 약 두 달간 어학연수를 보내기로 했다. 만약 승민이 미국에서 잘 적응한다면 그대로 유학을 보낼 작정이었다.

 태산초등학교를 졸업한 아이들은 모두 태일중학교에 입학하게 된다. 그것은 초등학교에서 붙은 나쁜 아이라는 꼬리표가 중학교까지도 이어진다는 것을 의미했다. 나는 승민에게 붙은 나쁜 아이 꼬리표를 떼어주고 싶었다. 담임에게 어학연수 계획을 얘기하자 담임은 반색하며 반기는 눈치였다.

미국, 편견이 없는 나라

 5월 한 달 동안 나는 어학연수 준비로 정신없는 나날을 보냈다. 소현이 소개해준 곳은 미국의 워싱턴주 시애틀에 있었는데, 그곳은 운동모임에서 만난 은분이라는 회원의 딸인 수영이 운영하는 곳이었다.

 출국 일자가 다가올수록 승민은 불안해하기 시작했다. 이렇게 장기간 부모와 떨어져 지내는 것이 처음이었다. 그래서 나도 윤아와 함께 보름간 승민을 따라 미국에 가기로 했다.

 홈스테이 주인인 수영에게는 승민이 어학연수를 가는 이유가 영어 공부가 아닌 학교를 쉬기 위한 것이니, 공부하기 싫다고 하면 굳이 시키지 않아도 좋다고 얘기해두었다. 소현은 수영의 둘째 아이 역시 발달장애가 있는 아이라서 승민을 많이 이해해줄 거라고 했다.

 의사는 어학연수를 가는 것이 결코 좋지만은 않을 거라며 우려했지만, 나는 결정한 이상 그대로 밀어붙이기로 했다. 좋은 결과든 나쁜 결과든 승민이 무언가는 배워 올 것이라 믿었다.

 드디어 어학연수를 떠나는 날. 공항에서 승민과 같이 연수를 받게 될 남훈을 처음 만났다. 남훈은 승민과 동갑이었고, 은분의 손주이자, 수영의 조카였다. 승민이 타국에 혼자 떨어져 힘들어할까 봐 은분이 막내아들에게 부탁하여 이번에 남훈도 같이 가게 되었다.

 11시간의 비행을 마치고 시애틀 타코마 국제공항에 도착했을 때 공항에 수영이 마중 나와 있었다. 밤새 비행기에서 많은 이야기를 나누었는지 승민과 남훈은 그사이 꽤 친해져 있었다.

 수영의 집은 시애틀 도심에서 조금 떨어진 작은 도시인 머킬티오에 자리하고 있었다. 2층으로 된 목조 주택 1층엔 주차장이 딸려 있었고, 앞뒤 마당에는 깔끔하게 정돈된 잔디밭과 정원이 아름다운 제법 큰 집이었다. 집에 도착하자, 이미 한 달 전에 먼저 미국에 들어와 있던 은분이 나를 반갑게 맞아주었다. 수영의 집엔 수영과 수영의 남편, 15살 큰 딸인 애니카와 발달장애가 있는 14살 아들 에이든 그리고, 이미 1년 전부터 수영의 집에서 지내고 있는 2명의 여자아이가 있었다. 둘 다 승민과 동갑이었다.

 승민과 남훈은 2층에 자리한 방에서 같이 생활하게 되었다. 방에는 책상과 침대가 각각 2개씩 놓여 있었고, 커다란 벽장이 하나 있었다. 창문 밖으로 저 멀리 바닷가가 내다보이는 풍광이 아름다운 방이었다

 나는 승민이 두 달 동안 지낼 방에 옷가지와 짐을 정리해주었다. 승민은 낯선 풍경과 새로운 생활에 그저 신나 보였다.

 짐 정리를 마친 후 나는 승민과 작별 인사를 했다. 수영이 나와 윤아를 예약해두었던 근처 레지던스 호텔에 바래다주었다. 비록 승민과 떨어져 있어야 했지만, 2주간은 매일 승민을 만날 수 있었고, 밤마다 카톡으로 통화를 할 수도 있었다.

 승민은 우려했던 것과는 달리 홈스테이에서 같이 지내는 아이들과 잘 어울렸고, 캠프도 재미있어했다. 윤아도 시애틀에 있는 동안은 승민이 다니는 캠프에 참여하게 되면서, 나는 가끔 승민이 수업하는 모습을 멀리서 지켜볼 수 있었다. 승민은 외국 아이들과도 스스럼없이 잘 어울렸다.

 미국에서의 생활은 매우 단조로웠다. 시골 마을이라서 그런지 사람들이 모두 느긋하고 여유로워 보였다. 잘 정돈된 마을은 깨끗하고 아름다웠고 공기는 맑고 상쾌했다.

 이곳에서 지내는 것만으로도 힐링이 되는 느낌이 들었다.

신경을 곤두세울 일이 전혀 없었다. 승민은 단 한 번의 말썽도 부리지 않았고, 윤아는 난생처음 오롯이 나를 독차지 할 수 있는 미국 생활을 너무나 즐거워했다.

윤아의 캠프 수업이 끝난 오후가 되면, 나는 윤아와 함께 아름드리나무가 가득한 시골의 한적한 거리를 걸으며 산책도 하고, 캠프 마당에 있는 놀이터에서 해가 질 때까지 같이 놀기도 했다. 둘이 함께 장을 보고 요리를 해 먹고, 밤늦도록 영화를 보며 공기놀이도 했다. 한국에 있는 지완과 통화를 할 때면 윤아는 신이 나서 재잘재잘 그날 있었던 일들을 떠들어댔다.

시애틀에서의 시간은 빠르게 흘러갔다. 어느새 내가 한국으로 떠나야 하는 날이 다음날로 다가왔다. 나는 시애틀에서의 마지막 하룻밤은 수영의 집에서 승민과 함께 보내기로 했다.

다음날, 아침 일찍 수영의 남편이 나와 윤아가 묵고 있던 레지던스 호텔로 차를 가지고 왔다. 수영의 집에 도착했을 때, 승민은 아이들과 함께 거실 탁자에 둘러앉아 공부하고 있었다.

수영은 파자마 바람에 화장기 없는 얼굴로 아이들 가운데 앉아서 숙제를 봐주고 있었다. 승민은 현관으로 들어서는 나를 흘끔 쳐다보더니 이내 다시 책으로 시선을 돌렸다.

나는 혹시나 공부에 방해가 될까 봐 윤아와 함께 까치발을 하고서는 조용히 부엌으로 자리를 옮겼다. 잠시 후, 공부를 마친 승민이 나의 곁으로 쭈뼛거리며 다가왔다.

"승민아! 잘 있었어? 엄마 오늘은 여기서 하룻밤 잘 거야. 그리고 내일 윤아랑 한국으로 가야 해. 이제 남은 기간은 여기 혼자 있어야 하는데, 잘 지낼 수 있겠어?"

"……."

승민은 음울한 표정을 하고는 미간을 찌푸렸다.

"엄마 없어도 이모님 말씀 잘 듣고, 응?"

"몰라!"

승민은 나에게 버럭 짜증을 냈다.

그러더니 윤아에게 다가가 장난을 치기 시작했다. 윤아 뒤만 졸졸 쫓아다니면서 윤아가 싫다고 하는데도 귀에다 대고 'IDIOT! 멍청이!'라는 말을 계속해서 반복했다.

나는 승민에게 주의를 주었지만, 승민은 멈추지 않았다. 내가 자기만 혼자 두고 한국으로 돌아간다고 생각하니 갑자기 불안해진 것이었다.

수영은 나에게 할 말이 있다며 단둘이 장을 보러 가자고 했다. 하지만 윤아가 나에게서 떨어지지 않자 하는 수 없이 윤아도 데리고 갔다. 집에서 마트까지는 차로 20분 정도 거리였다. 차를 타고 가면서 수영이 조심스럽게 이야기를 시작했다.

"정연씨, 승민이가 저희 집에서 지낸 지 2주 정도 되었잖아요. 처음에는 집으로 오시는 선생님이 숙제를 내줘도 안 하고, 가져온 수학 문제집도 풀라고 하면 잘 안 하려고 그랬는데, 이제 그런 건 없어요. 승민이가 저를 좀 무서워하거든요. 제가 규칙을 지키지 않거나 숙제를 하지 않으면 굉장히 무섭게 해요."

"아, 네. 그러셔야죠. 잘하셨어요."

"그런데 승민이가 저희 집에 와 있는 아이들한테 자꾸 욕을 하고 놀리는 말을 반복해서 아이들이 승민이랑 자주 싸워요. 남훈이 하고는 욕을 하고 싸워도 남자아이니까 그러려니 하는데, 여자아이들은 승민이가 욕하는 걸 무척 힘들어해요."

"어머, 정말이요? 저는 그런 줄도 몰랐네요. 제가 오늘 저녁에 같이 자면서 앞으로는 그러지 말라고 얘기할게요. 죄송합니다."

"집에서 얘기하는 것보다 아이들 없는 데서 말하는 게 좋을 것 같아서 정연씨한테 나가자고 한 거예요."

"네, 감사합니다."

나는 승민이 미국에 와서도 여전하다는 생각에 마음이 좋지 않았다.

"승민이가 그렇게 아이들한테 나쁜 말을 하고 갑자기 화를 내거나 할 때, 제가 어떻게 해야 아이가 그런 행동을 하지 않을까요? 아이를 제어할 방법이 있는지 알고 싶어요."

수영이 나에게 물었다.

"아, 저희 승민이는 그럴 때는 잠깐 다른 곳에 격리하는 게 좋아요. 5분 정도만 따로 떨어져서 마음을 가라앉히고 나면 금방 또 좋아지거든요. 일부러 그런 게 아니라 주의력이 부족해서 자기도 왜 그렇게 갑자기 화가 나는지 잘 모를 때가 많아요."

나는 미안해하며 말했다.

"그럼 그런 일이 생기면 다음부터 승민이를 5분 정도 다른 방에 격리해도 될까요?"

"네. 그렇게 해주세요. 많이 부족한 아이를 그냥 맡겨두고 떠나려니까 저도 걱정되고 죄송하고 그러네요. 잘 좀 부탁드릴게요."

"아니에요. 제 일인데요. 뭐 아이를 어떻게 제어해야 하는지 방법만 알려주시면 제가 아이들을 다루는 데는 도사거든요. 저희 집에서 저를 마귀할멈이라고 불러요."

수영이 가볍게 소리 내어 웃었다. 나는 마트로 가는 내내 심란한 마음을 지울 수가 없었다. 옆에서 어른들이 이야기하는 소리를 다 듣고 있던 윤아는 '왜 수영 이모가 엄마를 혼내느냐'며 나에게 귓속말했다. 윤아에게는 수영 이모의 말투가 꼭 나를 혼내는 것처럼 들렸다.

마트에 도착한 수영은 야외 주차장에 주차하고 1층 입구로 들어갔다. 매장 내부는 한국에서 보던 마트의 모습과 별반 다르지 않았다. 공산품 판매장을 지나 식료품 코너로 막 들어서려는데 수영에게 전화가 왔다. 전화를 받는 수영의 얼굴에는 심상치 않은 기운이 흘렀다.

"우리 지금 당장 돌아가야 해요!"

수영의 목소리에서 다급함이 느껴졌다.

"네? 집에 무슨 일 있대요?"

"애들 아빠가 소리를 지르는 건 보통 일이 아닌 거예요."

나는 갑자기 불안한 마음이 들었다. 분명히 승민이 관련되어 있을 거라는 생각이 들었다.

수영은 집으로 돌아가는 내내 입을 굳게 다물었다. 차 안에는 차가운 정적이 흘렀다. 윤아는 불안한지 나의 손을 꼭 붙잡았다.

"엄마 괜찮아?"

윤아가 물었다.

"괜찮아, 아무 일 아니니까 가만히 있어."

나 역시 불안했지만 애써 윤아를 달랬다. 집 앞에 도착하자 수영이 윤아에게 단호한 표정으로 말했다.

"윤아야! 이모가 너희 엄마랑 할 얘기가 있거든. 먼저 집에 들어가 있을래?"

"왜요? 무슨 일이에요? 우리 엄마 혼내지 마세요!"

윤아가 울기 시작했다. 그러곤 나의 옆구리를 끌어안고 떨어지지 않으려 했다.

"윤아야! 이모가 엄마 혼내는 거 아니야! 엄마랑 할 이야기가 있어서 그래. 그러니까 할머니 따라서 집에 먼저 들어가 있어. 응?"

마당에는 은분이 나와 있었다.

"싫어요. 엄마랑 같이 있을 거예요. 엄마!"

"윤아야! 괜찮아! 딱 5분만 얘기하고 들어갈게. 할머니랑 먼저 들어가 있어. 어서!"

"싫어! 엄마랑 같이 있을 거야!"

윤아는 점점 더 크게 울며 떼를 쓰기 시작했다. 그러자 수영이 다시 엄한 눈을 하고서는 윤아와 눈을 마주치며 다시 말했다.

"윤아야, 그러면 할머니 방이 1층이잖아. 거기서 창문으로 내다보면 마당이 다 보이거든. 집에 들어가서 할머니 방에 있자. 그럼, 엄마를 볼 수 있을 거야."

"그래, 윤아야. 할머니 방에 들어가서 엄마 보고 있어. 저기 앞에 하얀 커튼 있는 방이 보이지? 저기가 할머니 방이야. 엄마 금방 들어갈 거니까 걱정하지 말고. 알았지?"

"싫어! 싫어! 엄마랑 같이 있을 거야!"

"엄마, 윤아 좀 데리고 들어가! 윤아야! 어서 들어가 있어!

이모 엄마랑 딱 5분만 얘기할 거야. 할머니 방에서 이모랑 엄마를 볼 수 있는데 서 있어! 그럼 되지? 어서 들어가! 금방 얘기 끝내고 들어갈 거니까."

은분은 나에게서 떨어지지 않으려고 악을 쓰는 윤아를 달래서 방으로 데리고 들어갔다. 윤아는 방으로 들어가자마자 커튼을 활짝 열고, 창문 밖으로 나를 내다보았다. 유리창에 코를 처 박고 울고 있는 윤아를 발견한 나는 윤아에게 눈웃음을 지어 보였다. 윤아가 집으로 들어가자 심각한 표정으로 팔짱을 낀 채 내 앞에 서 있던 수영이 이야기를 시작했다.

"아까 애들 아빠한테 전화를 받았는데, 승민이가 남훈이랑 싸웠대요."

"아! 네? 저희가 집을 나온 게 채 20분도 안 된 것 같은데……."

"아마, 저희가 집을 나서자마자 싸우기 시작한 것 같아요. 그런데 승민이가 남훈이랑 말싸움을 하다가 화가 났는지 갑자기 남훈이 목을 졸랐대요."

"네?"

나는 승민이 목을 졸랐다는 말에 순식간에 온몸의 피가 얼어붙는 듯했다.

"여기는 한국하고 달라서 다른 사람의 몸에 손을 대는 건 절대 용서가 안 돼요. 지금까지 그런 아이는 한 명도 없었거든요. 그리고 애니카 아빠가 이렇게 화를 내는 건 저도 처음 봤어요. 다른 데도 아니고 아이 목을 조르는 걸 보고 아빠가 너무 놀라서 승민이한테 그만하라고 버럭 소리를 질렀더니 승민이가 아빠한테 대들었대요."

수영이 계속해서 말했다.

"그래서 승민이한테 당장 나가라고 했더니, 승민이가 자기 방에 가서 옷이랑 짐이랑 다 싸서 가지고 나왔대요. 애들 아빠도 너무 놀라고 무서워서 그런 아이랑은 같은 집에서 살 수 없다면서 저한테 전화한 거고요. 지금 남훈이는 에이든 방에, 승민이는 자기 방에 따로 격리해 놓은 상태예요."

나는 수영의 이야기를 들으면서 그저 말없이 눈물만 흘렸다. 내일이면 당장 한국으로 돌아가야 하는데, 여태껏 잘 지내다가 하필 내가 한국으로 돌아가기 전날 이런 대형 사고를 쳐버리다니 난감하기 짝이 없었다.

수영은 참 차가운 사람이었다. 아픈 아이를 더 좋은 환경에서 키우기 위해 낯선 이국땅에서 적응하며 사느라 나약한 감정 따윈 접어버린 강철 같은 여자였다. 그런데 그런 수영이 나와 이야기하다가 갑자기 울음을 터뜨렸다. 승민을 보면 에이든이 어렸을 때가 생각나 마음이 너무 아프다며, 두 손 가득 얼굴을 묻고 너무나 서럽게 울었다. 그리고 나에게 미국으로 이민을 오면 도와주겠다며 아이들을 데리고 들어오라고 했다.

나는 마치 땅이 꺼져버리는 것 같았다. 내가 하염없이 눈물을 흘리자 방 안에서 나를 바라보고 있던 윤아가 따라서 울기 시작했다. 나는 눈물을 감추기 위해 얼른 등을 돌렸다. 북받치는 감정을 가까스로 억누르며 눈물을 닦고 돌아섰다. 그리곤 윤아에게 울지 말라며 괜찮다고 손짓했다.

"정말 죄송합니다. 제가 승민이랑 둘이 얘기를 좀 해봐도 될까요?"

"네, 그러세요. 지금 2층에 있을 거예요."

"네, 감사합니다."

현관으로 들어섰을 때 나는 수영의 남편과 눈이 마주쳤다. 수영의 남편은 당황한 듯 눈인사만 하곤 황급히 방으로 들어가 버렸다. 현관에는 승민이 미국에 올 때가지고 온 트렁크가 아무렇게나 나뒹굴고 있었다. 나는 먼저 은분의 방으로 들어가 윤아를 꼭 끌어안았다.

"엄마! 무슨 일이야? 오빠가 또 사고 쳤어?"

윤아가 울면서 말했다.

"아니야. 괜찮아! 윤아야, 엄마 오빠랑 잠깐 얘기하고 올 테니까 여기 가만히 있어야 해. 알았지?"

"엄마, 나도 데려가!"

윤아가 울며 매달렸다.

"안 돼! 엄마가 오빠랑 둘이 할 얘기가 있어서 그래. 그러니까 윤아는 걱정하지 말고 꼭 여기 있어야 해. 괜찮아! 엄마 금방 올 거야. 알았지?"

참아보려 했지만, 자꾸만 눈시울이 붉어졌다. 겨우겨우 윤아를 달래고, 2층으로 올라가려는데 수영이 뒤따라왔다.

"저희 남편한테 들었는데 승민이가 지금도 많이 흥분해 있을 거라고 하네요. 제가 먼저 얘기해 볼 테니까 뒤에 따라 들어오세요."

"아, 네."

수영이 나를 앞질러 가서 조심스럽게 방문을 열었다. 승민은 책상 밑에 웅크리고 앉아 있었다. 승민은 눈을 들어 수영을 노려보다가 뒤에 서 있는 나를 보자 울음을 터뜨렸다. 그러더니 갑자기 이를 악물고 온몸을 부르르 떨더니 손에 쥐고 있던 손톱깎이로 손목을 마구 긁어 대기 시작했다.

"어머! 너 왜 그래! 뭐 하는 거야? 지금!"

수영이 달려가 손에 있는 손톱깎이를 빼앗으려고 하자, 이번에는 팔뚝과 양 볼을 손톱깎이 날로 죽죽 긁어 상처를 냈다. 긁힌 자리에서 빨갛게 피가 배어 나왔.

"너 그거 빨리 내놔! 어서!"

수영은 온 힘을 다해 승민의 손에 있던 손톱깎이를 빼앗아 창밖으로 던져버렸다. 승민은 두 손을 제압당하자 이번엔 책상에 머리를 찧기 시작했다.

넋이 나간 듯 바라만 보고 있던 나는 승민에게 다가가 책상에 손을 얹었다. 그리고 또다시 책상 바닥에 머리를 찧으려는 승민 끌어안았다.

"이제 그만해! 괜찮아! 이제 그만하자!"

승민은 내 품에 안겨서도 한동안 발버둥을 치며 울음을 멈추지 못했다. 나는 울음이 잦아들 때까지 계속해서 등을 천천히 쓰다듬어주었다. 승민이 조금 잠잠해지자 나는 수영에게 말했다.

"이제 괜찮아진 것 같으니 제가 승민이랑 얘기 좀 할게요."

그러자 놀라서 황소 눈이 된 수영은 황망히 1층으로 내려가 버렸다. 승민은 눈물을 흘리며 나를 올려다보았다. 나는 손가락으로 승민의 볼을 타고 흐르는 눈물을 닦아주었다. 그리고 방문을 닫고, 침대 옆 바닥에 마주 앉았다. 온몸에서 기운이 쫙 빠져나가는 듯했다. 나는 붉은 세로줄을 그리며 부풀어 오른 승민의 양 볼을 쳐다보며 한동안 멍하니 앉아만 있었다.

"엄마?"

눈치를 살피던 승민이 입을 열었다.

"……."

"엄마? 엄마!"

"……."

내가 아무리 불러도 대답하지 않자 승민은 울면서 나에게 하소연하기 시작했다.

"엄마? 아저씨가 나더러 나가라고 했어! 나가라고 했다고! 응? 엄마?"

나는 승민을 그저 바라보기만 할 뿐 아무 말도 할 수가 없었다. 승민은 좀 봐달라는 듯 손목과 팔뚝의 피멍을 만지작거렸다.

다행히 손톱깎이 날이 날카롭지 않아서 상처가 깊이 패지는 않았지만, 손목과 양 볼에는 흉터가 꽤 오래갈 만한 상처가 나 있었다. 나는 말없이 눈물만 뚝뚝 흘렸다.

"엄마, 잘못했어요."

"……."

"엄마, 나 힘들어! 나 그냥 집에 데려가면 안 돼?"

나는 울고 있는 승민을 끌어안고 등을 토닥거려주었다. 그리고 물었다.

"남훈이랑은 왜 싸운 거야?"

"걔가 나한테 장애자라고 했어."

그 말을 듣는 순간 나는 안색이 싸늘하게 변했다.

"뭐라고? 다시 말해봐!"

"남훈이가 나한테 장애자라고 했다고! 그래서 싸운 거야."

"남훈이가 갑자기 너한테 왜 그런 말을 했는데?"

나는 버럭 소리를 질렀다.

"나도 몰라."

억장이 무너져 내렸다. 미국이든 어디든, 승민이 바뀌지 않는다면 세상 그 어디를 간다고 해도 결과는 마찬가지였다. 나는 먼 타국에서 엄마 없이 혼자 지내야 하는 승민의 불안함을 미처 읽지 못하고 섣부른 판단으로 일을 추진했다는 자책감에 사로잡혔다.

적금통장도 다 깨고, 보험까지 해약해서 겨우겨우 마련한 돈으로 어렵게 여기까지 왔는데 모든 것이 헛수고였다고 생각하니 후회가 밀려왔다.

하지만 인제 와서 승민을 데리고 돌아갈 수도, 내가 미국에 더 체류할 수도 없는 노릇이었다. 이대로 승민을 데리고 한국으로 돌아가게 되면 승민은 또 한 번 큰 실패의 경험을 가지게 될 것이고, 가뜩이나 자존감이 낮은 승민에게는 씻을 수 없는 상처가 될 것이 분명했다. 나는 마음을 다잡고 엄한 목소리로 승민에게 말했다.

"차승민! 네가 저지른 일이 어떤 일인 줄 알아?"

"……."

"넌 이 집 할머니 손주의 목을 졸랐어! 그리고 내일 엄마는 그 할머니와 함께 한국으로 돌아가야 하고. 여기 남는 너도 힘들겠지만, 그런 너를 두고 혼자 가야 하는 엄마 마음은 어떻겠어? 그리고 남훈이 할머니가 얼마나 속상하시겠어? 네가 힘들어할까 봐 일부러 남훈이도 어학연수 받게 하신 건데. 아무리 화가 나더라도 남의 몸에 손은 대지 말았어야지!"

"엄마, 나도 집에 데려가면 안 돼요? 나도 엄마 따라서 집에 갈래요! 제발!"

승민은 울면서 나의 팔에 매달렸다. 나는 그런 승민을 단호한 눈초리로 쏘아보며 말했다.

"집에 돌아가면 모든 게 해결돼? 네가 저지른 일이 다 없었던 일이 되는 거야? 아빠랑 할머니, 할아버지한테는 뭐라고 설명할 거야? 미국 가서도 말썽을 부려서 다 끝마치지도 못하고 돌아왔다고 말할 거야? 그러면 좋겠어?"

"아저씨가 나더러 당장 나가래! 엄마도 1층에서 내 가방 봤지? 아저씨가 저기다 던져둔 거야!"

"그러니까 네가 그런 짓을 하지 말았어야지!"

"그럼 어떻게 해?"

"이미 돈은 다 냈으니까 너를 함부로 쫓아내지는 못해. 그리고 너만 잘못한 것도 아니니까 이번 일은 엄마가 알아서 해결할게!"

나는 결연한 목소리로 이어 말했다.

"네가 저지른 일이니 네가 책임지도록 해! 끝까지 연수 기간 다 마치고 한국에 당당하게 웃으면서 돌아와! 네가 함부로 화를 낸 대가로 엄마는 미국에서의 마지막 밤을 너와 같이 보내지 못하게 되었어."

승민은 굵은 눈물방울을 뚝뚝 흘렸다. 나는 승민의 얼굴에 흐르는 눈물을 닦아주었다. 그리고 승민의 눈동자를 깊이 들여다보며 말했다.

"그리고 잘 들어둬, 너는 장애자가 아니야! ADHD가 죽을 만큼 심각한 병도, 낫지 않는 불치병도 아니야. 누구나 걸릴 수 있고, 노력한 만큼 좋아질 수 있어. 그렇게 따지면 세상에 아프지 않은 사람이 어디 있어? 누구나 말은 안 해도 아픔은 하나씩은 가지고 있어."

나는 승민의 손을 잡고 다시 한번 힘을 주어 말했다.

"넌 결코 못난 사람이 아니야. 너 자신을 사랑해야 남도 사랑할 수 있어. 절대 기죽지 마! 엄마, 아빠가 너를 위해 이렇게 노력하고 있는데, 너 자신을 버리지 마! 엄마는 네가 무슨 짓을 해도 절대 네 손을 놓지 않을 거니까!"

이야기를 마친 나는 승민을 데리고 아래층으로 내려갔다. 거실엔 아이들의 모습은 보이지 않았고, 수영과 애니카만 탁자에 앉아 있었다. 나는 수영에게 남훈을 불러달라고 부탁했다. 남훈이 거실로 내려오자 나는 남훈에게 물었다.

"남훈아, 목은 좀 괜찮아?"

"네, 괜찮아요."

"괜찮다니 다행이다. 남훈아, 그런데 너 혹시 아까 승민이랑 싸우면서 승민이한테 장애자라고 말한 적 있니?"

"네? 네에."

남훈이 갑작스러운 나의 질문에 긴장했는지 풀이 죽어 들릴 듯 말 듯 한 목소리로 대답했다.

"우선, 승민이 네 목을 조른 건 미안해. 아줌마가 대신 먼저 사과할게. 그리고 승민이 너도 남훈이한테 사과해! 그건 네가 정말 잘못한 거니까!"

"미안해!"

승민이 툭 던지듯이 말했다.

"괜찮아!"

남훈도 마지못해 대답했다.

"그래, 서로 사과해줘서 고마워! 그런데 남훈이 너 우리 승민이 아침, 저녁으로 약 먹는 거 알고 있지?"

"네."

"혹시 그 약을 왜 먹는지도 알아?"

"네."

"안다니 얘기하는 건데, 승민이는 여기 공부하러 온 게 아니야. 네가 알다시피 ADHD야. 아직 한국은 ADHD에 대해서 잘 모르기 때문에 네 말대로 그동안 장애자라는 오해도 많이 받았어. 그런데 ADHD는 그런 게 아니거든. 감기에 걸리면 약을 먹는 것처럼, 마음이 아프니까 병원에 다니고 약도 먹는 거야. 승민이는 아직 친구들의 마음을 읽는 게 조금 서툴러서 너희들이 보기에 승민이의 행동이 조금 이상해 보일 수도 있어. 너희들한테 승민이에 대해서 먼저 이야기한 것도 미국은 한국하고 다르니까, 여기는 그런 게 아무런 문제가 되지 않을 거라고 믿었거든."

그리고 이어 말했다.

"승민이는 장애자가 아니야. 그저 남들과 조금 다를 뿐이야. 아줌마는 남훈이가 승민이한테 장애자라고 말한 것에 대해서는 진심으로 사과해줬으면 좋겠는데. 그럴 수 있겠어?"

"네, 승민아! 미안해!"

나의 말을 듣는 내내 남훈의 얼굴엔 미안한 기색이 역력했다.

"괜찮아."

승민도 대답했다. 나는 곁에서 지켜보고 있던 수영에게 말했다.

"승민이 얘기를 들어보니까, 남훈이가 승민이한테 장애자라고 말해서 승민이가 화가 났었나 봐요. 그렇다고 승민이가 남훈이 목을 조른 게 절대 잘했다는 건 아니고요. 마음이 아픈 아이라서 그런 말에 민감하다는 걸 이해해주셨으면 해서 말씀드리는 거예요. 승민이도 지금 많이 반성하고 있어요. 다시는 이런 일이 없도록 단단히 일러두었어요."

나는 다시 이어 말했다.

"그리고 남훈이도 승민이를 자극하는 말은 앞으로 하지 않았으면 하는 마음에 제가 남훈이 한테도 한마디 했네요. 그 점은 양해해주셨으면 좋겠어요."

어느새 거실에는 여자아이 둘도 내려와 있었다. 나는 아이들을 보며 다시 말했다.

"얘들아! 승민이는 도움이 많이 필요한 아이야. 화가 잘 조절이 되지 않아서 한국에서 많이 힘들어했고, 여기 있는 친구들은 편견 없이 승민이를 대해주고, 바라봐줄 것 같아서 그래서 여기까지 왔어. 너희들이 우리 승민이를 앞으로 많이 도와주길 바라."

"네, 걱정하지 마세요." 한 여자아이가 말했다.

나는 승민에게 다시 미국 생활이 성공의 기억으로 남도록 하고 오라고 당부했다. 그러곤 그 길로 짐을 싸서 수영의 집을 빠져나왔다.

수영은 바닷가 근처에 있는 호텔을 잡아 주었고, 한바탕 소동을 치르느라 점심도 거른 나에게 밥까지 사주었다.

"정연씨! 엄마가 강해야 해! 많이 먹고 힘내! 정연씨는 내가 보니까 너무 약해. 그러면 승민이 못 키워!"

수영이 나의 접시에 음식을 덜어주며 말했다. 나는 목이 메었지만, 꾸역꾸역 음식을 목구멍으로 밀어 넣었다.

 수영이 돌아간 후 나는 객실에 들어서자마자 허탈함에 그대로 주저앉아 버렸다. 시간이 어떻게 흘러갔는지 시계는 벌써 오후 5시를 가리키고 있었다. 낮에 있었던 일이 마치 꿈만 같았다. 한동안 그렇게 앉아서 넋을 놓고 바다만 바라보았.

 창문 밖으로 펼쳐진 너른 태평양과 푸른 하늘이 눈물 나도록 아름다운 오후였다. 문득 정신이 든 나는 윤아를 바라보았다. 윤아는 혼자서 휴대전화로 객실 내부와 창밖의 풍경을 연신 찍어댔고, 지완에게 전화를 걸어 좋은 호텔에서 마지막 밤을 보내게 되었다며 신이 나서 자랑을 늘어놓고 있었다.

 분명 수영의 집에 있을 때만 해도 내 곁에 딱 달라붙어서 두 눈두덩이가 복어처럼 부풀어 오르도록 울고 매달렸었는데, 이제는 나의 근처에는 오지도 않았다. 마치 잘 지워지는 지우개로 머릿속의 기억을 죄다 지워버린 듯한 윤아의 모습이 너무 낯설게만 보였다.

 나는 일찍 윤아를 재우고 나서 소파에 앉았다. 그리고 칠흑같이 어두웠던 태평양 바다가 말간 새벽빛으로 물들 때까지 하염없이 창밖만 바라보았다. 미국에서의 마지막 하루는 그렇게 아프게 끝이 났다.

다음날 나는 승민과 전화도 한 번 하지 않고 비행기에 몸을 실었다. 10시간 반이 넘는 비행시간 내내 은분에게 미안한 마음에 눈도 제대로 마주칠 수 없었다. 은분이 괜찮다고 위로해 주었지만 너무나 죄송스러웠다.

그리고 한국에 돌아가서 지완에게 뭐라고 말해야 할지, 마지막 인사도 나누지 못하고 미국에 혼자 두고 온 승민은 잘 지낼 수 있을지, 앞으로 어떻게 해야 할지 하는 생각에 머릿속이 복잡하고 혼란스러웠다.

인천국제공항에 도착한 나는 지완에게 전화를 걸었다. 목소리를 밝게 하려고 무척 애를 썼지만, 음색에서 묻어 나오는 슬픔을 지완은 단박에 알아차렸다. 왜 그러느냐고 묻는 지완의 질문에 나는 그저 승민을 혼자 미국에 두고 온 게 걱정돼서 그런 거라고 얼버무리고 말았다.

미국에서 돌아온 후로 한동안 나는 가슴속에 커다란 돌덩어리가 매달려 있는 것처럼 숨조차 크게 쉬기 힘들었다. 사방이 죄다 막혀버린 골방에 홀로 갇혀버린 듯 답답하기만 했다.

상담받기 위해 지하철을 타고 병원으로 향하면서도 멍한 눈으로 창밖만 바라보았다. 윤아의 재잘거림도 듣는 둥 마는 둥 하며, '산다는 것, 살아낸다는 것이 너무나 힘들다. 나이 들어 늙어 죽는 사람들은 얼마나 많은 고통을 이겨내고 그 나

이까지 살아냈을까?' 머릿속엔 온통 그런 생각뿐이었다.

멍한 눈으로 병원 대기실에 앉아 있는데 내 이름이 불렸다. 윤아에게는 금방 나올 거니까 만화책을 보고 있으라고 했다. 윤아는 미국에 다녀온 이후로 정말 말을 잘 들었다. 혼자 기다리기 무섭다고 떼를 쓸 만도 한데 잘하고 오라며 웃으며 인사를 했다. 나는 진료실의 문을 열고 들어가 의자에 털썩 주저앉았다.

"어서 오세요. 오랜만에 뵙네요."

의사가 나를 보며 반갑게 인사를 건넸다.

"네. 안녕하세요."

나는 힘없이 대답했다.

"그래, 그동안 어떻게 지내셨나요?"

의사가 되물었다.

"애들 데리고 미국에 갔다가 윤아랑 저는 먼저 왔고, 승민이만 두고 왔어요. 승민은 8월 21일에 들어올 거예요."

"아, 미국에 다녀오신다고 하셨지요? 그래, 어땠나요?"

"……."

의사가 그렇게 묻는데 도저히 아무런 대답도 할 수 없었.

그리고 순간 눈물이 핑 돌았다. 나는 울음이 섞인 목소리로 다시 말했다.

"그때……. 선생님께서 미국 가는 거 말리셨잖아요? 그래도 다 예약해놓은 거라 그냥 갔는데, 말씀하신 대로 그다지 결과가 좋지 않았어요. 그때 가지 말라는 말씀을 허투루 들은 걸 후회했어요."

나의 이야기를 듣고 있던 의사는 책상 옆에 있는 달력을 보며 말했다.

"어디 보자, 승민이가 돌아오려면 한 달 보름은 더 있어야 하겠네요? 아이를 두고 온 게 많이 불안하신가요?"

"네, 조금."

"그래도 한동안은 아이가 눈에 보이지 않으니까 마음은 편할 거예요. 그렇죠?"

의사는 살짝 미소를 지었다. 진료실엔 잠시 침묵이 흘렀다. 의사가 계속 말을 이었다.

"보통 이런 아이들은 환경이 바뀌면 더 불안해하고 힘들어해요. 제가 그동안 진료하면서 그런 시도를 해본 아이들이 한둘이었겠어요? 여러 아이를 봐왔지만, 외국에 다녀와서 좋아졌다는 아이는 별로 보지 못했어요."

의사가 말했다.

"그러게요. 처음에는 잘 적응하는 줄 알았는데, 하필이면 제가 한국으로 들어오기 전날 승민이 주인집 손주의 목을 졸랐어요. 그런 일을 저질러 놓고 나서는 얘가 갑자기 손톱깎이로 손목하고 얼굴을 마구 긁어서 자해하기에 빼앗으니까 책상에 머리 박고 죽겠다고 하고······."

나는 울먹이며 계속해서 말을 이었다.

"손톱깎이로 긁고, 머리 박고 그러는 건, 자기도 잘못된 걸 아는데 수습이 잘 안되니까 자기 좀 봐달라고 쇼하는 거고, 그건 별로 걱정할 거 없어요."

"그날 제가 마지막으로 승민이랑 같이 하룻밤 자고 얼굴 보고 오려고 했는데, 도저히 그 집에 있을 수가 없었어요. 너무 속상하기도 하고, 그 집 주인한테 너무 미안해서 얼굴을 들 수가 없더라고요."

나는 계속해서 말했다.

"그래서 아이를 혼자 두고 그 집에서 나와서 호텔에서 하룻밤 자고, 애 얼굴도 안 보고 한국으로 들어와 버렸어요. 승민이를 데리고 와야 했는데, 돈도 그렇고 또 그렇게 데리고 오면 승민이한테 실패의 경험만 한 번 더 주는 거 같아서 그랬는데······."

나는 더 이상 말하지 못하고 흐느껴 울었다.

"걱정되시나요?"

의사가 다시 물었다.

"제가 승민이를 미국에 버리고 온 거 같아서요. 애가 많이 불안해했는데 모른 척했어요."

나는 눈물을 닦으며 의사에게 물었다.

"선생님, 승민이는 그냥 ADHD 맞나요? 혹시 다른 병이 있는 건 아니에요? 도대체 승민이가 앓고 있는 병이 뭔가요?"

나는 다시 의사에게 되물었다.

"저는 병명으로 진단 내리는 걸 좋아하지 않아요. 그게 무슨 의미가 있는데요? 지금 아이의 상태가 중요하지, 진단명은 중요하지 않아요. 굳이 얘기하자면 승민이의 경우에는 ADHD에다 그로 인한 분노조절 문제도 좀 있고, 우울, 강박도 있다고 할 수 있죠."

의사가 계속 말했다.

"ADHD 아이들이라고 해서 전부다 승민이처럼 힘든 건 아니에요. 당장 윤아만 보더라도 승민이하고는 많이 다르잖아요. 윤아는 혼자 부산하고 산만할 뿐이지만, 승민이는 다른 아이들을 자꾸 건들잖아요. 그래서 승민이가 좀 더 힘든 경우긴 하죠."

"그럼 고칠 수는 있는 건가요? 지금 도대체 몇 년째 병원에 다니고 있는데 전혀 좋아지지 않고 있어요. 아무리 병원에 다녀도 낫지도 않고, 아무런 희망도 없는데 선생님이 저한테 거짓말하는 건 아닌가 하는 생각도 들어요."

나는 계속해서 눈물을 흘리고 있었다.

"그럼 고치지 못한다고 하면 어떻게 하시려고요?"

나는 한동안 대답을 하지 못하다가, 차갑고 단호한 목소리로 이렇게 말했다.

"죽여야죠."

그러곤 비장한 눈으로 의사를 쳐다보았다.

"죽여버려야죠! 제가 낳았으니 제가 책임지고 데려가면 되잖아요."

나는 가슴을 치며 통곡하며 말했다.

"차라리 머리라도 나쁘면 그냥 포기하고 살 텐데, 이건 이것도 아니고, 저것도 아니고…… 승민이도 너무 힘들어해요. 차라리 눈에 보이는 장애가 있으면 남들한테 동정이라도 받을 텐데, 너무 아프고 힘든데, 오히려 손가락질만 받고……."

나의 말을 듣고 있던 의사의 표정이 갑자기 굳어졌다. 그러더니 나에게 호통치듯 말했다.

"남들한테 동정받고 사는 삶이 행복할 거 같아요? 정말 그렇게 살고 싶어요? 저기 창밖에 서울대 병원 보이죠? 거기 아동 병동에 지금 얼마나 많은 아이가 있는 줄 아십니까? 보통 50명 이상의 아이가 불치병으로 입원해 있어요. 그중에 매일 스무 명 정도의 아이들이 죽고, 또 매일 그만큼의 새로운 아이들이 들어와요. 그리고 대부분의 아이가 스무 살도 되기 전에 죽고요. 그중에는 죽을 때까지 병원이 세상 전부인 아이들도 있어요."

나는 담당 의사가 그렇게 화를 내는 모습을 그날 처음 보았다. 의사는 또다시 말을 이었다.

"저는 제가 정신과 의사인 게 너무 다행이라고 생각해요. 제가 왜 정신과를 좋아하는지 아세요? 이건 다른 질병에 비해 고칠 가능성, 좋아질 가능성이 훨씬 더 크기 때문이에요."

의사가 말했다.

"……."

나는 한동안 아무런 대답도 할 수 없었다.

"고치지 못한다고 하면, 치료하지 않고 그냥 이대로 놔둘 건가요? 어떻게 해서든 도와줄 수 있을 때까지 도와주고, 방법을 찾고, 가르쳐 주고, 할 수 있는 한 최선의 노력을 다해야 하는 거 아닌가요?"

나는 계속해서 눈물을 흘리면서 고개를 들지 못했다. 의사의 말은 계속 이어졌다.

"비록 엄마의 기대에는 미치지 못하겠지만 아이는 분명히 도와주는 만큼 성장하고 좋아질 수 있어요."

나는 더 이상 할 말이 없었다. 세상이 다 끝난 것처럼 절망에 빠져서 울부짖었던 나 자신이 너무나 부끄럽게 느껴졌다.

의사는 나에게 다음과 같이 말했다.

"아이에게 너무 많은 기대를 내려놓으세요. 아이를 있는 그대로 바라봐주고, 그냥 인정해 주세요. 아이가 힘들어할 때

끝까지 중심을 잡고 제자리를 지키며 기다려주는 거. 그게 부모의 역할인 거 같아요. 그러다 보면 아이는 언젠가는 제자리로 돌아옵니다."

진료실을 나온 나의 가슴속엔 마치 물수제비를 뜬 호수처럼 잔잔하고 긴 파장이 일었다. 그리고 차가운 얼음물을 머리에 확 끼얹은 듯 정신이 번쩍 들었다.
"엄마! 왜 이렇게 늦게 나왔어? 책도 다 읽었단 말이야!"
진료실 밖에서 혼자 거의 한 시간을 기다리던 윤아의 눈엔 눈물이 그렁그렁했다.
"미안해 윤아야, 미안해! 기다리느라 많이 힘들었지? 엄마랑 맛있는 밥 먹으러 가자!"
나는 다시 기운을 내기로 마음먹었다.

미국에 혼자 남게 된 승민은 한동안 풀이 죽어 있었다. 나와 통화를 할 때면 가족에 대한 그리움으로 눈물짓기도 했고, 어린아이처럼 엄마가 보고 싶다며 애정 어린 표현도 자주 했다. 수영은 승민이 혼자 미국에 남게 되니 오히려 내가 곁에 있을 때보다 훨씬 더 말도 잘 듣고 얌전해졌다고 했다. 나는 날마다 승민과 화상통화를 했고, 시간이 갈수록 승민도 점점 안정을 찾아갔다.

미국 생활에 익숙해지면서 승민은 또다시 같이 캠프에 다니는 외국인 아이들과 몇 차례의 소소한 말썽을 부리긴 했지만, 수영이 그때마다 나서서 일을 잘 마무리해주어 남은 동안은 별 탈 없이 지낼 수 있었다.

학교폭력 자치위원회

승민이 미국에서 돌아오는 날 온 가족이 공항으로 마중을 나갔다. 승민은 출구를 빠져나오자마자 제일 먼저 윤아에게 달려갔다. 윤아도 달려 나가 오빠를 안아주었다. 오랜만에 가족을 만난 승민은 환한 미소를 지으며 한껏 들떠 재잘거렸다.

"엄마, 나 너무 배가 고팠어요."

승민이 나에게 처음 던진 말이었다.

승민은 그사이 키가 많이 자라 있었고, 몸은 예전에 비해 삐쩍 말라 있었다. 머리는 두 달 동안 한 번도 자르지 않아 앞머리가 두 눈을 덮을 정도로 더벅머리가 되어 있었다.

손톱은 죄다 물어뜯어서 손톱뿐만 아니라 손끝에 살갗이 전부 빨갛게 벗겨져 있었다. 아랫입술은 계속 앞니로 씹어대서 안쪽에 콩알만 한 종양이 생겨 있었다. 그것은 승민이 미국에 홀로 있는 동안 극도의 스트레스와 외로움으로 많이 불안해했다는 증거였다. 나는 마음이 너무 아팠지만, 내색은 하지 않았다.

집으로 돌아온 승민은 처음에는 밥도 제대로 먹지 못했다. 조금만 먹어도 체하거나 설사했다. 하지만 먹는 것이 편해지고 나니 무섭게 먹어댔다. 특히 콜라나 과자 같은 군것질거리에 집착했다. 세 보이려고 말을 험하게 해댔지만, 원래 승민은 겁이 많고 소심한 아이였다. 그래서 미국에서는 눈치를 보느라 먹을 것도 제대로 찾아 먹지 못한 듯했다.

이미 혹처럼 굳어버린 아랫입술의 종양은 말을 할 때마다 입을 자꾸 비뚤어지게 했다. 승민이 습관적으로 앞니로 종양을 씹어댔기 때문이었다. 종양은 대학병원에 가서 수술해야만 했다.

의사와 상담을 하고 난 후, 나는 승민을 일반 중학교에 보내지 않기로 결심했다. 승민이 하루아침에 바뀌기는 힘들 것이고, 일반 중학교에 가면 지금보다 더 적응하기 어려울 테니까 말이다.

의사는 봉천동에 있는 '성장학교 별'을 추천해주었다. '성장학교 별'은 열네 살부터 스무 살 사이의 아이들을 대상으로 하는 중·고 통합 도시형 대안 학교이고, 교장은 정신과 의사 김현수 교수였다. 서울에 있는 유일한 치유형 대안 학교로, 지하철을 타고 40분이면 통학할 수 있었다.

하지만 학교를 둘러본 나는 너무나 낙후된 학교 시설과 주변 환경에 실망을 금치 못했다. 집 앞에 번듯한 일반 중학교를 놔두고 이런 곳에 승민을 보내기가 망설여졌다. 게다가 치유형 대안 학교이기 때문에 승민과 같은 ADHD뿐만 아니라, 다른 경계성 장애가 있는 아이들도 많이 있었다.

다른 사람들이 승민의 아픔을 몰라주고, 오히려 공격하는 것 때문에 많이 아파했지만, 막상 승민을 그런 아이들과 같이 공부시켜야 한다고 생각하니 선뜻 내키지 않았다.

성장학교 별의 입학설명회가 있는 날 윤아를 친구네 집에 맡겨놓고 지완, 승민과 함께 설명회에 참석했다. 그런데 뜻밖에 지완은 학교에 대해서 긍정적인 반응을 보였다. 승민이 학교에서 문제를 일으키고, 자신도 학교에 불려 가기 시작하면서 지완도 승민의 상태가 일반 학교에 보내기는 어렵다고 판단한 것이다.

반면, 승민은 아무 말이 없었다. 설명회에서 학교를 설명하러 나온 학생대표의 모습을 보고 나도 충격을 받았지만, 승민도 그랬다. 몸이 불편하거나 생김새가 이상한 건 아니지만, 어딘지 일반 아이들과 다른 말투와 행동이 조금 당황스러웠다. 나도 승민을 굳이 이런 학교에 보내야만 하나 하는 마음에 속이 상했다.

그래서 다른 대안 학교도 몇 군데 방문해보았지만, 서울에서 통학하면서 다닐 만한 대안 학교는 여기밖에 없었다.

승민은 별학교가 아닌 일반 중학교에 가고 싶어 했다. 별학교에 다니게 되면 다른 아이들이 자기를 이상한 아이로 볼까 봐 그게 너무 두렵고 싫다고 했다. 나 역시 마찬가지였다. 가능하다면 승민을 일반 학교에 보내고 싶었다. 대안 학교는 학력이 인정되지 않아 검정고시를 봐야 하는 부담도 있고, 무엇보다 내가 한 번도 가지 않은 길이라서 모든 게 낯설고 두려웠다.

고민하던 나는 의사와 다시 상담했다. 의사는 승민을 별 학교에 보내려 했던 본래 목적을 잊으면 안 된다고 했다. 겉으로 보이는 모습이 중요한 것이 아니라 무엇을 가르치고, 아이가 이곳에서 무엇을 배우느냐가 더 중요한 거라고 했다.

승민이 다른 사람들과 정상적인 관계를 형성하지 못하는 문제를 대안 학교에서 찾아보자는 것이 본래의 목적이었다. 물론 그렇지 않을 수도 있지만, 아이의 문제를 따뜻한 시선으로 바라봐주고, 이끌어 줄 수 있는 멘토가 되어줄 사람을 만날 확률이 일반 학교보다는 대안 학교가 훨씬 더 높았다.

그리고 자신보다 더 어려움을 겪는 아이들을 보면서 승민이 많이 깨우치고 배울 수 있을 것이라고도 했다. 나는 의사의 말에 또다시 이기적인 생각에 빠져있던 자신이 부끄러웠다.

여름방학이 끝났다. 그사이 전에 있던 여자 교감은 다른 학교로 전근을 갔고, 교장보다 더 나이가 많아 보이는 남자 교감이 새로 부임해 왔다. 개학 첫날. 나는 아침 식사를 차리는 내내 마음이 편치 않았다. 승민은 미국에 다녀오기 전보다 훨씬 더 불안해 보였다. 승민은 오랜만에 친구들을 만난다며 들떠 있었지만, 말썽만 부리다 떠난 승민을 친구들이 반겨줄지 의문이었다. 무엇보다 담임과 별문제가 없을지가 제일 걱정이었다.

그리고 나의 우려는 현실이 되고 말았다. 개학 첫날부터 승민은 아이들을 상대로 심한 장난을 치기 시작했다. 복도에서 같은 반 아이의 실내화 한 짝을 집어서 창밖으로 내던지는가 하면, 대거리라도 하는 아이에게는 '조져버린다.', '목을 비틀어버린다'라며 을러댔다. 11시쯤 담임으로부터 전화가 왔다.

"어머니, 빨리 와서 도와주세요. 승민이가 지금 친구들한테 위협적인 말을 하고, 마구 화를 내고 있는데, 이 아이를 제어할 수 있는 사람이 없어요. 지금 빨리 좀 와주세요."

나는 전화를 끊자마자 급히 학교로 뛰어갔다. 학교에 도착했을 때, 교실 밖에는 교장이 나와 있었고, 승민은 상담실에 격리되어 있었다. 담임은 승민이 없는 교실에서 한창 수업하고 있었다. 나를 본 교장은 승민이 왜 그렇게 화가 났는지 이야기해보라며 나를 상담실로 들여보내 주었다.

승민은 오랜만에 만난 반 친구들과 같이 놀고 싶은 마음이 컸다. 그러나 아이들이 제대로 호응해주지 않자 심통이 났다. 상담실에서 안정을 되찾고 나자 승민은 다시 교실에 들어가 수업을 듣고 싶어 했다.

3교시가 끝나는 종이 울리고 담임이 상담실로 들어왔다. 나는 승민을 상담실에 남겨두고 담임과 따로 이야기를 나누기 위해 복도로 나왔다.

"선생님, 죄송해요. 승민이가 미국에서 스트레스를 많이 받았나 봐요. 같이 놀고 싶어서 그런 건데 다른 아이들이 자기를 놀리는 것 같으니까 갑자기 화가 났나 봐요. 지금은 많이 반성하고 있어요."

"아, 네. 승민이가 그사이 많이 컸고, 힘이 세져서 이제는 제가 애를 감당할 수가 없어요."

잠시 머뭇거리던 담임은 다시 말을 이었다.

"그런데요. 어머니, 그냥…… 가실 건가요?"

나는 담임의 그 말이 마치 승민을 집으로 당장 데려가라는 말처럼 들렸다.

"네? 아, 그러면 오늘은 승민이가 수업에 들어가긴 힘들 것 같으니까 조퇴시키고 집으로 데려갈게요. 한데 아이 가방이랑 다른 짐들이 교실에 있는데요."

"네, 제가 교실에 가서 가지고 나올게요. 잠깐만 기다리세요."

담임은 기다렸다는 듯 바로 승민의 가방을 챙겨서 복도로 가지고 나왔다.

허, 진짜 가길 바랐던 거구나!

담임으로부터 승민의 가방과 실내화 주머니를 건네받아 든 나는 담임에게 가벼운 묵례만 한 뒤 돌아서서 상담실로 들어갔다.

"승민아! 집에 가자!"

나는 약간 짜증이 섞인 목소리로 말했다.

"왜? 엄마? 나 수업에 들어가야 해!"

"오늘은 그냥 조퇴하기로 했어. 그러니까 집에 가자."

"왜? 그년이 나더러 집에 가래?"

"뭐? 너 지금 뭐라고 그랬어?"

나는 신경질적으로 버럭 소리를 질렀다.

"왜 나만 집에 가야 해? 임승재도 그렇고 이서후도 복도에서 다른 애들 신발을 가지고 장난치기에 나도 한번 해본 건데 왜 나만 가야 하냐고! 이~씨이~"

승민도 따라서 소리를 질렀다.

"그럼, 그 애들이 한 짓이 잘한 짓이야? 그래서 너도 따라 한 거야?"

"……."

"그 애들이 너처럼 조져버린다, 목을 따버린다는 그런 얘기도 했어?"

"……."

"그러니까 그런 심한 소리는 하지 말았어야지! 애들이 너를 얼마나 무서워하겠어! 오늘 교실에 못 들어가는 건 모두 다 네 탓인 거야!"

나는 승민을 질책하듯 말했다.

"에이 씨!"

승민이 주먹으로 벽을 치며 화를 냈다.

"뭐야! 이놈이 또! 어서 따라 나와!"

승민은 2학기 첫날부터 반강제로 조퇴를 하고 집으로 돌아와야 했다. 담임이 자신을 교실에서 내쳤다고 생각한 승민은 담임이 미워 죽을 지경이었다.

담임에 대한 승민의 부정적인 감정은 다음날 학교에서 그릇된 방법으로 표출됐다. 승민은 학교에 가자마자 화장실에서 물을 떠다가 앞자리에 앉은 남자아이의 바지에 뿌리더니 오줌을 쌌다며 놀려댔다. 당연히 담임은 승민을 심하게 혼냈고, 그러니까 이번에는 나 같은 놈은 죽어야 한다며 3층 계단 쪽으로 달려가 복도 창문에 매달려 떨어져 죽겠다고 했다.

내가 연락받고 학교에 갔을 때, 승민은 그때까지도 머리와 몸을 반쯤 창문 밖으로 내놓은 채 창틀에 매달려 울고 있었다. 어른 세 명이 매달려서 잡아당기는데도 승민을 끌어내리지 못하고 쩔쩔매고 있었다. 나는 숨을 고르고 승민에게 다가가서 엄하게 말했다.

"차승민, 그만해. 인제 그만 내려와!"

승민은 나를 보자 소리를 지르며 더 큰 소리로 울기 시작했다. 나는 다시 낮지만 단호한 목소리로 말했다.

"네 마음 다 아니까, 인제 그만하고 빨리 내려와! 이게 뭐 하는 짓이야! 진짜 떨어져 죽으려고 그래? 그럼 그러든지."

"어머! 어머니! 승민이를 자극하지 마세요. 그러다 진짜 큰일 나요!"

교장이 나의 옷깃을 잡아당기며 안절부절못했다. 승민은 여전히 꼼짝도 하지 않고 창틀을 쥔 손에 더 힘을 주어 매달렸다.

"3층에서 떨어진다고 죽지 않아. 그러니까 엄마가 내려오라고 할 때 그냥 내려와. 어서!"

나는 승민에게 다가가 창틀을 붙잡고 있는 손을 잡고 손가락을 하나씩 폈다. 승민은 그제야 못 이기는 척 나의 손을 잡고 복도에 내려와 섰다.

"그래, 잘했어. 어이구! 이렇게 쉽게 내려올 거면서 왜 선생님들 괴롭히고 그래, 자식아!"

나는 승민의 머리를 손으로 쥐어박았다.

"선생님, 승민이랑 단둘이 좀 얘기를 했으면 좋겠는데요."

나는 옆에 서 있던 교장에게 부탁했다.

"네, 2층 상담실 문을 열어 놓을게요. 그곳에 가서 아이를 좀 달래고 얘기해보세요."

교장이 말했다.

"네, 감사합니다. 이제 진정되었으니까 제가 왜 그랬는지 승민이랑 얘기해보고 이야기가 끝나면 같이 교무실로 갈게요. 죄송합니다."

"아니에요. 그런 말씀 마세요. 데리고 가서 잘 얘기하고 오세요."

교장은 나와 승민을 2층 상담실로 안내했다. 나와 승민이 상담실로 들어가자 교장은 상담실 밖에서 문을 잠그며 말했다.

"어머니, 혹시나 또 승민이가 흥분해서 나가고 그러면 안 되니까 제가 밖에서 문을 잠글게요."

"아, 네 그러세요."

나는 상담실 탁자에 마주 앉아 승민을 빤히 쳐다보았다. 승민은 고개를 떨군 채 계속 흐느꼈다.

"왜 그랬어?"

나는 승민에게 물었다.

"……."

"이번엔 또 무슨 일이 있었던 거야?"

승민은 세 살배기 아이처럼 징징대며 나에게 하소연하기 시작했다.

"내가아~ 쉬는 시간에 친구들하고오~ 장난을 치고 있었는데……. 나만 그런 것도 아니고오~ 애들 몇 명이 서로 물을 뿌리고 놀고 그랬는데……. 선생님이 나한테만 뭐라고 하잖아아~ 선생님이 나 때문에 못살겠다고 그래서……."

나는 승민의 머리를 냅다 후려갈기며 말했다.

"이놈아! 그런다고 창문에 가서 매달려? 그렇게 심한 장난을 치면 당연히 혼이 나지!"

승민은 분한 듯 이를 악물고, 두 주먹을 꽉 쥐었다.

"뭐? 또 창문에 가서 매달리려고? 그래, 여기 문은 잠겼고, 저기 뒤에 창문 있네. 가서 뛰어내려! 근데 여기 2층이야. 안타깝게도 떨어져도 죽지 않아. 너 먼저 가서 뛰어내리면 엄마가 따라갈게. 한번 뛰어내려 봐!"

나는 운동장 쪽으로 난 창문을 가리키며 비꼬듯이 말했다. 승민은 굵은 눈물방울을 뚝뚝 떨어뜨리며 몸을 부르르 떨었다.

"엄마, 나 너무 힘들어! 어떻게 해야 할지 모르겠어! 내가 뭘 해도 내 말은 믿지도 않고, 학교에는 내 편이 하나도 없어. 아무도 믿을 수가 없어."

나도 답답하긴 마찬가지였다. 어떻게 해야 승민의 마음에 쌓인 독을 없애고, 행복하게 할 수 있을지 알 수가 없었다.

"그래, 많이 힘든 것 알아! 그렇다고 이렇게 하면 안 되지. 인마!"

나는 계속 말을 이었다.

"욱하는 마음에 한 번 일 저지르기는 쉬워. 근데 그러고 나서 화가 가라앉고 나면 어떻게 수습할 거야?"

승민은 아무런 대답을 하지 못했다.

"그래서 많은 사람이 쉽게 화를 내지 않는 거야. 화를 내고 나면 뒷수습이 더 힘든 거거든. 에이고, 이 어리석은 놈아!"

"엄마, 나 이제 어떻게 해?"

그사이 승민은 많이 침착해져 있었다.

"뭘 어떻게 해? 너 이렇게 난리를 쳐놓고 다시 교실에 아무렇지도 않게 들어가서 공부할 수 있겠어?"

승민은 고개를 가로저었다.

"오늘은 네가 저지른 일이 있으니까 교무실에 가서 그거 해결하고 엄마랑 같이 집에 가자."

그때 상담실의 문이 열렸다. 교장이 이야기가 다 끝났으면 교무실에서 보자고 말했다. 승민은 상담실에 남아 박주현 선생님과 더 이야기하기로 했고, 나는 교장을 따라 교무실로 갔다.

교장은 승민이 학교에서 자살 소동을 벌이는 모습을 많은 아이가 봤다며 이 사건은 그냥 넘어갈 수 없다고 했다. 나도 뭐라고 할 말이 없었다. 그때 교감이 나에게 종이 한 장을 내밀었다. 〈위기 아동 긴급구호 요청〉 서류였다. 내용을 읽어 보니 아이가 학교에 적응하지 못하고 계속 문제를 일으킬 뿐만 아니라 자살 위험이 있어서 학교에서 감당할 수 없으니, 교육청에서 운영하는 '위 센터'에 긴급구호를 요청한다는 내용이었다. 그리고 워낙 위급하니 오전 수업을 포기하고서라도 치료 프로그램의 도움을 받겠다는 내용의 각서가 밑의 부분에 추가되어 있었다. 이미 모든 서식에 승민의 개인정보가 기록되어 있었고 나는 사인만 하면 되는 거였다.

"선생님, 굳이 이렇게 할 필요가 있을까요? 승민이는 이미 병원에서 약도 먹고 있고 할 수 있는 모든 치료는 다 받고 있는데요?"

내가 교감에게 물었다.

"그래도 이런 일이 벌어진 이상 학교에서도 무슨 조치가 필요해요. 이건 승민이를 위해서도 그렇지만 다른 아이들을 위해서도 필요한 거예요."

교감이 말했다.

"어머니, 아이가 자살하려고 했다는 건 정말 큰 일이거든요. 그 모습을 본 다른 아이들이 받았을 충격도 생각하셔야 하고요."

교장이 교감의 말을 거들었다.

"그러면 승민이가 거기 가서 무슨 치료 프로그램을 받는 건가요?"

나는 이번에는 교장에게 물었다.

"저도 무슨 치료를 받는지는 잘 모르겠어요. 그런데 교육청에서 지원하는 프로그램이니까 아이를 위해서 받아보는 게 좋을 것 같아요."

교장이 대답했다.

"심리치료는 한두 번 해서 끝나는 게 아니에요. 지금 승민이가 병원을 몇 년째 다니고 있는데요? 제가 승민이 5학년 때부터 말씀드렸잖아요. 애는 어떤 선생님이 담임이 되느냐에 따라 영향을 많이 받기 때문에 담임이 누가 되는지가 중요하다고요. 그래서 제가 그때부터 그렇게 부탁드렸잖아요?"

"그 부분에서 어머니가 속상한 건 아는데요. 그건 저희도 어떻게 할 수가 없어요."

교장이 하소연하듯 말했다.

"애가 자꾸 교실 밖으로 쫓겨나고, 선생님도 수업 중에 자꾸 '집에 가라' 그런 소리를 하니까 애가 더 이러는 건데, 수업도 빼먹고 상담받으러 다니라고 그러면 애가 어떻게 생각하겠어요?"

나는 다시 따져 물었다.

"물론 어머니가 우리나라에서 제일 유명한 의사 선생님께 진료받는 건 아는데요. 그게, 진료받아도 아이가 계속 좋아지지 않으니까 다른 방법을 찾아보자는 거죠."

교장이 말했다. 나는 더 이상 말을 하고 싶지 않았다. 교장은 승민이 정말로 병원 치료를 받고 있는지도 의심스러워하는 눈빛이었다. 하는 수 없이 각서에 사인을 하고 승민을 데리고 집으로 돌아왔다.

며칠 뒤 '위 센터'에서 전화가 왔다. 상담사는 날마다 계속되는 학교 측의 독촉 때문에 급하게 전화했다며, 긴급 지원을 요청한 이유가 무엇인지 나에게 되물었다.

나는 자초지종을 설명한 후 상담은 받지 않겠다고 말했지만, 얼마 지나지 않아 또다시 학교에서 위 센터에 빨리 어떻게 좀 해보라고 독촉했다. 나는 다시 똑같은 말을 반복해야 했고, 위 센터에서도 자꾸 해결책을 내놓길 바라는 학교의 요구 때문에 무척 난감해하고 있었다.

"어머니 말씀대로 지금 승민이 상담을 받고 있는데 또다시 상담을 새롭게 들어가는 건 오히려 역효과일 거 같아요."

위 센터의 상담사가 말했다.

"네, 학교에서는 이게 한두 번 상담해서 될 거라고 생각하는데, 그게 아니라는 건 선생님도 잘 알고 계시잖아요?"

나는 답답한 마음에 하소연했다.

"네, 그렇긴 하죠. 그러면 제가 학교에는 부모님께서 충분히 아이를 위해서 많은 노력을 하고 계신다고 말씀드릴게요."

"네 감사합니다."

상담사와 통화를 한 후 나는 담임에게 상담받을 필요가 없는 이유를 다시 한번 설명했다. 물론 위 센터의 상담사도 학교 측에 나와 같은 말을 했다. 그러나 그다음부터 담임은 나에게 수시로 전화하기 시작했다. 쉬는 시간은 물론, 수업 시간 도중이라도 상관하지 않았다. 담임은 보란 듯이 아이들이 다 보고 있는 앞에서 나에게 전화를 걸었고, 나는 그럴 때마다 하던 일을 다 때려치우고 학교로 달려가야 했다. 하지만 승민은 교실에서 나오지 않고 수업을 끝까지 듣겠다며 버텼다.

어느 날은 승민이 진상을 부리는 모습을 부모님도 알아야 한다며 휴대전화로 동영상을 찍어 놓고 학교로 달려온 나에게 보여주는가 하면, 전화를 받고 정신없이 집을 나와 학교를 향해 뛰어가고 있는 나에게 다시 집으로 돌아가라고 하기도 했다. 승민이 엄마가 학교에 오지 않아야 말을 듣겠다고 했다면서 말이다. 미친년처럼 땀을 뻘뻘 흘리며 학교를 향해 내달리던 나는 망연자실 그 자리에 털썩 주저앉기 일쑤였다.

담임은 이제 승민을 완전히 포기해버린 듯했다. 이런 일이 반복될수록 승민은 점점 두려움의 대상이 아닌 아이들의 놀림거리가 되어갔다.

어느 날 승민이 같은 반의 서후와 싸움이 붙었다. 자꾸만 자신을 놀려대는 서후에게 화가 난 승민은 또다시 참지 못하고 책상 서랍 속에 있던 가위를 들고나와 서후에게 달려들었다.

학교에서는 그 누구도 승민을 다룰 줄 몰랐고, 그날도 모두 내가 오기만을 기다리고 있었다. 헐레벌떡 학교에 도착한 내가 난동을 부리는 승민을 뒤에서 끌어안고 마음을 가라앉히게 하자, 승민은 그제야 서러움에 북받쳐 또다시 오열했.

나는 일단 승민을 달래서 교사 휴게실에 들어가 있게 하고 담임을 만나기 위해 다시 복도로 나왔다.

그때 서후와 몇몇 아이들이 복도에 몰려다니면서 좀 전의 일을 마치 자랑하듯 이야기하고 있었다. 어떤 아이는 승민을 '병신 새끼'라고 욕하며 까르르 웃기까지 했다. 나는 아이들에 둘러싸여 무용담을 늘어놓고 있는 서후에게 다가갔다.

"도대체 무슨 일이 있었던 거야?"

내가 따져 묻자 서후가 빙글 웃으면서 대답했다.

"승민이 자꾸 저를 건들면서 우리 엄마 욕을 해서 싸우자고 했어요."

"그러면 네가 먼저 싸우자고 한 거야?"

"네!"

서후가 당연한 듯 의기양양하게 대답했다. 흥분한 나는 서후의 가슴에 손가락을 가져다 대고 말했다.

"우리 승민이 그런 부분에서 무척 약한 아이니까, 앞으로 우리 승민이 건들지 마!"

나보다 훨씬 키가 컸던 서후는 나를 아래로 내려다보며 주변에 서 있는 다른 친구들의 눈치를 살피더니, 싱글거리며 어이없다는 듯 어깨를 으쓱해 보였다. 나는 한동안 서후의 눈을 똑바로 노려보고는 뒤돌아서서 교실로 향했다.

그런데 뒤에서 서후가 억울해하며 아이들에게 하소연하는 소리가 들렸다. 주변의 아이들도 서후 편을 들며 수군댔다. 듣다 못 한 나는 다시 뒤 돌아서서 아이들이 있는 곳으로 걸어갔다.

"똑바로 알아들어! 승민이한테 이제부터 말 한마디도 시키지 말라고! 알았어?"

나는 버럭 소리를 치곤 다시 돌아섰다. 그런데 내가 뒤돌아서자마자 뒤에서 어떤 아이가 이렇게 말했다.

"야! 진짜 어이없지 않냐! 네가 이해해라. 부모니까 저럴 수 있지."

나는 다시 뒤돌아서 아이들에게 다가갔다.

"지금 누가 그랬어?"

"저는 아니에요. 아무 말도 안 했어요."

"저도 아니에요."

서후 주변을 지키고 서 있던 아이들은 모두 자기는 아니라며 발뺌하더니 모두 뿔뿔이 흩어졌다. 나는 분노를 삭이고 다시 승민이 있는 교사 휴게실로 들어갔다. 승민과 한동안 이야기를 하고 휴게실 밖으로 나오니 교장과 담임이 서 있었다. 나는 교장을 따라 교장실로 내려갔다.

"승민이가 이젠 학교에 다니는 게 너무 힘들어진 것 같아요. 담임 선생님도 승민이가 감당이 안 되는 것 같고, 저도 매번 불려 다니는 게 이제는 정말 너무 힘이 드네요."

나는 너무 지친 나머지 체념한 듯 말했다.

"예, 저희도 어떻게 해서든 학교에서 해결해보려고 했는데 승민이 어머니 말씀이 아니면 그 누구의 말도 듣지 않아요."

교장이 말했다.

"그래서 말씀드리는 건데요. 담임 선생님께 여쭈어보니 출석 일수가 193일인데 그중에 2/3만 출석하면 졸업할 수 있다고 하셨거든요. 제가 세어보니 한 달 정도만 더 다니면 출석 일수가 다 차는 것 같아요. 그래서 출석 일수를 다 채우면 더 이상 학교에 보내지 않을까 해요."

내가 말했다.

"어머니, 그래도 그건 아니에요. 아이가 학교에 다니면서 배우는 게 있는데……. 아이가 잘못하는 부분이 있으면 학교에서 가르쳐야죠."

나의 말을 들은 교장의 목소리가 갑자기 커졌다.

"그렇지만, 아이가 학교에 적응을 못 하잖아요? 선생님도 속수무책이고요. 조퇴 3번이면 출석 1번으로 인정된다고 알고 있거든요. 그럼 출석 일수가 다 채워질 때까지 아침마다 제가 승민이랑 같이 등교했다가 선생님 얼굴 뵙고 조퇴할게요. 그렇게 하게 해주세요. 네?"

나는 애원하듯 말했다.

"엄마, 그래도 그건 아니야! 아이가 잘못된 점은 고치고 정상적으로 학교에 다녀서 졸업을 시키는 게 학교의 목표지 아이를 이렇게 무작정 출석 일수 채웠다고 학교도 안 다니고 졸업시키는 건 아니에요. 이대로 중학교에 가면 거기 가서 또 그러지 말라는 법도 없어요. 그건 안 됩니다."

"승민이는 태일 중학교 안 보낼 건데요. 제가 요즘 승민이가 다닐 만한 대안 학교를 알아보고 있어요."

나의 대답에 교장은 더 이상 아무 말도 하지 못했다. 하지만 교장이 계속해서 안 된다고 하니 졸업할 때까지 불안해하면서 계속해서 학교에 다닐 수밖에 없는 상황이었다. 나는 할 수 없이 이번에도 승민을 조퇴시키고 집으로 데리고 왔다.

그런데 그날 밤 담임으로부터 전화가 왔다.

이번에는 내가 낮에 서후에게 한 행동이 화근이었다. 서후가 집에 가서 부모에게 낮에 있었던 나의 행동이 너무 위협적이고 무서웠다고 말해서 내일 서후 부모가 학교에 찾아오기로 했다는 것이다. 담임은 어른인 내가 아직 어린아이를 위협한 것이 큰 문제가 되었다고 나를 비난하는 투로 말했다.

"어머니, 그렇게 왜 아이들을 위협하고 소리를 지르셨어요."

내가 계속 이유를 따지고 들자 담임이 말했다.

"뭐라고요? 제가 서후를 위협해요? 그게 위협한 건가요? 애들이 저한테 어떻게 했는데요?"

"애들이 너무 무서웠다고 하면서 집에 가서 우니까 부모님들도 속이 상했던 거죠."

"그럼 그 아이들이 우리 승민이에게 상처 준 건 어쩌고요?

어디 맘대로 한번 해보세요!"

더 이상 잃을 게 없는 나는 이성을 잃고 마구 소리를 지르곤 전화를 끊어버렸다.

다음 날 아침. 어제의 일로 지완에게 혼이 나고 저녁 내내 내가 힘들어하는 모습을 본 승민은 아침부터 시무룩한 상태였다.

"승민아! 너 오늘 학교 가서 화내지 않고 잘할 수 있겠어?"
나는 승민의 눈을 바라보며 물었다.

"잘 모르겠어요."
승민이 고개를 떨구고는 말했다.
"그러면 오늘은 학교 가지 마라!"
"네? 네."

나는 승민을 결석시킨 뒤 병원 진료를 앞당겨 오전에 승민과 함께 혜화동으로 향했다. 상담이 끝나고도 집으로 바로 돌아오지 않고 근처 낙산공원으로 승민을 데리고 올라갔다.

공원에 올라가니 혜화동 일대가 한눈에 내려다보였다. 가까이에서 보는 혜화동은 너무나 복잡하고 시끄러운데, 공원 위에서 내려다본 혜화동은 저 멀리 뒤에 남산과 북한산에 둘러싸인 아름다운 모습이었다.

하늘은 구름 한 점 없이 맑았지만, 나의 마음속은 앞으로 승민을 어떻게 해야 좋을지 몰라 먹구름이 잔뜩 낀 듯 답답하기만 했다. 그렇게 한참을 낙산공원과 혜화동 거리를 헤매다가 집으로 돌아오는 길에 담임으로부터 다시 전화가 왔다.

"어머니! 늦더라도 오늘 꼭 교장실로 와주셔야 할 것 같아요."

"무슨 일인데요?"

"아. 그게요. 어제 승민이가 가위로 아이들을 위협한 것 때문에 학교폭력 자치위원회가 열릴 것 같아요."

"네? 뭐라고요? 누가 누구를 위협해요?"

기가 막히고 정말 미칠 노릇이었다. 지완도 이미 학교 측으로부터 전화를 받은 상태였다. 서둘러 집으로 돌아와 승민을 집으로 보낸 후, 오후 5시쯤 나와 지완은 교장실로 찾아갔다. 학교폭력대책자치위원회(학폭위)를 열어야 한다는 교장의 말에 나는 울분을 터뜨렸다.

"아이가 아파하고 있을 때 학교에서는 도대체 뭘 했나요? 부모가 아무리 이리 뛰고 저리 뛰고 약 먹이고 상담받아도 담임 선생님과 학교가 도와주지 않는데 그럼 아이는 어디로 가야 하는 거죠?"

나는 화가 잔뜩 난 목소리로 교장에게 말했다.

"이 학교에 승민이만 있는 게 아니라고 몇 번을 말씀드려요? 다른 아이들은 그러면 어떻게 해요? 승민이 하나만 바라보고 있을 수는 없잖아요. 저희도 그동안 승민이 편의를 많이 봐준 거예요. 어머니."

교장은 원론적인 이야기만 했다.

"무슨 편의를 봐주셨는데요? 교실에서 내쫓는 거요? 엄마를 부른 그거요 아니면 '위 센터'에 보낸 거요? 도대체 뭐가 승민이를 위한 편의였나요?"

"어머니! 그런데 이번엔 승민이가 무기를 들었기 때문에 이번 건은 매뉴얼대로 할 수밖에 없어요."

교감이 말했다.

승민이 학교에서 왜 그러는지, 아이의 아픔을 근본적으로 해결하려는 노력은 없이 폭력적이고 위협적이니 벌주고, 벌을 주고 나면 아이가 반성할 거라는 단순한 생각이었다.

교감은 나와 지완에게 학폭위의 진행 과정을 자세히 설명하기 시작했다. 교감의 말을 가만히 듣고 있던 나는 자조 섞인 목소리로 말했다.

"힘든 아이를 위한 대책은 제대로 마련되어 있는 게 하나도 없으면서 아이를 처벌하기 위한 매뉴얼은 정말 철저하게도 만들어두셨군요."

매뉴얼을 읽어나가던 교감은 나의 말을 듣고 그만 입을 다물고 말았다.

"그러니까 내가 더 이상 학교에 보내지 않겠다고 했잖아요! 얘가 왜 학교에 더 다녀야 하나요?"

 나는 갑자기 버럭 소리를 질렀다.

 "엄마, 진정해봐. 진정하고 내 얘기 들어봐!"

 교장이 흥분하는 나의 어깨를 붙잡으며 말했다. 나의 눈에서 그동안 꾹꾹 참아왔던 눈물이 한꺼번에 폭포수처럼 쏟아졌다. 울음은 오열이 되고 오열은 분노가 되어 나의 몸을 마구 흔들었다.

 "엄마, 우리도 정말 이러고 싶지 않은데 승민이가 그동안 해 온 것도 있고, 다른 엄마들 입장도 생각해야 하고 그래. 응? 그러니까 진정하고 제발 내 얘기 좀 들어봐!"

 교장이 나의 손을 잡고 말했다.

 "뭐가요? 무슨 입장이요?"

 "학교에는 승민이만 있는 거 아니잖아. 다른 아이들이 승민이 그럴 때마다 얼마나 불안해했겠어? 가위 들고 설치고, 자살하겠다고 그러는데, 학교에서는 다른 엄마들 의견도 무시할 수가 없어요."

 교장이 계속 말을 이었다.

 "엄마가 상대방 엄마 입장에서 생각해 봐. 자기는 안 그러겠어?"

 나는 아무런 대답도 하지 못했다.

 "승민 엄마, 솔직히 엄마는 상대편 학부모들하고 같은 반 아이들에게 감사하게 생각해야 해! 그 사람들이 진작 문제를 제기했으면 3월에 벌써 일이 터졌을 거야. 3월에 공개수업이 끝나고 다른 엄마들이 교감실에 찾아왔었어. 승민이 때문에 수업을 할 수 없다고 승민이를 다른 반으로 전반 시키던지 어떻게 좀 해달라고……. 이렇게 엄마가 학교하고 선생님께 마음 닫고 돌아서면 안 돼! 선생님들도 얼마나 어렵겠어? 그때 담임 선생님이 엄마들한테 승민이가 도움이 많이 필요한 애라고 얘기하니까 그제야 다른 학부모들이 다 이해하고 괜찮다고 다 같이 보듬고 가자고 해서 여기까지 온 거야. 다른 학부모들도 그렇고 담임 선생님도 많이 노력하고 참아 온 거, 이건 진짜 승민 엄마가 이해해줘!"

뭘 이해하라는 거야! 자기들이 나한테 뭘 해준 게 있는데, 우리 승민이가 왜 이렇게 변했는데……. 같은 잘못을 해도 항상 승민이가 뒤집어쓰고 그 뒤에 숨어서 교묘히 승민이를 이용하고 놀리는 아이들은 괜찮은 건가? 애가 아프다고 말하면 말하는 대로 또 숨기면 숨기는 대로 어떻게 해도 전혀 도와주지도 못하면서! 오히려 뒤에서 욕하고 색안경 끼고 바라보며 괴물 취급해왔던 게 누군데! 나는 왜 그들을 이해해야 하는 건데? 누가 가해자고 누가 피해자인데?

나는 마음속 깊은 곳에서 분노가 끓어오르는 것을 느꼈다.

"그러니까 더 이상 안 보낸다고 그랬잖아요! 그 여자들도 우리 애가 학교에 안 나오길 바라는 거 아니에요!"

나는 강하게 쏘아붙였다.

"어허, 또 쓸데없는 소리! 그러는 거 아니야. 엄마, 내 얘기 흥분하지 말고 잘 들어봐. 일사부재리(一事不再理)의 원칙이라는 게 있어. 그게 뭔지 알지? 승민이가 지금까지 여러 가지 사건을 많이 일으켰잖아? 그건 엄마도 인정하지? 물론 엄마가 제일 힘들었겠지만, 다른 부모들도 여태 알면서도 참아 온 거야. 이렇게 일이 또 불거졌을 때 한번 짚고 넘어가 주는 게 오히려 승민에게 더 좋을 수 있어. 그러지 않고 이번에도 그냥 넘어가면, 여기저기서 불만이 더 커지게 될 거야. 승민이가 누구를 해친 것도 아니고 오늘 낮에 서후 부모님이 오셨었는데, 서후 부모님도 학폭위 여는 걸 반대하시고 오히려 승민이 괜찮으냐고 승민이를 먼저 걱정하시더라고, 이건 진짜 감사할 일이야."

교장이 말했다.

"잠깐만요. 그쪽 부모는 학폭위 여는 걸 반대한다는 건데, 그럼, 이번 학폭위는 누가 여는 건가요?"

내내 침통한 표정으로 입을 다물고 있던 지완이 입을 열었다.

"아버님, 학교에서 아이가 무기를 들었기 때문에 교원이 이 사실을 안 이상 그냥 넘어갈 수가 없어요. 그냥 넘어가면 오히려 학교에서 처벌받게 되어 있어요." 교감이 말했다.

그러면 상대편 부모도 반대하는데
학교에서 승민이를 위해서 학폭위를 여는 거라고?
미친 소리 하고 있네.

나는 이를 악물었다.

이럴 때 학폭위를 열어야 피해 학생도 없고 상대방도 처벌을 원치 않기 때문에 승민은 서면사과 같은 가장 가벼운 처벌을 받게 될 것이고, 이렇게 한번 정리해주고 넘어가면 다른 학부모들이 더 이상 이 문제로 승민에게 뭐라 하지 못할 것이라는 게 교장의 설명이었다.

그리고 승민도 학폭위가 열려서 처벌받게 되면 자기가 한 행동이 얼마나 잘못된 것인지 반성하고 뉘우치는 좋은 계기가 될 것이라고 했다.

"반성하고 뉘우친다고요? 뭘 반성하고 뭘 뉘우치는데요? 애가 못된 생각을 가지고 일부러 그러는 게 아닌 데도요? 아이도 자기가 이러는 것 때문에 힘들어하고 있어요. 자신도 조절이 안 되는 거라고요! 그래서 아이를 이해해줄 수 있는 선생님이 꼭 필요하다고 제가 그렇게 여러 번 말씀드렸던 거고요! 이건 처벌한다고 해서 절대 좋아지지 않아요. 절대!"

나는 교장에게 또다시 쏘아붙였다. 교장은 나를 설득하기를 그만두고 소파 깊이 푹 주저앉아 버렸다. 그때 지완이 조용한 목소리로 말했다.

"네, 무슨 말씀이신지 잘 알겠습니다. 그러면 절차대로 진행해주십시오."

"뭐라고?"

나는 지완에게 소리를 질렀다. 지완은 흥분하는 나를 다독이며 승민이 잘못한 것이 확실하니, 교장의 말대로 가볍게 처벌받고 넘어가는 것이 서로를 위해 좋겠다고 나를 설득했다.

나는 지완과 함께 교장실을 나오면서도 하염없이 눈물을 흘렸다. 계속해서 어깨를 들썩이며 눈물을 그치지 못하던 나는 중앙 현관을 빠져나와 교문 앞에 이르러서는 그만 그 자리에 주저앉아 대성통곡하고 말았다.

지완은 연신 한숨을 내쉬며 그런 내 곁을 지키고 서 있었다. 지나가던 사람들이 나를 힐끗힐끗 쳐다보았다. 집으로 향하는 동안에도 나는 주체할 수 없는 울분으로 길바닥에 여러 번 주저앉았다. 육교 위에서, 버스 정류장에서, 아무리 누르려 해도 자꾸만 고개를 쳐드는 분노로 여러 번 가다 서기를 반복해야 했다.

"나 미칠 것 같으니까 먼저 가."

나는 손사래를 치며 지완에게 말했다.

"이런 너를 두고 어떻게 그냥 가! 진정될 때까지 옆에 있어 줄게."

지완은 나의 등을 쓰다듬어주며 한숨을 쉬었다. 지완도 눈가에 눈물이 맺혔지만, 울지 않으려 끝까지 노력하는 모습이 역력했다.

승민의 학폭위가 열리기로 결정이 난 이후 나는 주말 내내 무력감으로 아무것도 할 수가 없었다. 그저 누워서 자고, 자다 깨면 또 울고, 또 잠들고. 먹지도, 말하지도 못하는 시간이 자꾸만 흘렀다.

지완은 그런 내가 이대로 무너질까 봐 안타까워하면서도 자신은 담담하고 씩씩한 척하며 버텨내고 있었다. 일요일 오후 지완에게 전화가 왔다. 교장이었다. 교장은 지완에게 월요일 오후 2시 반까지 교장실로 오라고 했다.

다음날 나와 지완은 다시 교장실을 찾아갔다. 학폭위 절차는 복잡했다. 먼저 피해 아동에 대한 조사가 이루어지고 난 다음, 가해 아동과 부모의 조사가 이루어졌다. 오전에 이미 피해 아동인 서후의 부모와 서후가 조사받기 위해 다녀갔고, 그 다음이 나와 지완의 차례였다.

조사를 할 때는 모든 상황을 녹음하는데 수업을 마친 승민이 상담 선생님과 함께 교장실로 내려와 그날 있었던 일에 대해서 질문에 답하는 형식으로 조사를 받았다. 옆에서 그 모습을 지켜보던 나는 상담 선생님에게 물었다.

"그전에 교사가 모든 아이가 보는 앞에서 승민이를 협박할 목적으로 수업 시간에 수시로 엄마에게 전화하신 것 하고 저번에는 복도에서 승민이의 허락 없이 동영상을 촬영하신 것은 좀 부당하다고 생각되는데 그건 어디에다 얘기해야 하나요?"

나의 갑작스러운 질문에 상담교사는 당황한 기색이 역력했다. 그때 교장이 나에게 말했다.

"승민 어머니, 우리 여기서 일을 더 키우지 말자고요. 잘만 처리되면 사과문 정도에서 해결될 일을 가지고 왜 자꾸 그러실까?"

교장의 그 말은 좀 억울해도 참으라는 거였다. 우리나라 교육 현실에서 학교가 승민에게 해줄 수 있는 최선의 배려는 형식적으로라도 학폭위를 열어 주는 것뿐이라고 말이다.

가해자로 승민이에게 벌을 주는 거지만 그건 다 승민을 위한 거다? 나 참 어처구니가 없어서…….

나는 근본적인 해결책은 내놓지 못한 채 이런 식으로 밖에 아이를 보호해주지 못하는 교육 현실과 그로 인해 또 다른 상처를 받아야 하는 승민이 너무 불쌍하고 가여웠다. 하지만 이 상황에서 내가 할 수 있는 일은 아무것도 없었다.

이틀 후 등기우편으로 〈학교폭력대책 자치위원회 참석 안내서〉와 〈서면 진술(의견)서 제출 요청서〉가 집으로 날아왔다. 승민의 변호를 위해 나와 지완이 학폭위에 참석하는 게 더 유리하다고 교감이 말했지만, 학교폭력 자치위원 중에는 학부모 대표도 있어서 나와 지완은 학폭위에는 참석하지 않기로 했다. 이 좁은 동네에서 이런 문제로 얼굴이 알려지면 승민에게 좋을 게 없기 때문이었다.

나는 서면 진술서건 학폭위 참석이건 아무런 대응도 하지 않으려고 했지만, 그러다 승민한테 나쁜 결과가 나올까 봐 마음을 고쳐먹었다.

수요일 아침. 정말이지 미치도록 학교에 가기 싫었지만, 승민을 위해 터덜터덜 학교로 향했다. 중앙 현관을 지나 교무실 앞에서 들어갈까 말까 망설이던 차에 출근하는 교감을 만났다. 나는 말없이 진술서를 내밀었다. 몰골이 너무 엉망이었는지 교감이 어디 아픈 건 아니냐고 물었지만 나는 그저 고개만 저었다.

그 주 금요일, 학폭위 결과가 나왔다. 결과 서류는 등기로 배달되었고 예상대로 서면사과 처분이었다. 승민은 그날 저녁 자필로 서후에게 보낼 사과문을 썼고, 토요일 아침 일찍 서후의 집 우편함에 사과 편지를 넣어두었다.

'이런 쓸데없는 짓이 도대체 무슨 소용이람.'

나는 할 말이 너무 많았지만 이런 형식적인 절차를 빌어서라도 승민에 대한 다른 부모들의 민원을 잠재울 수 있다는 것을 위안으로 삼기로 했다.

일주일 후, 나는 다시 교감의 전화를 받았다. 승민의 문제 때문에 상의할 것이 있다면서 지완과 함께 화요일 오전 10시까지 교무실로 찾아오라는 것이었다.

잦은 학교의 호출로 지완은 일도 제대로 할 수가 없었다. 하지만 아이 문제이니 하는 수 없이 반차를 내고 나와 학교로 향했다. 교무실에 들어서니 교감이 우리를 손님용 탁자로 안내했다.

"이번의 학폭위에서 승민이 서면사과 조치를 받은 것은 정말 다행입니다. 받을 수 있는 징계 중에서 가장 낮은 수위로 받은 거예요. 학폭위 위원들이 아이가 도구를 들었다는 것에 대해서 대단한 우려를 나타냈는데, 학교에서는 그걸 감싸주려고 무척 노력을 많이 했어요." 교감이 말했다.

"네, 감사합니다." 지완이 대답했다.

"어떻게, 서면사과는 잘하셨는지요?"

"네. 지난 토요일에 승민이가 편지를 써서 서후네 집 우체통에 넣었어요."

나는 교감과 눈도 마주치지 않고 짧게 대답했다.

"아, 네. 잘하셨네요. 그런데 지난번에 학폭위가 끝나고 나서 오후 5시쯤인가 같은 반 학부모 여섯 분 정도가 교감실로 찾아오셨어요."

"네? 또 무슨 일 때문에요?" 지완이 물었다.

"그날 승민이 때문에 반 아이들이 정신적으로 많은 상처를 받고 있다고 항의하시더라고요."

"……."

지완과 나는 부모들이 또다시 교감을 찾아왔다는 말에 기분이 좋지 않았다.

"그래서 어떻게 할까 하다가 학폭위 후속 조치로 반 아이들 전체를 대상으로 집단 심리상담을 시행할 계획이에요." 교감이 말했다.

"아. 네." 지완이 대답했다.

"그런데요. 승민이 학폭위를 했는데도 여전히 말투가 너무 거칠고 욕도 심하게 해요. 제가 가끔 복도를 지나가면서 수업하는 모습을 유심히 보는데요. 수업 시간에도 불쑥불쑥 딴소리해대는 통에 수업이 진행되지 않더라고요. 제가 보기엔 학폭위의 처벌이 워낙 가볍다 보니 아이가 학폭위까지 갔다는 것을 훈장처럼 여기는 것 같아서 상당히 우려됩니다."

"죄송합니다."

지완은 침통한 표정으로 죄송하다는 말을 반복했다.

"어머님 생각은 어떠세요?"

교감이 이번에는 나에게 물었다.

"승민이는 이미 담임 선생님에 대한 믿음이 없어요. 승민이는 담임 선생님이 싫고, 담임 선생님은 승민이가 부담스러운 상황에서 앞으로도 이런 일이 또다시 일어나지 말라는 법은 없어요. 더 근본적인 해결책이 필요하다고 생각합니다."

나는 작정한 듯 말했다.

"아, 네. 잘 알겠습니다."

대답은 그렇게 했지만, 교감은 나의 말을 귀담아듣지 않는 듯했다. 겨우 30여 분간의 면담이었지만 우리는 참담한 마음의 온몸에서 진이 빠지는 것 같았다. 나와 지완 둘 다 말없이 학교를 빠져나와 터덜터덜 집으로 걸어왔다.

그날 저녁 나는 은정과 석태를 집으로 초대하여 같이 술을 마셨다. 몇 주 동안 계속해서 학교에 불려 다닌 지완은 많이 지쳐 보였다. 술기운이 오르고 시간은 점점 깊어져 갔다. 근래에 있었던 일들을 마치 남의 일처럼 가볍게 웃으면서 은정과 석태에게 이야기하던 지완의 눈에 갑자기 눈물이 고이기 시작했다.

"제가 그동안 승민이 이 녀석을 키우면서 진짜 엄청 많이 놀아줬거든요. 아빠가 많이 놀아줘야 사회성이 좋아진다고 그래서 어렸을 때부터 그렇게 많이 놀아줬는데……."

웬만해선 자신의 속내를 드러내지 않는 지완은 울먹이며 차마 말을 잇지 못했다.

"그러게 말이에요. 승민 아빠는 다른 아빠들하고 달리 애들하고 참 잘 놀아줬잖아요. 남자애들은 몸으로 놀아줘야 하는데 엄마들이 하기에는 그게 정말 벅차거든요."

은정이 말했다.

"그래요. 맞아요. 승민이 아버님이 저희 찬영이, 재영이하고도 많이 놀아주셨어요."

석태도 거들었다.

지완은 잔에 남아 있는 맥주를 모두 들이켰다.

"정말 노력 많이 했는데……. 승민이가 아빠가 무서워서 집에도 안 오겠다고 하고, 한강에 가서 죽겠다고 그러고……. 애가 힘들어하는 모습을 보니까 마음이 너무 아파요."

지완의 눈에서 눈물이 흘러내렸다.

"내가 그동안 얼마나 힘들었는데 그걸 이제야 알았어?

그렇게 학교에 같이 가자고 얘기해도 여태 모른 척하더니……."

나는 교장의 호출로 학교에 억지로 들락거리고 나서야 승민의 상황을 깨달은 듯한 지완을 질책하듯 말했다.

"어떻게 해야 할지 모르겠어. 한다고 하는데 답이 안 보여. 내가 요즘 가장 많이 생각하는 건, 진짜 내가 이놈을 데리고 가야 하나……."

지완의 눈에서는 하염없이 눈물이 흘러나왔고, 그 모습을 지켜보던 은정과 석태는 아무 말도 하지 못했다.

"나는 진작 그 생각했었어! 인제 와서. 쳇!"

나는 그렇게 고집스럽던 지완이 한순간에 무너져 내리는 모습을 보니 갑자기 얄미운 생각이 들었다. 내가 승민 때문에 힘들다고 말해도 그동안 별일 아니라며 계속 외면해오다가 인제 와서 뒤늦게 알아차리고는 아파하는 지완을 괴롭혀주고 싶었다.

하지만 한편으로는 내가 수도 없이 생각했던 그 말, '내가 이 아이를 데리고 가야 하나', 그 말이 지완의 입에서 나오는 순간 가슴이 너무 시리고 아팠다.

차라리 계속 모른 척 버텨주지.
같이 무너지면 어떡해……. 바보같이!

나는 눈물을 흘리는 지완의 등을 말없이 쓰다듬어주었다. 아프고 아린 밤. 은정과 석태 부부는 그날도 말없이 나와 지완을 떠나지 않고 함께 울어주었다.

엄마는 절대로 네 손을 놓지 않을꺼야!

 학폭위 이후 나는 도대체 학교에서 승민이 어떻게 생활하고 있는지 궁금해졌다. 그래서 며칠간 교실 밖에서 수업을 몰래 지켜보기로 했다.

 내가 처음 학교를 몰래 찾아갔을 땐, 한창 2교시 수업이 진행 중이었다. 교실 밖으로 승민의 목소리와 남자아이들의 목소리, 그리고 담임의 목소리가 들려왔다.

 나는 교실 뒷문 벽에 기대어 서서 한동안 교실 안에서 들려오는 소리에 귀를 기울였다. 승민과 몇몇 남자아이들이 담임의 의견에 사사건건 반대 의견을 냈고, 그 와중에 승민은 '씨발', '좆같네' 같은 심한 욕을 서슴지 않고 해댔다.

 한참을 교실 밖에서 서 있는데 교실 안이 갑자기 소란스러워졌고, 두세 명의 아이들이 화장실에 가기 위해 교실 밖으로 나오다 뒷문 옆에 서 있는 나를 발견했다. 나는 더 이상 서 있을 수가 없어서 서둘러 집으로 와버렸다.

나는 그 후로도 몇 번 더 학교에 찾아가 교실 밖에서 수업하는 모습을 지켜보았다. 어느 날은 수학 수업이 한창이었는데 승민이 수업 시간 내내 큰소리로 노래를 부르기도 하고 의미없는 말을 반복하며 수업을 방해하고 있었다.

담임이 여러 번 지적했지만, 승민은 그 행동을 멈추지 않았다. 보다 못한 나는 더 이상 참을 수가 없어서 교실 뒷문을 살짝 열었다. 승민은 승재의 책상에 기대어 욕을 섞어가며 노래를 부르고 있었다. 나는 승민을 교실 밖으로 불러냈다.

"차승민! 너 수업 시간에 계속 이런 식이었어?"
"……."
"들어가서 계속 수업받을래? 아니면 지금 엄마랑 집으로 갈까?"
"들어가서 수업받을게요."

승민을 교실로 다시 들여보내고 난 후, 나는 깊은 한숨을 내쉬었다. 담임은 내가 교실밖에 와 있다는 사실을 알았지만 나와보지 않았다.

나는 수업이 끝날 때까지 복도에 서서 승민의 목소리가 다시 커지지는 않은지 주시하다가 아이들이 교실 밖으로 나오기 전에 서둘러 집으로 돌아왔다.

그날 오후, 나는 학교에서 돌아온 승민을 크게 꾸짖었다. 하지만 나의 질책에도 승민은 눈물 한 방울 흘리지 않고 잘못했다는 말도 하지 않았다.

이미 학교에 승민이 편은 없었다. 아무도 승민의 진심을 알아주는 이가 없었다. 그 삭막한 곳에서 승민이 할 수 있는 유일한 일은 그들이 원하는 진짜 괴물이 되어가는 것뿐이었다.

불안한 하루하루가 흘러갔고, 나는 출석해야 하는 날짜와 결석할 수 있는 날짜를 달력에 표시하고 지우기를 반복했다. 일주일에 두세 번 담임의 전화를 받으면 나는 학교로 뛰어가 흥분해 있는 승민을 달래야 했고, 그럴 때마다 조퇴시켜야 했다. 자칫 출석 일수 계산을 잘못하게 되면 졸업 일수를 채울 수 없기 때문이었다.

나는 이제 정말 출석 일수가 다 차면 승민을 학교에 보내지 않을 생각이었다. 언제 담임으로부터 전화가 올지 모르니 초조하고 불안해서 약속을 잡을 수도, 누구를 만날 수도 없었다. 하루하루 살얼음판을 걷는 기분이었다.

승민에게 더 이상 학교에 다니는 것은 의미가 없었다. 살기 위해 그곳을 빨리 빠져나오고 싶은 마음뿐이었다. 점점 힘들어지는 학교생활에 모두 지쳐가고 있었다.

10월이 되자 담임은 승민이 말썽을 부릴 때마다 노골적으로 출석 일수가 다 채워지는 10월 24일부터는 더 이상 학교에 나오지 말라는 말을 자주 했다.

승민은 담임의 말을 듣지 않았고, 담임은 그런 승민을 계속 자극하는 말을 하는 나쁜 고리의 반복이 끊이질 않고 있었다. 그래서 나는 일주일간 승민과 같이 등교하여 교실 뒤편에 앉아 수업을 듣기로 했다.

승민은 수업을 듣다가도 가끔 뒤를 돌아다보았고, 나와 눈을 마주치면 심하게 짜증을 냈지만 나는 아랑곳하지 않았다. 그리고 승민과 같이 교실에서 수업받는 일주일 동안 반 아이들의 수업 태도를 유심히 관찰했다.

참관 수업을 해본 결과 승민의 태도뿐만 아니라 반 아이들 전체의 수업 태도가 정말 엉망이었다. 서후, 승재는 물론이고, 수업에 집중하지 못하고 떠들고 딴짓하는 아이들이 태반이었다. 학부모인 내가 뒤에서 지켜보고 있건 말건 개의치 않는 모습이었다. 지금의 교실은 내가 생각했던 예전 교실의 모습과는 사뭇 달랐다.

이건 승민의 문제만이 아니었다. 교실은 이미 담임의 통제 범위에서 벗어난 지 오래였다. 아이들은 막무가내였고 담임은 그걸 제어할 능력이 없었다. 나의 눈엔 오히려 승민이 다른 아이들보다 더 착해 보이기까지 했다. 그 후 나는 더 이상 교실에 가서 앉아 있지 않기로 했다.

하지만 내가 학교에 오지 않자, 며칠 후 승민은 또다시 자살 소동을 벌였다. 이번엔 영어 수업 시간에 교과 선생님이 승민이 수업에 잘 참여하지 않는다는 이유로 또다시 나에게 전화하겠다며 겁을 준 것이 발단이 되었다.

흥분한 승민은 책상 속에서 커터 칼을 꺼내서 자기 목에 대고 죽어버리겠다고 했다. 그 때문에 교실은 순식간에 아수라장이 되었고, 승민을 제외한 모든 아이는 안전을 위해서 과학실로 이동해야만 했다.

혼자 남겨진 승민은 텅 빈 교실에서 구슬프게 목 놓아 울었다. 비록 짜증을 냈지만, 승민은 며칠간 교실에 같이 앉아 있어 준 나를 의지했다.

다음날 나는 승민을 학교에 보내지 않고, 바로 혜화동으로 향했다. 상담 선생님과 마주한 승민은 많이 불안해 보였다.

"그때 승민이는 어떤 마음이었니?"

상담 선생님이 물었다.

"그냥 정말 죽어서 없어지는 게 편할 것 같아서 그랬어요."

승민은 고개를 푹 숙인 채 이야기했다. 학교에서의 하루하루가 너무 힘들고 버거웠다.

"승민아! 그렇게 힘들면 앞으로 학교에 가지 않아도 돼!"

상담을 마치고 나온 나는 승민에게 말했다.

"엄마, 나는 평범하고 싶어요. 지금, 이 상태에서 내가 학교까지 안 가버리면 나는 정말 이상한 애가 되는 거잖아요."

나는 또 한 번 가슴이 무너져 내렸다. 평범하고 싶은데 평범할 수 없는 승민은 자신을 괴물로 생각하고 있었고, 세상도 승민에게 너는 괴물이라며 손가락질하고 있었다.

도대체 뭐가 평범한 건데?
누가 그 따위 기준을 만들었는데.

나는 승민의 눈을 똑바로 바라보며 단호하게 말했다.
"세상에 평범한 사람은 하나도 없어! 누구나 세상에 하나뿐이고 유일한 거야. 평범함의 기준이 뭔데? 그런 거 없어. 너는 절대 이상한 게 아니야! 알았지?"

"……."

그날 밤, 나는 밤새 잠을 제대로 이룰 수가 없었다. 머릿속엔 아이가 학교에 가서 다시 마주할 담임과 아이들의 모습이 자꾸만 떠올랐다. 그리고 승민이 학교에서 울부짖는 모습이 눈에 아른거렸다.

새벽 3시. 나는 침대에서 벌떡 일어나 컴퓨터를 켰다. 그리고 학교에 다니지 않는 아이들을 도와줄 수 있는 곳을 검색했다.

그러다 '학교 밖 청소년 지원 사이트'라는 곳을 발견했다. 그곳에 학업을 중도에 포기할 위기에 처한 아이들을 위해 도움을 주는 프로그램인 '꿈드림' 프로그램이 있었다.

아침이 되자 나는 승민을 결석시키고 그곳에 찾아가 보기로 했다. 더 이상 학교에 미련이 없었다. 오전 8시 반쯤 담임에게 문자를 보냈다.

> 선생님, 오늘은 승민이를 학교에 보내지 않겠습니다. 둘이 가볼 곳이 있어서요.
> 10월 31일 오전 7:35

답장을 기다린 건 아니지만, 오전 10시가 넘어서야 담임으로부터 답장이 왔다.

> 저도 아파서 오늘 병가를 내고 학교에 안 가고 쉬고 있습니다.
> 10월 31일 오전 10:12

나의 눈에 그 문자는 마치 자신도 승민 때문에 학교에 못 나갔다는 투로 들렸다. 11시쯤 나는 승민과 함께 집을 나섰다. 꿈드림은 집에서 한 시간 거리에 있는 청소년지원센터 3층에 자리하고 있었다. 꿈드림 센터에서는 승민이 아직 초등학생이긴 하지만 매주 목요일에 중고등학생을 대상으로 하는 프로그램에 참여할 수 있도록 해주기로 했다. 그리고 원한다면 검정고시 공부를 온라인으로 할 수 있도록 지원해주기로 했다. 나는 승민의 상태를 이해해주고 도와줄 수 있는 곳이 있다는 것이 너무나 감사했다. 학교에는 아이를 학교에 보내지 않겠다고 계속 큰소리쳤지만, 막상 학교를 벗어나 보지 않았기 때문에 불안하고 막막한 마음이었다. 그런데 새로운 길을 발견한 것 같아 마음이 놓였다.

11월 1일. 불안한 마음으로 승민을 학교에 보냈다.
"승민아! 이번 주까지만 잘 다니자? 응? 할 수 있겠지?"
승민은 아무 대답 없이 학교로 향했다. 승민에게 꿈드림 프로그램에 관해서 이야기해주고, 더 이상 학교에 가지 않아도 괜찮다고 여러 차례 설득했다. 하지만 나는 도대체 승민이 무슨 생각을 하고 있는지 알 수가 없어서 불안했다.
역시나 9시 40분쯤 학교에서 걸려 온 전화는 승민이 학교에서 또 난동을 부린다는 내용이었다. 이번엔 승민이 커터 칼을 들고 4반 아이를 찾아가서 죽여버리겠다고 하고 있으니 어머니가 와서 도와달라는 전화였다.

"선생님! 승민이 좀 바꿔……."

담임은 이제는 지쳤다는 듯 나의 말을 다 듣지도 않고 전화를 끊어버렸다. 다시 여러 번 전화를 걸었지만, 담임은 전화를 받지 않았다.

내가 학교에 도착했을 때, 승민은 교감 등 네 명의 선생님에게 둘러싸여 양손과 발이 모두 붙들려 제압당한 채, 그들의 손아귀에서 벗어나려고 몸을 마구 비틀어대고 있었다.

그런 승민을 선생님들은 교실에서 복도로 질질 끌어내고 있었다. 승민은 짐승이 포효하듯 소리치며 악을 썼다.

승민은 이번에는 내가 말려도 소용이 없을 정도로 나에게도 욕을 하며 난동을 부렸다. 나는 복도에 주저앉아 승민을 끌어안았다.

"씨발 저리 가! 나 여기서 죽어버릴 거야! 이 개새끼들이 내가 죽어서 썩는 모습을 보게. 나 죽어도 손끝도 건들지 마!"

승민이 소리를 질렀다.

"차승민! 말 함부로 하지 마!"

나는 승민에게 호통치며 말했다.

"꺼져! 어차피 죽을 건데 막으면 어때! 꺼져버려!"

"그래, 그럼 죽어. 근데 힘 빠지게 왜 이렇게 소리를 질러. 그만해! 힘들어. 알았으니까 그만하자. 죽으려면 죽어. 근데 이건 너무 힘들잖아! 엄마가 옆에 있어 줄게. 엄마가 너 외롭지 않게 같이 가줄게. 그래, 우리 힘드니까 같이 가자!"

나는 승민의 몸부림이 멈출 때까지 계속해서 승민을 꽉 끌어안았다. 나에게 끊임없이 욕을 퍼부어 대던 승민이도 차츰 진정되더니 이번엔 엉엉 울기 시작했다. 나는 승민이 등을 쓰다듬으며 말했다.

"그래, 울어. 울고 싶으면 울어야지. 소리 내서 울어. 괜찮아. 다 쏟아내고 가자."

"이젠 다시는 이런 학교에 다니지 않을 거야. 특히 저 잘 차려입은 저 새끼! 저 새끼가 아무것도 못 하게 했어!"

"뭐? 뭐라고? 누가? 누가 어떻게 했다고?"

"저 새끼 말이야!"

승민이 뒤쪽 복도를 가리켰다. 뒤돌아보니 거기엔 교감이 망연자실한 표정으로 서 있었다. 나는 그 순간 교감의 눈에 서린 분노를 읽었고, 얼른 뒤돌아서 승민의 뒤통수를 세게 내려쳤다.

"야! 이 새끼야! 터진 입이라고 말 함부로 하지 마! 어디서 어른한테!"

승민은 나에게 매달려 오열하기 시작했다. 끝이 다가오고 있다는 걸 느꼈다. 그사이 승민이 죽여버리겠다고 했던 옆 반 아이의 엄마도 연락받고 학교로 달려왔는지 승민의 담임과 얘기하고 있었다. 나는 진정된 승민을 일단 교사 휴게실로 들여보냈다. 조금 뒤 쉬는 시간 종이 울렸고, 나는 교실로 들어갔다.

"승민이 책상이 어디니?"

나는 3분단 맨 뒤에 앉아 있는 아이에게 물었다. 승민의 책상으로 간 나는 책가방과 서랍 속의 물건들을 남김없이 모두 챙겼다.

그러고 나서 사물함 쪽으로 향했다. 사물함의 문 아랫부분에는 '차승민'이라는 이름이 프린트되어 이름표 꽂이에 끼워져 있었다. 나는 사물함 속의 물건을 다 꺼내고 난 뒤, 사물함 밖에 붙어 있던 승민의 이름표를 떼어버렸다. 그러곤 담임과 반 아이들의 시선을 뒤로하고 교실 밖으로 짐을 들고나왔다. 교사 휴게실에 있던 승민을 데리고, 복도를 지나 1층으로 내려가는 동안에도 담임은 교실에서 나와보지 않았다. 계단을 다 내려와 교무실 앞을 지나는데 교감을 만났다.

"선생님, 승민이를 이제 학교에 보내지 않으려고요. 승민이가 출석 일수를 다 채웠다는 확인서를 공문으로 교장 선생님 직인 찍어서 보내주셨으면 합니다."

나는 단호하게 말했다.

"어머니, 그럴 필요도 없고, 그런 서식도 존재 하지 않습니다."

교감은 눈가에 알 수 없는 웃음을 머금고 말했다.

"그럼, 담임 선생님께서 출석 일수 다 채웠다고 말씀하셨고, 더 이상 오지 않아도 된다고 하셨으니, 저는 승민이를 이제 학교에 보내지 않겠습니다."

나는 교감에게 가볍게 묵례하고 중앙현관을 빠져나왔다. 그리고 집에 돌아오자마자 담임에게 문자를 보냈다.

> 선생님. 차승민 엄마입니다. 승민은 내일부터 학교에 보내지 않겠습니다. 승민이 출석 일수를 다 채웠고, 졸업 자격이 된다는 내용의 문서를 교장 선생님의 직인을 찍어서 공문으로 보내주시기를 바랍니다. 저희도 졸업 자격이 된다는 문서가 있어야 아이를 안심하고 학교에 보내지 않을 수 있으니까요. 감사합니다.
>
> 11월 1일 오전 11:53

승민은 매우 불안해 보였다. 저녁이 되면 지완이 알게 될 텐데 하는 생각이 드니 또 혼날 생각에 무서웠다. 나는 오후에 윤아의 상담과 진료가 잡혀 있어서 윤아를 데리고 혜화동에 가야 했다.

"엄마! 저도 데려가면 안 돼요? 저 아빠랑 둘이 있는 게 무서워요."

승민이 말했다.

"아빠는 이제 너를 혼내지 않으실 거야."

나는 승민을 안심시켰지만, 승민은 나의 말을 믿지 못했다. 이제 승민은 그 누구의 말도 믿지 못하는 듯 보였다. 마침 지완에게 전화가 왔다.

"학교에서 또 전화가 왔는데 급한 일이 있으니까 들어오라네. 일단 4시까지 찾아가기로 약속은 했는데, 이번엔 또 무슨 일이야? 무슨 일인지는 알고 들어가야 나도 대응하지."

지완의 목소리도 많이 지쳐 있었다.

나는 지완에게 오전에 학교에서 있었던 일들을 이야기해주었다. 전화기 저쪽에서 지완의 짧은 탄식이 들려왔다. 지완도 이제는 포기하는 듯했다.

내가 윤아를 데리고 혜화동에 간 사이 지완은 학교에 다녀왔다. 나는 윤아를 상담실에 들여보내고 대기실에서 지완에게 전화했다.

"무슨 일로 학교에서 오라고 한 거야?"

전화기 저쪽에서 깊은 한숨 소리가 들려왔다.

"왜? 뭐라고 하는데?"

"11월 14일까지 2주간 등교 정지, 그러고 나서 또 학폭위를 열어야 한대."

"뭐? 뭐라고? 나 원 참, 아니! 애를 학교에 안 보내겠다는데 등교 정지는 뭐고 학폭위는 또 뭐야? 미친 거 아니야?"

"이젠 뭐가 뭔지 나도 정말 모르겠다."

"일사부재리의 원칙이라며? 학폭위 연 지 한 달도 안 됐어! 이게 뭐 하자는 거야?"

나는 조용한 병원 대기실에서 나도 모르게 버럭 소리를 지르고 말았다.

"그래서 뭐라고 그랬어?"

"2주간 등교를 하지 않는 게 아니라, 승민이 원할 때까지 학교를 안 보내겠다고 얘기했고, 학폭위에 관련된 행정절차는 그대로 따르겠다고 말했어."

지완이 말했다.

"에이 씨! 진짜! 그렇게 말하면 어떻게 해? 무슨 행정절차를 따라!"

나는 복도에서 보았던 교감의 눈빛이 떠올랐다.

> 교감 선생님이야! 저번 학폭위도 그렇고 이번에도 그렇고 교감이 열자고 한 거야! 이건 말도 안 돼!

나는 당장 교무실로 전화를 걸었다. 그런데 아무도 전화를 받지 않았다. 시계는 6시 27분을 조금 지나고 있었다. 나는 다시 담임에게 전화했다.

"차승민 엄만데요. 학교에 아직 교장, 교감 선생님 계신가요?"

"예, 아직 계십니다."

담임이 대답했다.

"그러면 선생님도 아직 학교에 계신가요?"

"예."

"지금 당장 교장 선생님이나 교감 선생님과 통화하고 싶으니 저한테 전화해달라고 전해주세요."

나는 분노에 떨리는 목소리로 말했다.

"예."

담임은 그렇게 말하곤 바로 전화를 끊어버렸다. 그런데 아무리 기다려도 전화는 오지 않았다. 나는 초조한 얼굴로 전화를 기다리고 있었는데, 윤아가 상담실에서 나왔다.

윤아의 상담 후엔 내가 들어가서 부모 상담을 해야 했지만 도저히 들어갈 수가 없었다. 나는 상담 선생님에게 양해를 구하고 급하게 윤아를 데리고 병원을 빠져나왔다. 그러곤 곧바로 택시를 탔다. 집으로 오는 내내 윤아는 나에게 무슨 일이냐고 연신 물어댔지만 나는 아무 말도 할 수 없었다. 머릿속이 복잡해 터질 것 같았다.

택시가 아파트 단지 앞에 도착하자 나는 윤아를 혼자 엘리베이터에 태워 집으로 올려보냈다. 그리고 지완에게 전화를 걸었다.

"나야! 윤아 밥도 못 먹었어. 나는 좀 있다 들어갈 거니까, 윤아 밥 좀 먹여줘!"

나는 지완에게 부탁했다.

"정연아! 진정하고 내 말 들어."

지완이 말했다.

"뭐? 뭘 진정하라고?"

"학교에서 전화 왔었어."

"누가 전화했는데? 담임이?"

나는 분노가 차올라 가슴이 터질 것만 같았다.

"교감 선생님께서 전화가 왔었는데, 네가 너무 흥분한 상태라 얘기를 제대로 할 수 없을 것 같아서 나한테 전화했대."

"이것들이! 그래서 뭐라고 그러는데?"

"너 괜찮으냐고?"

"지랄들을 한다. 일단 끊어!"

나는 다시 담임에게 전화를 걸었다.

"이게 어떻게 된 건가요? 제가 교장, 교감 선생님하고 통화하고 싶다고 했는데 아직 저한테 전화가 안 왔는데요?"

나는 담임에게 따져 물었다.

"하, 저는 교무실에 전달했는데요. 교감 선생님께서 아버님께 전화하셨나 보네요."

담임이 힘없는 목소리로 대답했다.

"제가 분명히 저한테 전화 달라고 했는데 왜 아빠한테 전화해요? 제가 통화하고 싶다고 했는데 저는 젖혀두고 아빠랑 통화하면 아빠가 이 사태에 대해서 아무것도 모르는데 뭘 어쩌자고 아빠한테 전화해요?"

나는 계속해서 따져 물었고, 담임은 아무 말도 못 했다.

"교장, 교감 선생님 전화번호 알려주세요. 제가 직접 전화할게요."

내가 다시 물었다.

"……."

담임이 여전히 대답이 없자 나는 다시 좀 더 격앙된 목소리로 말을 이었다.

"지금 당장 저한테 전화하라고 하세요. 그리고 그동안 승민에게 언어폭력을 가한 아이들에 대해서도 학폭위를 열어 주세요. 저도 이번엔 가만히 있지 않을 거예요."

"하아, 어머니……. 진정하시고요."

담임은 난감한 듯 어쩔 줄을 몰라 하며 대답했다.

"지금 당장 저한테 전화하라고 하세요. 당장 전화하지 않으면 교장이든 교감이든 선생님이든 다 소송할 거니까 당장이 요!"

나는 버럭 소리를 지르고는 전화를 끊어버렸다. 가슴 깊은 곳에서 나오는 긴 한숨이 맑고 차가운 밤하늘을 갈랐다. 하늘 은 어느새 까맣게 어둠이 내려앉았고, 잘 보이지도 않던 도시 의 별들이 마치 나를 비웃기라도 하듯 유난히 반짝거렸다.

나는 전화가 올 때까지 손톱을 물어뜯으며 아파트 주차장 을 이리저리 서성였다. 잠시 후 담임으로부터 문자가 왔다.

> 죄송합니다. 어머니. 두 분께 여러 차례 연락을 드렸으나 연 락이 되지 않아 우선 문자만 남겨놓았습니다.
> 11월 1일 오후 8:21

뭐 하자는 거야 지금! 일부러 피하는 거야!
이것들이 다 짜고 치는 거야!

나는 담임에게 다시 문자를 보냈다.

> 오늘 안으로 꼭 전화 주세요. 안 그러면 바로 소송 들어갑니다.
> 11월 1일 오후 8:24

흥분을 가라앉히기 위해 나는 한참 동안 주차장 주변을 서성여야만 했다. 끝내 전화는 오지 않았고, 기다리다 지친 내가 현관으로 들어서자 아이들이 일제히 나를 쳐다보았다. 나는 달려 나오는 승민과 윤아를 꽉 끌어안았다.

분노와 눈물로 얼룩진 표정을 들키지 않으려고 얼른 화장실로 들어가 물로 깨끗이 얼굴을 씻어내고 옷을 갈아입은 후 식탁에 앉았다. 지완은 나에게 맥주 한 캔을 내밀었다.

"내가 반드시 이번 학폭위 못 열게 할 거야!"

나는 맥주를 한 모금 마시고는 단호한 말투로 말했다. 그리고 다시 이어 말했다.

"승민 아빠, 아무래도 이것들이 일부러 나를 피하는 거 같아! 앞으로 학교에서 승민 아빠한테 연락이 오면 승민이 관련된 일은 나랑 상의하라고 얘기해줘. 이제부터는 내가 알아서 할게."

나는 그만둘 생각이 전혀 없었다.

"그래, 알았다. 기왕 이렇게 된 거 우린 끝까지 승민의 편이 되자. 승민아, 우리 힘내자! 엄마, 아빠가 지켜줄게. 알았지?"

지완도 나의 말에 힘을 보태주었다. 말없이 고개만 푹 숙이고 있는 승민에게 지완이 말했다.

"승민아! 아빠, 엄마는 언제나 네 편이야! 기죽지 말고 기운 내! 다 잘될 거야!"

지완이 승민의 어깨를 토닥거리며 웃어 보이자 그제야 승민의 얼굴에서도 웃음이 번졌다.

아이들을 재우고 자리에 누웠지만 도저히 잠이 오지 않았다. 나는 침대에서 벌떡 일어나 종이를 꺼내서 무언가 적기 시작했다. 그리고 마구잡이로 떠오르는 생각들을 문자로 적어 담임에게 보냈다.

> 학교가 손 놓고 있는 동안 저는 어제 아이 결석시키고 청소년 지원센터 꿈드림에 찾아갔었습니다. 앞으로 매주 목요일, 그곳에서 진행하는 프로그램에 참여하기로 하였고, 내일부터는 학교에 보내지 않을 생각입니다.
> 누구를 위한 등교 중단이고, 누구를 위한 학폭위입니까? 제가 아이를 학교에 보내지 않겠다고 했을 때, 교장 선생님께서 안 된다고 하셨습니다. 그럼, 오늘의 사고는 누가 만든 겁니까? 내일 오전에 꿈드림 센터에 가서 목요일 프로그램 참여 신청서 제출한 후 바로 교장실로 찾아가도록 하겠습니다.
> 11월 1일 오후 10:59

곧바로 담임으로부터 답장이 왔다.
> 예, 말씀 전하겠습니다.
> 11월 1일 오후 11:01

자리에 누웠던 나는 또다시 잠을 이루지 못하고 벌떡 일어나 다시 장문의 메시지를 보냈다.

오늘 있었던 일에 대해 아이한테 이야기를 전해 들었습니다. 지난번 목요일에 있었던 일은 담임 선생님께서 본인의 허락도 없이 동영상을 찍어 엄마한테 보여주겠다고 하시고 전화하겠다고 하니 아이가 그 일로 인해 흥분하여 생긴 일로 알고 있습니다.

동영상을 찍은 게 사실인지요? 지난 번에 처음 동영상을 찍어서 저에게 보여주셨을 때, 제가 그건 아이를 자극할 수 있는 제일 나쁜 방법이라고 말씀드렸던 걸로 알고 있습니다. 그 말씀을 드렸는데도 동영상을 찍으셨다는 건 문제가 있다고 봅니다.

그리고 오늘 일도 승민이 혼자가 아니라 여럿이 같이 장난을 쳤는데, 상대 아이가 승민이한테 '야, 이 미친 장애인 새끼야!'라고 욕을 하였다고 합니다. 이게 사실이라면 언어폭력이고, 저도 피해자로서 상대 아이를 학폭위에 회부하겠습니다.

승민이 ADHD라는 사실은 이미 지난 3월에 학교장을 비롯한 모든 교직원에게 알렸으며, 'ADHD'는 '주의력결핍 및 과잉행동 장애'의 영문 약자로 스스로 감정조절 능력이 부족한 장애아에 대한 언어폭력으로 가중처벌 해주실 것을 요구합니다.

그리고 지난번 임승재가 승민에게 손가락 욕을 한 후, 목을 조른 사건에 대해서도 학폭위를 열어주실 것을 요구합니다.

승재가 제가 지난번 수업 참관을 할 때, 수업 시간에 카드를 날리고 교과서도 준비하지 않은 채 자신의 뒷자리 남학생 둘과 지속해 떠들며 수업을 방해하고 있었습니다. 선생님의 말씀에도 말대꾸로 일관하는 임승재에게 승민이 '너 장애냐? 계속 떠들고 수업도 안 듣고 선생님 말씀도 안 듣게?'라고 말하자 승재가 '네가 장애인 건 인정해도 내가 장애인 건 인정 못 하겠다.'라고 하였습니다. 그러면서 승민에게 손가락 욕을 하고 갑자기 달려들어 목을 졸랐습니다.

부모인 제가 뒤에서 수업을 참관하고 있는 도중에도 서슴없이 그런 발언을 한다는 것은, 이미 임승재가 승민을 장애아로 생각하고 있다는 것이고 많은 아이가 듣는 상황에서 승민이와 제가 심한 모욕감을 느꼈습니다.

내일 교장실을 찾아가 위에 언급한 모든 일에 대해서 말씀드릴 것입니다. 선생님께서 교장, 교감 선생님께 연락할 방법을 알려주시지 않고, 두 분도 저를 피해 아이 아빠와 연락을 취하려고만 하시니 제가 위에 언급한 내용을 선생님께서 교장, 교감 선생님께 전달해주시길 부탁드립니다.

마지막으로 지금부터 승민이에 관한 모든 일은 저를 통해 연락해주시기를 바랍니다. 제가 집에 있음에도 불구하고 가족의 생계와 아이의 치료를 위해 일을 해야 하는 아빠를 수시로 학교로 불러 생업에 막대한 지장을 주고 있습니다. 이점 양해 바랍니다.

11월 2일 오전 2:18

 다음 날 오전 10시경 나는 승민을 데리고 청소년지원센터를 찾았다. 체험학습 프로그램과 온라인 검정고시 학습지원 프로그램을 신청했고, 한 달간 진행되는 학부모 집단상담 프로그램도 신청했다.

 나는 승민이 졸업할 때까지 학교에 가지 않는 시간 동안 승민과 같이 도서관에도 다니고, 집에서 온라인으로 중졸 검정고시 공부를 하며 시간을 보내면 되겠다고 생각했다. 일을 모두 다 마치고 나니 오전 11시가 조금 넘었다. 나는 담임에게 문자를 보냈다.

점심 식사 후 1시까지 교장실로 찾아뵙겠습니다. 감사합니다.

11월 2일 오전 10:54

예, 말씀 전해드리겠습니다.

11월 2일 오전 11:06

잠시 후 또다시 문자가 왔다.

교장 선생님이 출장이 있으셔서 12시 10분에 뵙기를 원하십니다. 가능하신가요?
11월 2일 오전 11:12

알겠습니다.
11월 2일 오전 11:13

예.
11월 2일 오전 11:15

 나는 점심도 거른 채 지하철을 타고 집으로 돌아왔다. 불안해하는 승민은 먼저 집으로 돌려보낸 후, 혼자 곧바로 학교로 향했다.
 교문 앞에 도착하니 12시 7분이었다. 학교 보안관실에 아저씨가 없었다. 나는 조그만 쪽문을 열고, 책상 위에 놓인 학부모 방문증을 가져다 목에 걸었다. 그리고 운동장을 가로질러 교장실로 향하는 중에 학교 보안관 아저씨와 마주쳤다.
 "아주머니! 지금 어디 가세요?"
 학교 보안관 아저씨가 물었다.
 "교장실에 가는 중이에요."
 나는 보안관 아저씨에게도 차갑게 쏘아붙였다.

"교장 선생님께서는 아직 식사 중이실 텐데요. 조금 이따 가시죠. 그런데 무슨 일 때문에 교장실에 가시는 건데요?"

학교 보안관 아저씨는 조금 난감한 표정을 지었다.

"학폭위 때문에 왔습니다. 들어가서 기다릴게요."

나는 조금 격앙된 목소리로 말하고는 걸음을 재촉했다. 중앙현관을 지나 1층 복도로 들어서려는데 방금 식사를 마치고 교무실로 향하는 교장, 교감이 보였다. 나는 재빨리 뒤따라 교무실로 들어갔다. 두 사람은 생각보다 빨리 온 나를 보고 당황한 듯했다.

"엄마, 내가 방금 식사를 마쳐서 이 닦을 시간 좀 줘요. 응?"

교장이 말했다.

"네."

"식사는 하셨나요?"

교감이 나에게 물었다.

"아니요."

나는 짧고 퉁명스럽게 대답했다.

"그럼 차나 한 잔 드릴까요?"

"아니요."

나는 좀 전과 마찬가지로 결연한 목소리로 대답했다. 겉옷을 벗어 가방 위에 올려놓은 뒤 수첩과 볼펜을 꺼냈다. 교장이 양치를 다 할 때까지 기다리는 동안 나는 학교 측에 요구할 사항을 계속 속으로 되뇌었다.

잠시 후 교장이 내가 앉아 있는 탁자에 와서 앉았다. 교장실 탁자에는 양쪽에 의자가 세 개씩 있었다. 오른쪽 끝에 내가 앉았고, 나와 맞은편에 교감이 앉았다. 그리고 교감 옆에 교장이 앉았다. 실내에는 팽팽한 긴장감이 흘렀다. 먼저 교장이 말문을 열었다.

"우선 엄마의 요구사항이 뭔지 먼저 들어봅시다."

"지금부터 이야기하는 모든 상황을 녹음해도 되겠습니까?"

나는 가방을 만지작거리며 말했다.

교장과 교감은 눈빛을 교환하더니 교장이 말했다.

"네. 그렇게 하세요."

"그러면 지금부터 녹음을 시작하도록 하겠습니다."

나는 가방에서 휴대전화를 꺼내서 탁자 위에 올려놓고 녹음기 앱을 찾아 실행했다. 그리고 시작 버튼을 눌렀다.

"선생님, 우리도 녹음합시다. 가능하지요?"

교장이 교감에게 물었다.

"네. 알겠습니다."

교감은 서둘러 휴대전화를 꺼내어 탁자 위에 놓고 녹음을 시작했다.

"제가 학교 측에 요구하는 것은 두 가지입니다. 첫째, 2주간의 등교정지처분과 학교폭력자치위원회 소집을 취소해줄 것을 요구합니다. 둘째, 승민이가 더 이상 학교에 출석하지 않아도 졸업이 가능하다는 공문 및 졸업 일수의 산출 근거를 제공해줄 것을 요구하는 바입니다. 이상입니다."

나는 이미 준비해온 종이를 차분히 읽어 내려갔다.

"어머니 마음은 충분히 이해합니다. 하지만 이번 경우에는 승민이 도구를 들었기 때문에 학폭위 취소는 불가능합니다."

교감이 말했다.

"그렇다면 저도 승민이에게 장애아라고 놀린 6학년 4반 이준희 학생을 학폭위에 회부해주실 것을 요구합니다. 그리고 승민이의 목을 조르고, 욕을 하며 부모가 듣고 있는 상황에서도 아이를 장애아라고 놀린 6학년 5반 임승재 학생도 학폭위 회부를 요구합니다. 그리고 이것은 장애아에 대한 학교폭력이므로 가중처벌 해주시길 바랍니다."

나는 떨리는 목소리를 애써 감추며 말했다.

"학폭위를 열려면 이유나 증거 자료가 있어야 해요. 이준희 학생이 승민을 놀린 걸 어떻게 아셨습니까?"

교감이 물었다.

"그날 승민이랑 같은 반 아이인 서후와 승재가 쉬는 시간에 '포켓몬 고' 놀이하면서 6학년 4반의 이준희랑 홍지성이라는 아이를 상대로 장난을 쳤나 봅니다. 그런데 그걸 보고 있던 승민이도 재미있어 보이니까 같이 장난을 쳤다고 합니다. 다 같이 장난을 쳤는데 준희가 유독 승민이한테만 달려들어서 승민을 손으로 밀쳐내고 '야! 이 미친 장애인 새끼야!'라고 소리친 겁니다. 그 말을 듣고 승민이 흥분해서 그 난리를 친 걸로 알고 있습니다."

나는 준비해온 글들을 계속해서 읽어나갔다.

"그리고 아이의 개인정보를 부모의 허락도 없이 반 전체 아이들에게 공개하여 학생의 인권을 침해하고 수시로 '교실 밖으로 나가라', '그럴 거면 학교에 오지 마라', '10월 24일까지만 출석하고 더 이상 학교에 오지 마라'고 말하여 아이의 학습권을 침해한 담임 선생님의 교육청 고발 및 소송을 진행할 것을 알려드립니다."

나는 눈물이 나오려는 걸 억지로 참아가며 다시 말을 이었다.

"아이랑 부모가 원하지 않는데 담임 선생님이 수업 시간에 반 전체 아이들한테 '승민이가 정신적인 문제가 있어서 정신과 약을 먹고 있다. 감정을 조절하지 못하는 문제 때문에 약을 먹고 있으니 너희들이 제발 졸업만 할 수 있도록 도와주자'라고 말씀하셨습니다.

승민이 머리가 나쁜 아이도 아니고 그 상황에서 상당한 수치심을 느끼지 않았을까요? 그 후로 아이들은 승민이를 정말 장애아로 인식하고 놀려대기 시작했습니다.

그리고 승민이 학교에 와서 다른 날보다 더 산만하게 굴 때는 '오늘은 약 먹고 왔니?'라고 공개적으로 물어보기도 하셨습니다. 교실에서 나가라는 발언을 1학기 때 1번, 2학기 때 2번 하셨고요.

지난번에 교장 선생님이 제가 승민이랑 같이 교실에 들어가서 수업받겠다고 했을 때, '초등 저학년도 아니고 고학년 아동의 학부모가 교실에 앉아서 아이의 수업 태도를 감시하는 것은 아이에게 좋지 않은 영향을 미칠 것 같다'라고 말씀하셨는데, 담임 선생님께서는 그 후로 제가 몇 번이나 교실에 가서 수업을 지켜보도록 그냥 두셨습니다. 이것은 명백한 학습권 및 학생 인권침해라고 생각합니다."

나의 목소리는 점점 더 떨려오기 시작했다.

"아이가 ADHD라는 사실을 5학년 말에 이미 교장 선생님을 포함한 교직원들에게 알려 도움을 요청했음에도 불구하고 학교 측에서는 아무런 대처도 없었습니다.

그런데 다시 일이 불거지자 다른 학부모들의 이목이 두려워 학폭위를 열어 모든 사건의 원인을 승민에게 덮어씌웠습니다. 학교생활에 어려움을 겪는 아이는 담임 선생님과 친구들로부터 장애아로 인식되었고, 심한 자괴감과 자존감에 상처를 입었습니다.

 그러나 전문 상담 선생님을 배치하는 등의 소수자를 위한 배려 부족으로 아이가 학교에서 도저히 적절한 행동을 할 수 없는 상황까지 갈 수밖에 없도록 방관한 교장 선생님과 교감 선생님에 대해 직무 유기로 교육청 고발 및 소송도 진행하도록 하겠습니다."

 나의 말에 화가 난 교장은 흥분해서 소리쳤다.

 "뭐? 직무 유기? 엄마! 그런 말 함부로 하는 거 아니야! 그래 어디 한번 고발해봐!"

 그러자 교감은 모든 내용이 녹음되고 있다는 것을 교장에게 상기시키며 발언을 자제할 것을 권했다.

 "고소, 고발하십시오. 하지만 학폭위 취소는 불가능합니다. 어떠한 상황에서도 도구를 드는 것은 용납되지 않는 사안이고요. 이 건은 반드시 학폭위를 열어야만 하는 사안입니다."

 교감이 말했다.

 "네, 알겠습니다. 그러면 저도 이준희, 임승재 두 아이를 학폭위에 회부하겠습니다. 그건 어떻게 해야 하나요?"

 나는 다시 물었다.

 "예. 그럼 두 아이도 신고하세요. 학폭위 신고를 하려면 먼저 신고서를 작성하셔야 합니다. 저기 김 선생님! 신고서 두 장만 가져다주세요." 교감이 한숨을 쉬며 교직원을 불렀다.

교감은 교무실 교직원이 가져온 학폭위 신고서 두 장을 나에게 내밀었다.

"신고서를 작성해서 제출해주시면, 이 아이들에 대해서도 학폭위를 열도록 하겠습니다."

나는 오기가 생겼다. 탁자에 앉아서 떨리는 손으로 신고서를 작성하기 시작했다. 심장이 쿵쾅거려 글씨가 제대로 써지지 않았다. 그때 교장이 나에게 말했다.

"엄마, 꼭 이렇게 까지 해야 하겠어? 정말?"

"일사부재리의 원칙이라면서요? 승민이 학폭위로 처벌받은 지 한 달도 안 되었어요. 그런데 이건 뭔가요?"

나는 다시 교장에게 따져 물었다.

"이건 그때하고는 다른 사안입니다. 그때는 서후하고 문제가 된 거였고, 이번엔 다른 아이하고 벌어진 일이고요. 그리고 무엇보다도 무기를 들었기 때문에 안 되는 거예요." 교감이 교장 대신 대답했다.

"아이가 특정 아이를 타깃으로 하는 게 아니라 자신의 충동적인 성격을 제어하지 못해서 하는 행동인데, 그럼 매번 다른 아이를 공격하면 그때마다 학폭위를 열겠다는 말인가요?"

나는 이해가 안 된다는 듯 되물었다.

"네. 무기를 들면 그럴 수밖에 없어요."

나는 울화가 치밀어 올랐다.

"제가 승민이가 담임 선생님과 맞지 않아서 학교에 보내지 않겠다고 교장실에 찾아와 여러 번 얘기했는데, 아이는 학교에 다녀야 한다고 말한 게 누굽니까? 그럼, 이번 사건의 책임은 누구에게 있는 건가요?"

"엄마, 나는 지금도 학생은 학교에 있어야 한다고 생각해!"

교장이 대답했다.

"아이가 학교에만 오면 이상행동을 하고 흥분해서 미쳐 날뛰는데 그럼 아무런 대책도 없이 학교에만 오면 다 되는 건가요?"

나는 분노를 참지 못하고 버럭 화를 냈다.

"학교에서 승민이를 위해 왜 노력을 안 했겠어? 사방팔방, 백방으로 알아봤지만, 승민이를 도와줄 방법이 없었어! 위센터에 문의를 해봐도 엄마가 워낙 실력 있는 분에게 이미 치료받고 있어서 자기들한테 받는 것보다 그쪽에서 계속 받는 것이 낫다고 그러잖아!"

교장이 말했다.

"그리고 승민이는 이대로는 일반 중학교에 입학하기 힘들다면서요? 부모가 중학교 진학 문제 때문에 대안 학교를 알아보러 다니는 동안 학교에서는 아이를 위해 무엇을 하셨나요? 그 방법이 학폭위를 여는 것밖에 없었나요?" 나는 다시 물었다.

"중학교는 엄마가 대안 학교에 보낸다고 했잖아! 우리가 뭘 더 어떻게 해야 해?"

교장은 또다시 나에게 소리쳤다. 그러다 갑자기 나에게 하소연하기 시작했다.

"작년에 1학년 아이 중에도 아주 힘든 아이가 있었어. 그 부모는 개인적으로 선생님을 사서 아이에게 1대 1로 붙여주고 그랬었어. 그래서 우리도 알아보긴 했는데, 그런 사람을 찾을 수가 없었어. 그리고 워낙 예산이 부족하다 보니 승민이 도움이 필요한 건 알지만 그렇게 해줄 수가 있어야 말이지."

"그럼, 학교에 예산이 없어서 승민이가 저렇게 방치되고 있었다고 제가 생각해도 되겠습니까?"

나는 교장에게 다시 물었다.

"……."

교장은 나의 물음에 할 말을 잃었다.

"그러면 이번 학폭위는 누가 여는 건가요?"

나는 이번엔 교감의 눈을 바라보며 물었다.

"어머님, 교직원이 그런 사안을 인지했는데도 그것을 학폭위에 회부하지 않으면 더 큰 문제가 일어납니다."

교감이 대답했다.

"아이를 학교에 더 이상 보낼 생각이 없고, 아이가 학교에 없는 상황인데 정학이나 학폭위가 무슨 의미가 있나요?"

내가 다시 물었다.

"그건 저희도 잘 모르겠습니다."

교감이 대답했다.

"그럼 이건 도대체 누구를 위한 건가요?"

나는 답답한 마음에 계속해서 교감에게 따져 물었다.

"저희도 학폭위를 여는 건 힘든 일입니다."

교감이 대답했다. 들을수록 황당한 답변이었다.

"그럼 담임 선생님이 승민이에게 폭언을 퍼부은 것과 학습권을 침해한 것에 대해서는 누구한테 책임을 물어야 하나요?"

나는 이번에 교장에게 물었다.

"나는 승민이한테 폭언을 퍼붓거나 그런 적이 없어. 그건 그 선생님이 잘못한 거니까 담임 선생님한테 따져 물어야지."

교장이 대답했다.

"교장 선생님이시잖아요?"

"내가 교장이지만 담임 선생님이 교실 안에서 아이들에게 어떻게 대하는지 실은 나도 잘 몰라. 엄마, 학교에서 교장이라고 해서 마음대로 할 수 있는 게 아무것도 없어."

그때 수업이 끝났음을 알리는 음악이 울렸다.

"이제 수업이 다 끝났나 보네. 승민 엄마, 승민이 담임 선생님한테 수업 끝나고 교장실로 오라고 했으니까 엄마가 그동안 쌓였던 감정이 있으면 여기서 다 풀어. 그리고 교실에서 선생님이 아이들을 어떻게 가르치는지 나한테 자세히 얘기 좀 해줘. 나도 뭘 어떻게 하기에 그러는지 궁금해서 그래!"

교장은 정말 자신은 아무것도 모른다는 듯 되물었다. 나는 교장의 물음에 울컥 눈물이 났다.

"제가 그동안 아무리 힘든 일이 있어도 교장 선생님께 불만이나 아쉬운 점을 털어놓은 적은 있어도 내 아이가 모자라기 때문에 담임 선생님께는 싫은 소리 한마디 한 적 없었어요."

"알지, 알아! 그 점에 대해서는 나도 승민이 엄마한테 무척 고맙게 생각해."

그때 담임이 교장실 안으로 들어왔다.

"응, 어서 와요. 선생님. 승민이 엄마랑 선생님이 서로 쌓인 게 많은 것 같으니까 오늘 한번 허심탄회하게 얘기해봐요."

교장은 서로 대화해보라며 자리를 피해주었다. 나는 담임의 얼굴을 보자 그동안 승민이 당했던 고통이 떠올라 욱하고 가슴속에서 뜨거운 것이 올라왔다. 담임이 나의 맞은편 자리에 앉자, 나는 감정을 억누르고 담임에게 하나하나 따져 물었다.

"승민이 10월 24일까지 학교에 나오면 더 이상 나오지 않아도 된다는 근거는 어디에서 뽑으셨나요?"

나는 다시 담임에게 물었다.

"어머니가 그렇게 말씀하셨잖아요. 제가 그걸 어떻게 알겠어요."

담임이 퉁명스럽게 말했다.

"뭐라고요? 저는 절대로 선생님께 승민이가 24일까지 나오면 학업 일수를 다 채운다고 말씀드린 적이 없어요. 저도 10월 말까지 나오면 학업 일수를 다 채우는 걸로 알고 있었는데, 3일 조퇴에 한 번 결석이라고 말씀하셨잖아요. 아이가 그동안 자주 조퇴하고 학교도 여러 번 빠지는 바람에 도대체 언제까지 나와야 하는지 저도 헷갈리는 마당에 제가 어떻게 선생님께 정확하게 24일까지 출석하면 된다고 말씀드렸단 말입니까?"

"……."

"그리고 승민이에게 1학기 때는 한 번, 2학기 때는 두 번 '이럴 거면 교실에서 나가라'는 말씀하셨다는데 맞는지요?"

"그건 아이가 학교에서 하도 말을 안 들으니까 이렇게 하면 수업을 들을 수 없다. 그리고 엄마한테 전화할 수밖에 없다고 말한 겁니다."

"아이가 말을 잘 안 듣는다고 교실에서 내쫓고, 수업 시간에 엄마한테 전화해서 조퇴시키는 게 맞는 건가요?"

나의 질문에 담임은 아무런 말도 하지 않았다. 나는 계속해서 물었다.

"아이들이 듣는 앞에서 승민이는 정신적으로 문제가 있어서 약을 먹고 있으니 너희들이 무사히 졸업만 할 수 있도록 많이 도와달라고 말씀하신 적이 있는지요?"

"아니요! 저는 절대 그런 식으로 말을 한 적이 없습니다. 승민이가 학교생활을 힘들어하니까 너희들이 좀 도와주자고 한 거예요."

"그럼, 승민이한테 '오늘은 약은 먹고 왔니?'라고 모든 애들이 듣는 앞에서 자주 말씀하셨다면서요? 그 말씀 때문에 아이가 마음에 심한 상처를 받았다는데 그게 다 거짓말이라는 겁니까?"

"네. 저는 그런 말을 한 적이 없습니다."

담임의 대답에 나는 화가 솟구쳐 올랐다.

"그럼, 제가 반 아이들에게 설문지를 돌려서 진짜 그런 말씀을 하셨는지 안 하셨는지 알아봐도 되겠습니까? 아이들에게 조사해서 사실인지 아닌지 받아오세요! 애가 문제를 일으킬 때마다 매번 그렇게 하셨잖아요!"

"……."

한동안 말이 없던 담임이 말했다.

"어머니 저는 정말 최선을 다했어요. 학기 초에는 승민이랑 저랑 사이가 정말 좋았고요. 어머니나 저나 승민이를 위해서 좋은 쪽으로, 승민이가 좋은 방향으로 나갔으면 하는 바람은 같잖아요."

"선생님이 승민이를 좋아하기는 하셨습니까? 승민이는 누가 자기를 좋아하는지 싫어하는지 말로 하지 않아도 오감으로 아는 아이예요. 솔직히 귀찮잖아요. 아이가 싫잖아요. 부모인 나도 힘든데 아이를 사랑한다고요? 그건 거짓말이에요. 말 잘 듣는 아이만 좋아하고 힘든 아이는 교실에서 내쫓는 거 그게 선생입니까?"

나는 흥분하며 다시 말을 이었다.

"그리고 선생님이 승민이를 교실 밖으로 2학기 때 쫓아내셨을 때, 제가 선생님과 독대를 한 후에 선생님 허락하에 일주일 동안 참관 수업을 했습니다. 제가 교실에서 참관 수업을 해보니 아이들의 수업 태도가 정말 가관이었어요.

승민이뿐만 아니라 승재, 서후 등 여러 아이가 수업 시간에 선생님께 말대꾸하고, 교과서도 준비가 되어 있지 않고, 카드를 날리고 떠들고, 돌아다니고 하는데 그게 다 승민이 탓이라고 하셨지요?

1학기 때는 아이들이 다 얌전하고 조용했는데, 승민이가 자꾸 그런 행동을 하니까 '승민이는 되는데 나는 왜 안 돼요?' 하면서 다 승민을 따라 하는 것이라고요. 승민이가 아이들을 선동해서 아이들이 다 그런 것이라고요?

그게 왜 전부 다 승민이 탓입니까? 다른 아이들의 인성이 못된 것도 행동이 크고 도드라진다는 이유만으로 모두 승민이에게 덮어씌워진다고 생각하지는 않으십니까? 그건 선생님께서 반 아이들을 제대로 통솔하지 못하신 문제도 있다고 보는데요? 승민이가 잘했다는 건 아니지만, 이건 단지 승민이 혼자만의 잘못은 아니라고 봅니다."

내가 따지고 들자, 담임은 눈물을 흘리며 이렇게 말했다.

"어머니, 저는 19년간의 교사 경력 동안, 이 직업을 정말 좋아했어요. 정말 아이들을 위해 열심히 하려고 노력했는데 승민이라는 아이를 만나고, 제가 정말 능력이 부족하다고 느꼈습니다. 다 제 탓입니다. 죄송합니다."

그때 교감이 교장실로 들어왔다. 내가 물러설 기색을 보이지 않자 지역 교육청의 교육감에게 전화를 걸어 이번 사안에 대해 문의했다고 했다.

하지만 교육감의 대답은 '학폭위는 취소할 수 없는 사안이고 꼭 열어야 한다'라는 것이었다.

"그래요? 왜 안 된답니까? 저를 바꿔주세요. 제가 얘기할게요. 도대체 아이도 없는데 누구를 위해서 학폭위를 여는지 제가 직접 확인해볼 테니까 당장 저를 바꿔주시라고요!"

나는 분노를 자제하느라 두 주먹을 꽉 쥐었다. 그리고 맞은편에 앉아 있는 담임에게 말했다.

"나가세요!"

나의 말에도 담임은 가만히 앉아만 있었다.

"나가시라고요!"

나는 다시 한번 단호하고 성난 목소리로 말했다.

"어머니, 뭐 하시는 거예요? 여기는 교장실인데요?"

교감이 당황스러워하며 말했다.

"꼴도 보기 싫으니까 당장 나가라고요!"

"어머니 여기서 이러시면 안 됩니다."

교감은 담임을 데리고 교장실을 빠져나갔다. 나는 교장실에 혼자 남게 되었다. 조금 있다가 교감이 다시 교장실로 들어왔다.

"어머니! 지역 교육청 장학사도 안 된다고 해서 본청 장학사에게 얘기해봤는데, 이 사안은 도구를 들었기 때문에 절대 안 된답니다. 학폭위를 열 수밖에 없는 사안이에요. 6학년 4반 학부모들도 기다리고 있어서 저희도 어쩔 수가 없어요."

이 대목에서 나의 분노는 폭발하고 말았다. 결국 모든 것은 승민을 위한 것이 아니었다. 자기 자식을 걱정하는 다른 반 학부모들을 위한 것이었다.

"여기서 승민이 학폭위 취소될 때까지 한 발짝도 나가지 않을 테니 그런 줄 아세요! 만약 학폭위를 열게 되면 교문에 목을 매달고 죽어버릴 테니까!"

나는 분노에 부르르 온몸이 떨며 악을 썼다. 어느새 다들 나가버리고 또다시 나 혼자 교장실에 덩그러니 남게 되었다.

사방이 갑자기 얼어붙을 듯한 고요 속에 잠겼다. 내가 승민을 위해서 해줄 수 있는 건 아무것도 없었다. 권력은 너무나 냉혹하고 완고했다. 맞서 싸우기엔 나는 너무나 작고 나약한 존재에 지나지 않았다. 그런 나의 머릿속에 문득 슬비 엄마의 말이 떠올랐다.

학교도 사회와 똑같다.
다수를 위해 돌아가는 시스템으로 갈 수밖에 없다.
학교에 너무 많은 기대를 하지 않는 게 좋을 거다.

나는 고개를 들어 교장실 내부를 천천히 둘러보았다. 그때 교장의 업무용 책상이 눈에 들어왔다. 책상 위엔 화분, 컴퓨터, 프린터, 전화기 등이 올려져 있었고, 컴퓨터 모니터 뒤편으로 여러 전자기기에서 뻗어 나온 전선이 얽히고설킨 채 하나의 어댑터에 다닥다닥 연결되어 있었다.

나는 자리에서 일어나 교장의 책상 쪽으로 걸어갔다. 그리고 무릎을 꿇고 앉아 어댑터에 꽂혀 있는 코드를 하나씩 차례로 모두 뽑아 버렸다. 분리된 어댑터 전선의 길이는 족히 3미터는 되어 보였다. 나는 전선을 두 손으로 집어 들고는 목에

다 감기 시작했다. 그때 마침 교직원이 물을 가지고 들어오다가 나를 발견하고는 깜짝 놀라 소리를 질렀다.

"어머! 어머니! 왜 이러세요! 이러지 마세요!"

교직원은 들고 있던 물컵을 내던지고는 황급히 달려와 나의 팔을 붙잡았다. 나는 얼른 팔을 엇갈려 전선의 줄을 확 잡아당겼다. 그러자 교직원은 비명을 지르며 바깥에 있는 선생님들에게 큰소리로 도움을 요청했다.

"제발 좀 도와주세요! 여기 큰일 났어요! 어머 어떻게 해!"

"놔! 이거 놓으란 말이야! 놔! 놓으라고!"

나와 교직원이 승강이를 벌이는 동안, 어느새 세 명의 선생님이 교장실로 달려와 나를 둘러쌌고, 그들은 내가 손에 움켜쥔 전선을 빼앗으려 안간힘을 썼다. 나는 교장실 바닥을 나뒹굴며 목이 갈라져 피가 나도록 소리를 질러댔다.

"놔! 놔! 놔! 놓으라고! 이거 놓으란 말이야!"

한참이나 몸싸움을 벌인 끝에 그들은 나의 손에서 전선을 빼앗아 뒤로 멀리 던져버렸다. 나는 교직원에게 제압되어 교장실 바닥에 드러누운 채 꼼짝달싹하지 못했다.

내 몸 위에 올라타 앉아 있던 교직원은 내가 온몸을 축 늘어뜨린 채 흐느껴 울기 시작하자 그때까지 꽉 잡고 있던 나의 양손을 놓아주었다. 그 순간 나는 다시 그 교직원의 목에 걸려 있는 스카프를 잡아당겼다.

"어머! 어머니! 제발! 제발! 이러지 마세요!"

당황한 교직원이 또다시 소리를 질렀다.

"스카프 벗어! 빨리! 빨리 벗어서 던져버려!"

교직원이 목에서 스카프를 풀어내자 교장이 그것을 받아서 뒤로 던졌다. 땀과 눈물로 범벅이 되어 교장실 바닥에 엎드려 있던 나는 목에 걸려 있는 학부모 방문증이 생각났다. 나는 온 힘을 다해서 교직원에게 잡혀 있던 손을 또다시 빼냈다. 그리고 방문증에 매달린 파란색 나일론 줄로 다시 목을 조르기 시작했다. 그러자 당황한 사람들이 이번에는 가위를 가져와 줄을 잘라버렸다. 아무것도 할 수 없게 된 나는 그 자리에 엎어져 대성통곡을 하고 말았다. 터져 나오는 눈물과 설움으로 미친 듯 악을 쓰며 바닥을 뒹굴었다. 교장은 나의 두 다리를 붙잡고 있었고, 아까 그 교직원은 나를 뒤에서 끌어안았다.

"엄마, 이제 제발 좀 진정해! 교감 선생님이 조금만 기다려보라고 하잖아! 안 되는 일인데, 어떻게 해서든 엄마 얘기 들어주려고 우리도 백방으로 노력하고 있으니까 조금만 진정하고 좀 참아봐. 응?"

교장이 울먹이며 나에게 말했다. 나는 교직원의 품에 안겨 하염없이 눈물을 흘렸다.

교장은 나에게 탁자에 앉아서 조금만 기다려보자고 했다. 나는 일어나 의자에 앉으려 했지만, 다리에 힘이 풀려 바닥에 미끄러지고 말았다.

"속상하면 울어! 그동안 얼마나 힘들었겠어! 울어. 맘껏 울어!"

내가 몸을 가누지 못하고 바닥에 엎드려 계속해서 오열하자 교직원이 나의 등을 토닥거리며 같이 울어주었다.

"진정할 테니 내 몸에서 손 떼요."

나는 비틀비틀 몸을 추스르고 일어나 겨우 탁자에 가서 앉았다. 눈에선 연신 뜨거운 눈물이 폭포수처럼 흐르고 있었다.

"내 몸에서 그 손 떼라고!"

나는 악을 쓰며 고래고래 소리를 질렀다.

"엄마 이러지 마! 진짜! 제발 좀 진정해! 우리가 엄마 마음 충분히 알았고 도와주려고 하잖아! 진짜 왜 이러는 거야. 조금만 기다려봐! 교감 선생님이 어떻게든 해보려고 여기저기 전화하고 있으니까 제발 진정하라고!"

이번엔 교장이 나를 뒤에서 감싸 안으며 소리쳤다.

그때 교감이 교장실로 뛰어 들어왔다.

"엄마! 물을 좀 마시고 진정해! 교감 선생님 어떻게 되었어요?"

교장은 땀을 뻘뻘 흘리며 뛰어 들어온 교감에게 재촉하듯 물었다. 나는 교직원이 가져다준 물을 마시려고 했지만, 손이 마구 떨려서 물이 죄다 바닥에 쏟아져버렸다.

"어머니! 진정하세요. 그게, 지역 교육청 장학사가 안 된다고 해서, 본청 장학사한테 전화했는데, 본청 장학사도 이건 학폭위 사안이랍니다."

나는 교감의 말 한마디 한마디에 제대로 숨쉬기조차 힘들었다. 극도로 예민해진 나는 온몸을 부들부들 떨며 호흡이 점점 거칠어지더니 목에서 쌕쌕거리는 소리가 났다.

"엄마, 진정해! 우리 교감 선생님 말씀을 끝까지 들어보자고. 응?"

교장은 나를 더 세게 끌어안았다.

"본청 장학사도 안 된다고 해서, 본청에서 근무하는 학폭위 전담 변호사와 통화를 했어요. 이번 건이 학폭위 사안인 건 알지만 어머니께서 강력히 반대하시고 있고, 또 사안의 특수성에 대해서 자세히 설명을 해드렸더니, 이미 학업 일수를 다 채워서 학교에 나오지 않아도 졸업이 가능한 상황이고, 아이가 관내의 중학교에 가지 않고 대안 학교에 입학할 예정이라면, 졸업 전까지 학교에 출석하지 않고, 졸업 후 관내 중학교에 다니지 않겠다는 내용의 각서를 해당 아동의 부모로부터 받는다면, 학폭위를 열거나 열지 않는 것은 학교장 재량대로 하라는 취지의 답을 얻어냈습니다."

교감의 입에서 '학폭위를 열지 않아도 된다'라는 말이 흘러나오는 순간 나는 그대로 의자에서 미끄러져 바닥으로 나뒹

굴었다. 그리고 그대로 찬 바닥에 얼굴을 묻고 오열했다. 순간 엄마로서 승민을 위해 무언가 해냈다는 생각과 함께 밀려오는 수치심과 미안함으로 아까와는 다른 복잡하고 미묘한 감정이 가슴속에 소용돌이쳤다.

"엄마, 이제 됐어. 이제 다 됐어! 엄마가 해냈어. 엄마 뜻대로 됐어!"

교장은 오열하는 나를 끌어안고 같이 울어주었다.

"미안합니다. 죄송합니다. 정말 미안합니다."

한참을 울기만 하던 내가 겨우겨우 감정을 추스르고 교장선생님께 건넨 첫마디였다.

"아니야. 괜찮아! 엄마니까 이렇게 할 수 있는 거지. 엄마니까 안 되는 것도 되게 하잖아! 그게 진짜 엄마인 거야!"

교장이 나의 등을 토닥거리며 말했다. 나는 울먹이며 교장에게 말했다.

"아픈 아이를 키워보셨나요? 정말 너무너무 힘이 듭니다. 저희 집이 9층인데 쟤를 어떻게 할 수 없으니까 내가 떨어져 죽을까도 여러 번 생각했었어요. 집에 번개탄 3개가 있는데 방마다 피워놓고 다 같이 죽으려고도 했고요. 그런데요. 우리 승민이라고 ADHD로 태어나고 싶어서 태어났겠습니까? 다 제 잘못입니다. 엄마인 제가 해줄 수 있는 건 이것밖에 없어요. 죄송합니다. 정말 죄송합니다."

그러자 교장이 이렇게 말했다.

"그래 나는 엄마가 개념 없는 엄마는 아닌 줄 알았어! 그렇게 말해줘서 정말 고마워! 나도 엄마한테만 내 비밀 하나 얘기해줄까? 교장 생활이 너무 힘들어서 나도 요즘 정신과 다니면서 상담도 받고, 약도 먹어. 약을 먹지 않으면 밤에 잠을 잘 수가 없어."

교장이 계속해서 말을 이었다.

"근데 엄마, 이제 일이 다 잘 해결되었으니까, 우리 이제 행정적인 얘기 하자! 응?"

교장은 나를 부축하여 다시 탁자에 앉혔다. 그러곤 진정되어 자리에 앉자 조금 있다가 지완과 교감이 교장실로 들어왔다.

"어머니께서 오늘 너무 힘들어하셔서 혼자 집에 가기 힘드실까 봐 제가 연락드렸습니다."

교감이 말했다. 교장실에 들어 온 지완은 눈물범벅이 된 채 의자에 겨우 기대어, 걸터앉아 울고 있는 나를 애처로운 눈으로 바라보았다. 그러나 지완은 내가 교장실에서 무슨 일을 벌였는지는 전혀 알지 못했다.

나와 지완, 교장과 교감은 다시 교장실 탁자에 마주 앉았다. 교감은 먼저 이번 학폭위가 취소될 때까지의 과정을 지완에게 자세히 설명했다. 그리고 지완에게 이렇게 말했다.

"사람의 마음은 모르는 것이기 때문에 저희도 학폭위를 열지 않는 대신에 부모님께서도 각서를 한 장 써주셔야 합니다."

"이 일이 굳이 각서까지 써야 할 일인가요?"

지완이 난감한 표정을 지으며 말했다. 그때 나는 얼른 끼어들었다.

"쓰겠습니다. 각서 제가 쓸게요."

나의 말에 지완은 못마땅한 표정을 지었다.

"교육청 학폭위 담당 변호사도 이 방법은 권할 만한 방법은 아니라고 하셨어요. 하지만 어머니께서 워낙 강경하시니까……. 그리고 6학년 4반 학부모님들도 결과를 기다리고 있어서 저희로서도 어쩔 수가 없습니다."

교감이 말했다.

"예, 알겠습니다." 지완도 마지못해 동의했다.

교감은 졸업식 전날까지 승민을 학교에 보내지 않을 것이며, 졸업 후에는 관내 중학교에 입학하지 않겠다는 내용이 적혀 있는 〈등교 및 진학 포기 각서〉 2부를 작성하여 교장실로 가지고 들어왔다. 지완이 먼저 내용을 읽어보고 나에게도 보여주었다. 내가 학교 측에 요구한 공문은 있지도 않고, 그럴 필요도 없다더니, 전례도 없는 각서는 5분 만에 뚝딱 만들어져서 학교장의 직인까지 찍힌 채 내 손에 들려 있었다. 내용을 다 읽은 나는 고개를 끄덕였고 지완은 각서에 사인했다.

"졸업식 날짜가 2월 14일인데 여기 날짜를 2월 13일까지 적은 건요. 그래도 졸업식에는 승민이가 참석하고 싶어 하지 않을까 해서 졸업식 전날까지 등교하지 않는 걸로 했어요."

교장이 말했다.

"네. 감사합니다." 지완이 대답했다.

"졸업식은 아이에게도 중요한 날이니까 그날 나올지 안 나올지는 나중에 얘기하도록 합시다."

교장이 말했다.

"네. 저희도 승민이한테 물어보고 그날 어떻게 할지 결정해서 알려드리도록 하겠습니다."

지완이 말했다.

"예, 그렇게 하도록 하세요. 이제 승민이 담임 선생님 모셔 올 테니까 한번 만나보고 가세요."

교장이 교직원에게 지시하자 담임이 다시 교장실 안으로 들어왔다. 나는 다시 담임과 마주 앉았고, 한동안 침묵이 흘렀다.

"그동안 죄송했습니다. 선생님."

내가 먼저 말문을 열었다.

"아닙니다. 저도 정말 죄송했습니다."

나도 승민의 담임 선생님도 말없이 눈물만 흘렸다. 나는 교장을 보며 다시 말했다.

"그동안 승민이 때문에 많이 힘드셨을 텐데 끝까지 좋은 모습 보이지 못해서 죄송합니다. 그리고 감사드립니다."

나는 고개를 숙여 교장에게 감사의 인사를 했다.

"아이고 아닙니다. 제가 더 감사드립니다."

교장은 나의 손을 꼭 잡아 주었다. 담임도 나와 지완이 교장실을 빠져나와 주차장까지 가는 동안 배웅을 나와주었다.

지완의 차가 주차장을 빠져나가는 동안 나는 사이드미러를 통해 배웅나온 그 자리에 망부석처럼 서 있는 담임의 모습이 시야에서 사라질 때까지 계속해서 그 모습을 지켜보았다.

차가 학교 운동장을 빠져나가자 나는 밀려드는 피곤함으로 이내 눈을 감았다. 그날 저녁, 나는 식사도 거른 채 끝없는 잠 속으로 빠져들었다.

다음 날 아침 눈을 떠보니 온몸이 두들겨 맞은 듯이 아파왔다. 샤워하려고 욕실에 들어섰는데 목에 세로로 여러 개의 빨간 줄이 나 있었다.

너도 참 힘들게 사는구나.

나는 씁쓸한 미소를 지으며 목에 생긴 상처를 이리저리 어루만졌다.

샤워를 마치고 아침 식사를 하고 난 나는 승민과 함께 학교가 아닌 청소년지원센터로 향했다. 승민은 그날 꿈드림에서 진행하는 야외 체험학습 프로그램에 참여했고, 나는 학부모 집단상담 수업을 들었다. 나의 수업이 먼저 끝났고, 승민이 센터로 돌아오려면 한 시간 정도의 여유가 있었다. 나는 센터를 빠져나와 언덕을 걸어 내려왔다.

차갑고 맑은 가을 하늘 아래 늘어선 은행나무 가로수가 너무나 아름다웠다. 가슴 깊이 찬 공기를 흠뻑 들이마셨다. 올해 들어 처음으로 계절의 변화가 눈에 들어왔다. 나는 눈을 감고 천천히 계절의 변화를 음미했다.

지하철역 근처에 다다르자 사거리가 잘 내다보이는 한 대형 커피숍에 들어갔다. 그리고 평소 잘 마시지 않는 핫초콜릿 한 잔을 시켰다. 수고한 자신에게 주는 선물이었다.

차를 마시며 가방에서 휴대전화를 꺼내 녹음기 앱을 실행했다. 어제 학교에서 녹음한 내용을 들어보기 위해서였다. 그런데 녹음된 내용이 생각보다 짧아 의아했다. 녹음된 내용은 다음과 같았다.

[정연] "그럼 지금부터 녹음을 시작하도록 하겠습니다."

[교장] "선생님, 우리도 녹음합시다. 가능하지요?"

[교감] "네. 알겠습니다."

[정연] "제가 학교 측에 요구하는 것은 두 가지입니다. 첫째, 2주간의 등교정지처분과 학교폭력 자치위원회 소집을 취소해줄 것을 요구합니다. 둘째, 승민이 더 이상 학교에 출석하지 않아도 졸업이 가능하다는 공문 및 졸업 일수의 산출 근거를 제공해 달라고 요구하는 바입니다. 이상입니다."

"……"

피식 싱거운 웃음이 터져 나왔다. 그날 녹음기에 녹음된 내용은 이것이 전부였다. 이어폰을 뽑고 다시 가방에 집어넣은 후, 나머지 차를 마저 마셨다. 그리고 승민에게 문자를 보냈다..

승민아! 엄마가 끝나면 같이 집에 가려고 역에서 기다리고 있으니까 도착하면 전화해.
11월 3일 오후 4:13

응. 엄마!
11월 3일 오후 4:14

승민은 바로 답장을 보내왔다. 문자를 확인한 나는 다시 멍하니 창밖을 바라보며 상념에 잠겼.

한 시간 후, 다시 문자가 왔다.

엄마 나 여기 OO 역 7번 출구에 도착했는데, 엄마 어디야?

11월 3일 오후 5:26

응 엄마가 역으로 내려갈게! 조금만 기다려!

11월 3일 오후 5:27

  나는 서둘러 지하철역으로 내려갔다. 승민은 밝은 모습으로 손을 흔들며 나에게 달려왔다.
  "승민아!"
  나도 손을 흔들며 승민을 향해 웃어 보였다.
  "오늘 어땠어? 재미있었어? 전부 형하고 누나들인데 어색하지는 않았고?"
  "내가 초등학교에서는 제일 나이가 많았는데, 여기서는 형하고 누나들이 나를 아기 취급을 하는 거야. 이런 느낌 오랜만이야."
  승민이 천진하게 웃으며 밝은 목소리로 대답했다.
  "너를 싫어하거나 못되게 구는 사람은 없었고?"
  "다 비슷한 아픔을 가지고 있어서 그런지 나를 많이 이해해주더라고. 학교에 안 다닌다는 편견도 없고, 그래서 너무 좋았어."
  "그래, 좋았다니 다행이다."

나는 애잔한 눈빛으로 승민을 바라보았다. 승민의 손에는 A4 사이즈 OHP 필름을 얼굴에 직접 대고 그린 자신의 초상화와 조그마한 선인장 화분이 들려 있었다. 그림 속의 얼굴은 삐뚤빼뚤하게 모가 났지만, 분명 표정은 웃고 있었다.

"승민아!"

나는 승민을 보면서 말했다.

"응? 왜 엄마?"

"우리 승민이 이번 겨울방학은 엄청 길겠네. 무려 4개월이야! 좋겠다야!"

나는 웃으며 승민의 어깨를 툭 쳤다. 그러자 승민의 미간이 일그러지더니 표정이 이내 어두워졌다.

"왜? 속상해?"

"……."

"야! 차승민! 엄마가 뭐라고 그랬어? 이번 학폭위 엄마가 무슨 일이 있어도 막아준다고 그랬지? 엄마는 약속 지켰다. 응? 내가 너 목숨 걸고 지켜준 거야! 고맙지?"

나는 좀 더 밝은 목소리로 힘주어 말했다.

"……."

"걱정할 것 없어. 앞으로는 엄마만 믿고 따라와! 세상 사람 전부 미덥지 않아도 엄마만은 꼭 믿어야 해! 알았지?"

"네에."

"이제부터 엄마 말도 좀 잘 듣고, 속 좀 고만 썩이고. 이놈아!"

승민은 퉁퉁거리며 대답했지만, 씩 하고 미소를 지어 보였다. 나는 그런 승민의 머리를 부드럽게 쓰다듬어주었다.

11월 초부터 대안 학교에 입학하기 전까지 승민은 오전에 꿈드림에서 지원해준 온라인 검정고시 사이트에서 중졸 검정고시 공부를 했다. 그리고 점심을 먹고 난 후에는 나와 함께 산책 겸 근처 도서관에 가서 책도 읽고 같이 차도 마셨다.

학교에 다니지 않으니 친구나 선생님과 부딪힐 일도 없었고, 예전처럼 폭주하며 화를 내는 일도 사라졌다. 하지만 승민이 느끼는 소외감과 외로움은 내가 어떻게 해줄 수 없었다.

그러는 동안 학교에서는 지속해 청소년지원센터에 전화를 걸어 승민이 정말 센터의 프로그램 이용하고 있는지 확인해 달라고 요청했다. 꿈드림 센터의 팀장은 부모의 동의도 없이 학생의 정보를 알려줄 의무가 없다며, 학교 측에 승민의 프로그램 이용 여부에 대한 답을 해주지 않았다. 그러다 학교의 무리한 요구가 계속되자 그 사실을 나에게 알렸다. 나는 더 이상 참을 수가 없어서 교무실에 전화를 걸었다.

"저 차승민 엄만데요. 원인경 부장선생님 좀 바꿔주세요."

"아! 지금 원인경 선생님은 출장 가셨는데요. 무슨 일이신가요?"

교무실 교직원이 대답했다.

"그럼, 원인경 선생님 들어오시면 저한테 전화 좀 해달라고 전해주세요."

"뭐 전하실 말씀이라도 있으신 건가요?"

"원인경 선생님께서 저희 아이가 청소년지원센터에 진짜 다니고 있는지 자꾸 센터로 확인 전화를 하신다고 들었는데요. 다음부터 이런 일이 있을 때는 엄마인 저한테 먼저 물어보신 후에 하셨으면 한다고 전해주세요. 그리고 센터에서도 이런 사항을 물어보실 땐 꼭 공문을 보내주셨으면 한다고 그러더군요. 아무튼 들어오시면 저한테 바로 전화 주세요."

"아. 네 알겠습니다. 전달해드리도록 할게요."

그런데 내가 교직원과 전화를 끊은 지 채 10분도 지나지 않아서 꿈드림 센터에서 다시 전화가 왔다. 원인경 선생이 내가 아닌 꿈드림 센터에 전화하여 이 문제를 따지고 들었다는 것이다. 나는 다시 교무실로 전화를 걸었다.

"원인경 부장선생님 바꿔주세요."

"아! 선생님이 출장 가셔서 아직 안 들어오셨는데요."

교직원이 말했다.

"지금 거기 계신 거 다 알고 있거든요. 지금 당장 바꿔주세요."

나는 꽥하고 고함을 질렀다.

"승민 엄마, 나 교장이에요."

교장이 교직원의 전화를 넘겨받아 대답했다.

"지금 뭐 하시는 건가요? 원인경 부장선생님 바꿔주세요."

"아유, 선생님 출장 가서 아직 안 들어오셨어요. 할 얘기가 있으면 나한테 해요."

교장이 나를 달래듯 말했다.

"학교에서 청소년지원센터에 계속 전화를 걸어서 승민이 진짜로 거기에서 지원받고 있는지 확인 전화하셨다면서요? 저한테 물어보시면 될 텐데, 왜 부모인 저한테는 아무 말도 없이 그런 전화를 계속하신 건지 알고 싶어서요."

나는 교장에게 따져 물었다.

"아~ 그게 있잖아. 엄마, 승민이가 물론 좋은 교육을 받고 있겠지만, 혹시 학교에서 도울 일이 없을까 해서 내가 직접 알아보라고 시킨 거야. 지금 생각해 보니까 엄마 입장에서 기분 나쁠 수도 있겠네. 다음부터는 엄마한테 먼저 물어볼게. 응?"

교장이 대답했다.

"아니요. 그러실 필요 없습니다. 이제 승민이 걱정은 저만 할게요. 덕분에 제가 진심으로 승민을 이해하고 도와줄 수 있게 되었거든요."

나는 단호하게 잘라 말했다. 이제는 정말 학교라면 진절머리가 났다. 더 어처구니가 없었던 것은 그 후로부터 며칠 후, 담임이 졸업에 필요한 수업일수가 5일 모자란다고 알려왔을 때였다. 담임은 수업일수를 채우기 위해 체험학습 보고서를 허위로 꾸며 보내달라고 했다.

화가 나고 억울한 일이 한둘이 아니었지만, 어찌 되었든 졸업장은 받아야 했기에 담임의 요구를 그대로 들어줄 수밖에 없었다.

승민이 학교에 다니지 않는 4개월 동안, 학교에 제출해야 하는 모든 서류는 윤아가 대신 제출했다. 물론 졸업장과 졸업앨범도 윤아가 받아왔다.

졸업앨범을 보니 개인 프로필 사진 말고는 단체 사진 어디에도 승민의 모습을 찾을 수 없었다. 수련회건, 소풍이건 단 한 번도 단체 행사에 참여한 적이 없으니 그럴 수밖에 없었지만, 승민은 마치 원래 그 반에 없었던 아이 같이 느껴졌다.

그나마 졸업을 며칠 앞둔 어느 날 박주현 선생님이 승민에게 주는 졸업 선물이라며 우편함에 두고 간 책 한 권 덕분에 나는 아직은 학교에도 희망이 있음을 믿게 되었다.

2017년 2월 14일 태산초등학교 졸업식 날. 승민은 학교 운동장이 아닌 제주도 성산에 있는 한 리조트에서 아침을 맞았다.

나는 의미없는 졸업식에 참가하는 대신 졸업여행을 택했

다. 이날은 제주도에 내려온 지 사흘째 되는 날이었다. 승민에게 뭔가 특별한 선물을 해주고 싶었던 나는 자주 듣던 라디오 방송 프로그램에 사연을 보냈다.

이제 막 숙소에서 나갈 채비를 하는 가족들 틈에서 나는 조용히 라디오를 켰다. 많은 사람의 사연이 소개되고 난 뒤 마지막으로 나의 사연이 소개되었다. 차분한 목소리로 DJ가 사연을 읽기 시작했다.

> 오늘은 우리 집 첫째 승민이의 초등학교 졸업식이 있는 날입니다. 6년 내내 학교생활을 무척 힘들어했던 우리 승민이. 졸업에 필요한 출석 일수를 다 채운 11월부터는 학교에 가지 않았고, 중학교도 집 근처에 있는 일반 학교가 아닌 대안 학교를 택했습니다. 그래서 우리 가족은 남들과는 조금 다른 선택을 하기로 했습니다. 식상한 졸업식에 참석하는 대신 온 가족이 함께하는 졸업여행을 가기로 말입니다.
> 지난 일요일에 2박 3일 일정으로 제주도에 온 저희 가족. 첫날은 '큰사슴이 오름'에 갔는데, 눈이 많이 쌓여 있어서 오랜만에 눈사람도 만들고, 눈싸움도 하고, 눈밭에 벌렁 드러누워 뒹굴어 보기도 했습니다. 둘째 날은 '올레 20코스' 17km를 5시간 동안 네 식구가 함께 걸었습니다. 힘들었지만 다 함께 완주하니 뿌듯하더군요. 마지막 날인 오늘은 숙소 바로 앞에 있는 '제주민속촌'에 갔다가 점심으로 자장면을 먹고 서울로 올라가기로 했습니다.

이 정도면 형식적인 졸업식보다 훨씬 기억에 남고, 특별한 졸업으로 기억되겠죠?

승민아~ 졸업을 축하한다.
오늘 하루는 너의 것이란다.
우리 앞으로도 파이팅하자!
엄마가 우리 아들 많이많이 사랑해!

승민은 멋쩍은 듯 나를 한번 슬쩍 쳐다보았다. 나는 그런 승민을 바라보며 살짝 미소를 지었다. 그리고 엄지를 치켜세웠다.

에필로그

2017년 3월 성장학교 별에 입학한 승민은 2학기를 무사히 이수하고 올해 3학기로 승급했다. 열네 살부터 스무 살까지의 아이들이 학년에 상관없이 섞여 공부하는 별학교에서는 학년이라는 개념이 없다. 승민은 일반 학교로 치면 중학교 2학년에 해당하는 나이가 되었다.

별 학교에 오고 난 후 승민에게는 많은 변화가 있었다. 웃음이 많아졌고, 화도 많이 줄었으며 많지는 않지만 친한 친구도 생겼다. 물론 부모와의 관계도 많이 좋아졌고 학교에서 제공하는 치유적인 교과과정 프로그램을 통해 마음의 상처도 조금씩 아물고 있다.

전교생을 모두 합쳐도 고작 사십 명 안팎의 작은 학교인 성장학교 별은 한 분의 담임 선생님이 보통 5~7명 정도의 아이를 맡는다. 약간의 정신적, 정서적 어려움을 가진 아이들이 주로 오는 학교다 보니 교장 선생님은 정신과 의사인 김현수 선생님이시고, 교수진도 사회복지를 공부한 분이나 이런 아이들에 대한 애정이 많은 선생님들로 구성되어 있다. 선생님들도 정기적으로 이런 아이들의 어려움과 도움을 줄 방법에 대한 교육을 받고 있어서 아이에 대한 이해의 폭이 일반 학교에 비해 더 넓다.

그렇다고 승민이 별학교에 와서 아무런 문제도 없이 드라마틱하게 변화한 것은 아니다. 여전히 고쳐야 할 많은 문제를 가지고 있고, 때로는 자신을 스스로 제어하지 못하고 화를 내거나 학교에 가지 않기도 한다. 그리고 승민과 같이 지능이나 인지기능에는 전혀 문제가 없고 사회성만 떨어지는 ADHD 증상을 가진 아이들의 경우, 그보다 좀 더 심한 장애가 있는, 예를 들어 아스퍼거나 발달장애, 자폐 등을 가진 아이들과 문제를 일으키기도 한다. 이럴 때 승민이 그런 아이들의 성향을 이해하지 못하고 괴롭히는 가해자가 되는 상황이 발생한다.

장애인도 아니고 일반인도 아닌 경계인! 그것이 승민과 같이 ADHD를 앓고 있는 아이들이 겪고 있는 또 다른 어려움이다. 장애가 있는 아이들과 함께 있으면 이 아이들은 장애인이 아니라 일반인 취급을 받고, 일반 아이들 쪽에 가려 해도 그곳에서는 장애인 취급을 받는다. 마치 수학의 여집합처럼 이쪽에도 저쪽에도 끼지 못한 채 밖에 놓인 아이들, 그것이 우리 아이들의 현실이다. 사회에서 복지의 사각지대인 차상위계층이 가장 나중에 가서야 도움을 받듯, 경계성 장애가 있는 아이들도 복지의 사각지대에 놓여 있긴 마찬가지다.

일반 학교에 적응할 수 없어서 그리고 받아주지 않아서 어쩔 수 없이 대안 학교를 선택해야 했다. 하지만 대안 학교는 학력이 인정되지 않아 검정고시를 봐야 한다. 의무교육인 중등교육을 받지 못하는 것도 억울한데 비싼 수업료를 내야 하고 집에서 학교까지의 통학 거리도 멀다. 게다가 남들은 공부를 잘하든지 못하든지 3년만 다니면 받게 되는 졸업장을 시험을 치러서 따내야 한다.

내가 다시 글을 쓴다면 승민이 초등학교를 졸업하고 성인이 되기까지의 일들을 이야기하고 싶다. 나의 이야기가 그저 아픈 아이를 키우는 한 엄마의 넋두리가 아닌 '모두를 위한 이야기'가 되었으면 한다.

ADHD, 너를 사랑해

김정현 지음

초 판 1쇄 발행 2018년 5월 5일
개정판 1쇄 발행 2023년 10월 3일

지은이 김정현
발행인 김태완
발행처 사단법인 별의친구들

출판등록 2020년 6월 4일(제25100-2020000046호)
주　　소 서울 영등포구 선유로54길 13 성연빌딩 2층
대표전화 02-876-9366
홈페이지 https://blog.naver.com/fos2002

ⓒ 김정현, 2023. Printed in Seoul, Korea

ISBN 979-11-972467-4-6 03810

값은 뒤표지에 있습니다.
저자와 출판사의 허락없이 내용의 전부 또는 일부를 인용, 발췌하는 것을 금합니다.
잘못 만들어진 책은 구입하신 곳에서 교환해드립니다.